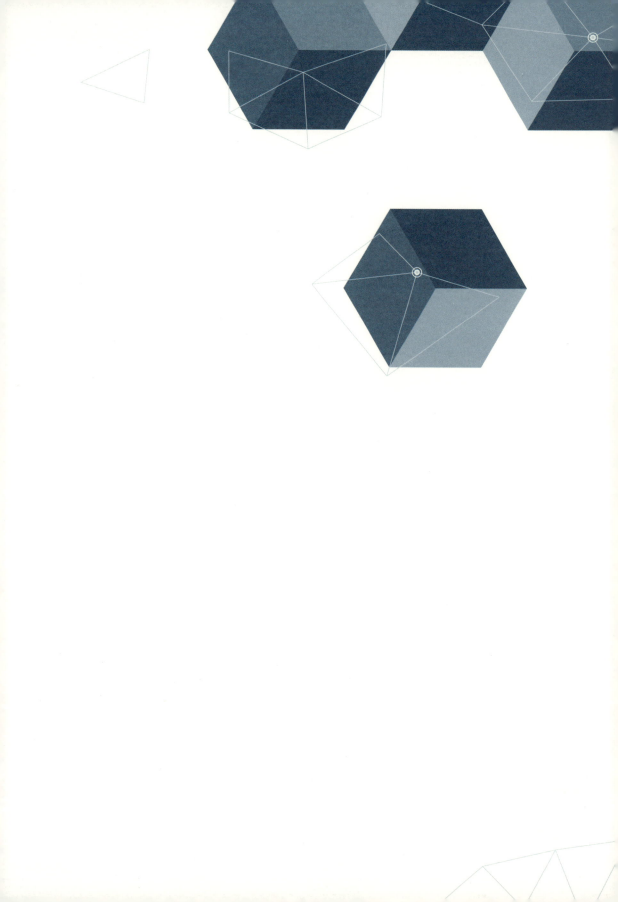

国家出版基金项目
NATIONAL PUBLICATION FOUNDATION

智能城市建设与大数据战略研究丛书
Strategic Research on Construction
and Big Data of iCity

智能城市
产业发展与大数据
战略研究

智能城市建设与大数据战略研究项目组 编

ZHEJIANG UNIVERSITY PRESS
浙江大学出版社

图书在版编目（CIP）数据

智能城市产业发展与大数据战略研究 / 智能城市建设与大数据战略研究项目组编. — 杭州：浙江大学出版社，2018.12
（智能城市建设与大数据战略研究丛书）
ISBN 978-7-308-18770-1

Ⅰ. ①智… Ⅱ. ①智… Ⅲ. ①互联网络—应用—现代化城市—城市建设—产业发展—研究—中国 Ⅳ. ①F299.2-39

中国版本图书馆CIP数据核字(2018)第283516号

智能城市产业发展与大数据战略研究

智能城市建设与大数据战略研究项目组　编

出 品 人	鲁东明	
策　　划	徐有智　许佳颖	
责任编辑	张凌静	
责任校对	张培洁	
装帧设计	程　晨	
出版发行	浙江大学出版社	
	（杭州市天目山路148号　　邮政编码　310007）	
	（网址：http://www.zjupress.com）	
排　　版	杭州林智广告有限公司	
印　　刷	浙江新华数码印务有限公司	
开　　本	710mm×1000mm　1/16	
印　　张	18	
字　　数	315千	
版 印 次	2018年12月第1版　2018年12月第1次印刷	
书　　号	ISBN 978-7-308-18770-1	
定　　价	128.00元	

"智能城市建设与大数据 战略研究"课题组成员

课题组组长

吴 澄	清华大学	中国工程院院士

课题组副组长

孙优贤	浙江大学	中国工程院院士
王天然	中国科学院沈阳自动化研究所	中国工程院院士

课题组成员

李伯虎	中国航天科工集团	院士
杨善林	合肥工业大学	院士
徐志磊	中国工程物理研究院	院士
余贻鑫	天津大学	院士
范玉顺	清华大学CIMS中心	教授
朱云龙	中国科学院沈阳自动化研究所	教授
祁国宁	浙江大学机械工程学院	教授
顾新建	浙江大学机械工程学院	教授
李 清	清华大学CIMS中心	教授
柴跃廷	清华大学CIMS中心	教授
柴旭东	中国航天科工集团第二研究院	教授
薛安克	杭州电子科技大学	教授
赵治栋	杭州电子科技大学	教授

张　霖	北京航空航天大学	教授
孔思淇	中国工程物理研究院	研究员
赵春晖	浙江大学控制工程学院	教授
杨志雄	阿里巴巴集团	研究员
秦　超	天津大学	副教授
张　强	合肥工业大学	教授
贾　磊	山东大学	教授
邹　难	山东大学	教授
禹晓辉	山东大学	教授
徐　哲	杭州电子科技大学	教授
孙　谦	杭州电子科技大学	教授
邵之江	浙江大学控制工程学院	教授
陈积明	浙江大学控制工程学院	教授
纪杨建	浙江大学机械工程学院	教授
万安平	浙江大学机械工程学院	博士后
林　庆	浙江大学控制工程学院	
幸小雷	中国航天科工集团	
高战军	中国工程院	
范桂梅	中国工程院	
陈　磊	中国工程院	

序

"智能城市建设与大数据战略研究丛书"是继"中国智能城市建设与推进战略研究丛书"出版后的第二套丛书。该丛书是由来自高校、科研院所、企业、政府的近 20 位院士及近百位专家、学者，经过三年多的深入调查、研究与分析，在中国工程院"智能城市建设与大数据战略研究"重大咨询研究项目和"宁波城市大数据研究"重点咨询研究项目研究成果的基础上，按照出版要求修改后正式出版的。这套丛书共分 4 卷，其中综合卷 1 卷，分卷 3 卷，由浙江大学出版社陆续出版。综合卷主要围绕我国在未来城市智能化过程中，如何利用城市大数据开展具有中国特色的智能城市建设与推进进行系统论述；分卷分别从智能城市产业发展与大数据、智能城市规划建设与大数据以及宁波城市大数据三方面进行论述。

总体来看，我认为在项目组组长潘云鹤院士的领导下，"智能城市建设与大数据战略研究"项目取得了一些重要进展，其具体成果主要有以下几个方面。

城市的出现是人类从农耕文明走向工业文明和信息社会的标志，也是人类集群生活的高级形式。城市给人类带来了丰富的物质财富和精神财富，在社会经济发展中的地位日益突出。然而随着城镇化的快速推进和人们对美好生活的追求的演变，城市已经从过去的二元空间升级为现在的三元空间，即从物理空间、人类社会空间转变为物理空间、人类社会空间和赛博空间（cyberspace）。城市智能化的本质就是三元空间的协调发展，而城市大数据是城市智能化的核心和重要抓手，是智能城市建设的战略资源、新工具、新方法和新途径。当今，中国正在成为真正的数据资源大国，在海量的数据资源中，城市大数据占 80% 以上。

城市大数据是指城市的政府、公共机构、企业、个人利用新一代信息技术手段获取和汇聚的各类城市环境资源与设施设备，以及个人与集体等主客体产生的动态及静态数据。城市大数据能够刻画政府服务、民生诉求、城市规划、交通疏导、环境监测、健康医疗、能源消耗、经济运行、城市安全与应急响应等领域的情况。除具有数据体量大、数据类型多、价值密度低、处理速度快以及不确定性、随机性特征外，城市大数据还有其特殊性：层次性、完整性和关联性。层次性反映了城市物理系统和社会系统组织的层次性；完整性反映了城市大数据日益完备的揭示城市整体发展规律的能力；关联性反映了城市大数据不仅可用来做相互印证，还可用来做协同推理与规律挖掘。

随着我国城市大数据的发展，融合不同部门、不同领域的数据，能够在城市规划、城市经济、城市管理等领域产生大量创新应用，有利于突破当前智能城市发展的瓶颈和完成当前智能城市发展的任务。可以预见，未来从政府决策与服务，到人们的生活方式，再到城市的产业布局和规划，以及城市的运营和管理方式，都将在大数据的支撑下走向智能化。城市大数据的出现，使人类首次能够对城市的复杂巨系统进行全面实时的描述，但是描述能够精确到什么程度，关键取决于对人工智能技术的利用程度。

智能城市大数据基础设施体系从宏观层面上指明了发展城市大数据所包含的基础支撑体系、应用体系、产业体系、指数体系、运维保障体系和安全保障体系这六大体系的主要功能和设计思想。尽管每个城市都有自己的特色，但城市大数据基础设施体系的基本功能是相同的。

2016 年，国民经济和社会发展"十三五"规划纲要明确提出要"建设一批新型示范性智慧城市"。新型智慧城市作为智慧城市发展的新阶段，其本质和智能城市是一致的。我认为，"智能城市建设与大数据战略研究丛书"内容丰富、观点鲜明，所提出的架构体系、发展路线图和措施建议合理、可行，对于我国新型智慧城市和大数据的发展具有重要的理论意义和实践价值。

序

我衷心期待着城市大数据的发展能进一步推动我国经济社会的发展和城市文明的进步，助力"中国梦"早日实现！

是以为序！

徐匡迪

2018 年 5 月

前　言

2008 年，IBM 提出了"智慧地球"的概念，其中"Smart City"即"智慧城市"是其组成部分之一，主要指 3I，即度量（instrumented）、联通（interconnected）、智能（intelligent），目标是落实到公司的"解决方案"，如智慧的交通、医疗、政府服务、监控、电网、水务等项目。

2009 年年初，美国总统奥巴马公开肯定 IBM 的"智慧地球"理念。2012 年 12 月，美国国家情报委员会（National Intelligence Council）发布的《全球趋势 2030》指出，对全球经济发展最具影响力的四类技术是信息技术、自动化和制造技术、资源技术以及健康技术，其中"智慧城市"是信息技术内容之一。《2030 年展望：美国应对未来技术革命战略》报告指出，世界正处在下一场重大技术变革的风口浪尖上，以制造技术、新能源、智慧城市为代表的"第三次工业革命"将在塑造未来政治、经济和社会发展趋势方面产生重要影响。

在实施《"i2010"战略》后，2011 年 5 月，欧盟 Net!Works 论坛出台了白皮书 Smart Cities Applications and Requirements，强调低碳、环保、绿色发展。之后，欧盟表示将"Smart City"作为第八期科研架构计划（Eighth Framework Programme，FP8）重点发展内容。

2009 年 8 月，IBM 发布了计划书《智慧地球赢在中国》，为中国打造六大智慧解决方案：智慧电力、智慧医疗、智慧城市、智慧交通、智慧供应链和智慧银行。2009 年，"智慧城市"陆续在我国各层面展开，截至 2013 年 9 月，我国总计有 311 个城市在建或欲建智慧城市。

中国工程院曾在 2010 年对"智慧城市"建设开展过研究，认为当前我国城市发展已经到了一个关键的转型期，但由于国情不同，"智慧城市"建设在我国还存在一定的问题。为此，中国工程院于 2012 年 2 月启动了重大咨询研究项目"中国智能城市建设与推进战略研究"。自项目开展以来，很多城市领导和学者都表现出浓厚的兴趣，希望投身到智能城市建设的研究与实践中来。在各界人士的大力支持以及中国工程院"中国智能城市建设与推进战略研究"项目组院士和专家们的努力下，我们融合了三方面的研究力量：国家有关部委（如国家发改委、工信部、住房和城乡建设部等）专家，典型城市（如北京、武汉、西安、上海、宁波等）专家，中国工程院信息与电子工程学部、能源与矿业工程学部、环境与轻纺工程学部、工程管理学部以及土木、水利与建筑工程学部等学部的 47 位院士及 180 多位专家。研究项目分设了 13 个课题组，涉及城市基础建设、信息、产业、管理等方面。另外，项目还设 1 个综合组，主要任务是在 13 个课题组的研究成果基础上，综合提炼形成"中国智能城市建设与推进战略研究丛书"综合卷。

两年多来，研究团队经过深入现场考察与调研、与国内外专家学者开展论坛和交流、与国家主管部门和地方主管部门相关负责同志座谈以及团队自身研究与分析等，已形成了一些研究成果和研究综合报告。研究中，我们提出了在我国开展智能城市（Intelligent City，iCity）建设与推进会更加适合中国国情。智能城市建设将成为我国深化体制改革与发展的促进剂，成为我国经济社会发展和实现中国梦的有力抓手。

目　录
CONTENTS

第1章

iCity

大数据和产业发展
大数据的基本认识和观点

一、智能城市产业发展与大数据的内涵研究

近年来，随着计算机技术全面融入社会生活，数据爆炸已经积累到了一个开始引发全面变革的阶段。它不仅使世界充斥着比以往更多的数据，而且其增长速度也在加快。天文学和基因学等学科引发了数据爆炸，并创造出了"大数据"这个概念。如今，这个概念几乎应用到了所有人类智力与发展的领域中。而计算机的处理能力每18个月翻1倍（Moore定理）、全球通信系统的带宽每12个月翻3倍（Gilder定理）、磁存储器件的价格每18个月下降一半（Shugart定理），硬件处理能力的飞速发展为大数据技术的成熟和商业化奠定了坚实的物质基础。与此同时，互联网（社交、搜索、电商）、移动互联网（App、微信）、物联网（传感器、智慧地球）、车联网、定位系统（GPS）、医学影像、安全监控、金融（银行、股市、保险）、电信（通话、短信）都在疯狂产生数据，数据量呈井喷式增长。据统计，全球90%的数据都是在过去两年中生成的。这些由我们创造的信息背后产生的数据早已经远远超越了目前人力所能处理的范畴，大数据时代正在来临。

对于"大数据"这样一个正在引发剧烈变革的技术及其触发的新商业模式，研究机构和商业机构从不同角度对其进行了描述和定义。

● 麦肯锡："大数据是指无法用传统数据库软件工具对其内容进行抓取、存储、管理和处理的数据集合。（"Big data" refers to datasets whose size is beyond the ability of typical database software tools to capture, store, manage, and analyze. ）" [1]

● Gartner："大数据是海量、高增长率和/或多样化的信息资产，需要具有成本效益的创新形式的信息处理，以增强洞察力、决策制定和过程自动化。（Big data is high-volume, high-velocity and/or high-variety information assets that demand

---

[1] Manyika J, Chui M, Brown B, et al. Big data: the next frontier for innovation, competition, and productivity [R/OL]. Report McKinsey Global Institute, 2011(5). http://www.mckinsey.com/business-functions/digital-mckinsey/our-insights/big-data-the-next-frontier-for-innovation.

cost-effective, innovative forms of information processing that enable enhanced insight, decision making, and process automation.)" ①

● 《大数据时代》作者维克托（Viktor）："大数据是人们在大规模数据的基础上可以做到的事情，而这些事情在小规模数据的基础上是无法完成的；大数据是人们获得新的认知、创造新的价值的源泉；大数据还是改变市场、组织结构以及政府与公民关系的方法。"

● IDC："大数据技术将被设计用于在成本可承受的条件下，通过非常快速的采集、发现和 / 或分析，从大量化、多类别的数据中提取价值，将是 IT 领域新一代的技术与架构。（ IDC defines Big Data technologies as a new generation of technologies and architectures, designed to economically extract value from very large volumes of a wide variety of data by enabling high-velocity capture, discovery, and/or analysis.)" ②

图 1-1-1 是 2014 年 Gartner 的"技术成熟度曲线"③。"大数据"技术 2011 年出现在该曲线中，2012 年处于上升中途的位置，2013 年达到技术炒作区域的顶点。从 2014 年的曲线看，"大数据"技术已经处于下降阶段了。

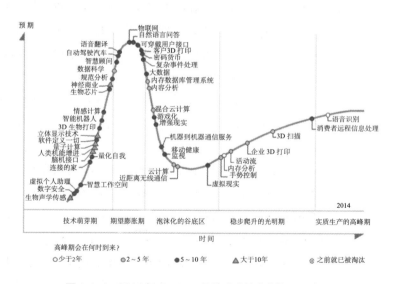

图 1-1-1　2014 年 Gartner 的技术成熟度曲线

① Gartner. Big Data[Z/OL]. IT Glossary. http://www. gartner. com/it-glossary/big-data/.
② Gantz J and Reinsel D. The digital universe in 2020: Big Data, bigger digital shadows, and biggest growth in the far east[Z/OL]. IDC IVIEW, December 2012. https://www.emc.com/collateral/analyst-reports/idc-the-digital-universe-in-2020.pdf
③ Gartner. Gartner's 2014 hype cycle for emerging technologies maps the journey to digital business [N/OL]. http://www.gartner.com/newsroom/id/2819918.

Gartner 在 2014 年《成熟度曲线特别报告》（*Hype Cycle Special Report*）中指出："虽然对大数据的兴趣依然不减，但它已经离开高峰期，因为该市场已经安定下来，有了一整套合理的方法，新的技术和实践被添加进现有方案。"虽然大数据兴趣不减，市场趋向稳定，但 Gartner 认为，大数据还有 5 到 10 年才会进入稳定期。大数据相关技术的演进在未来一段时间内仍将展现出强大的生命力，相关市场的营收也将不断放大。

针对大数据，产业界和专家学者普遍认为其革命性在于其具有"4V"属性，如图 1-1-2 所示，"大量化（volume）、多样化（variety）、快速化（velocity）、价值密度低（value）"是"大数据"的显著特征，或者说，只有具备这些特点的数据，才是大数据。

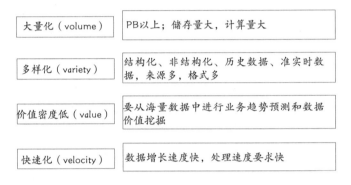

大量化（volume）	PB 以上；储存量大，计算量大
多样化（variety）	结构化、非结构化、历史数据、准实时数据，来源多，格式多
价值密度低（value）	要从海量数据中进行业务趋势预测和数据价值挖掘
快速化（velocity）	数据增长速度快，处理速度要求快

图 1-1-2　大数据的基本特点

尽管大数据的价值密度比较低，但是追求由大数据分析处理所带来的巨大数据价值是所有围绕大数据的商业模式创新的基本出发点。大数据时代触发了传统思维模式的巨大变革。首先，大数据强调要分析与某事物相关的所有数据，而不是分析少量的数据样本即可，即"样本＝总体"，基于采样的方法论被摒弃；其次，大数据乐于接受数据的纷繁复杂，而不再追求精确性；最后，上述两个因素，促成人们不再探求难以捉摸的因果关系，转而关注事物的相关关系。

正是由于上述思想极具变革性，因此也引发了若干争论性的问题：

- 传统的结构化数据如果规模庞大，属不属于大数据？
- 大数据是不是只关注相关性，不强调因果性？
- 大数据的焦点在于"技术"还是"商业模式"？

什么类型的数据是大数据？这是在工业领域推广大数据技术并进行模式创新必然面对的问题。传统的工业数据一般都是结构化的，符合实体关系模型，可以存储在关系数据库中。这些传统数据一般都是精确的，并且有明确的商业目的和价值。而从狭义角度来理解大数据的定义，大数据是以往被忽略或者被遗失的数据，比如服务器的大量日志性记录。这些数据通常是非结构化的，需要进行分词等语法处理。

与智能城市产业相关的制造业的数据往往是结构化且具有强逻辑关系的。大数据的相关技术在产业数据的分析处理和相关业务模式的创新上已经并且会继续发挥重要的作用，因此我们认为对大数据应该从广义的角度来理解，包括结构化和非结构化的数据，只要规模庞大，符合大数据的 4 个特征中的一个或多个，就属于大数据。

维克多在《大数据时代》中特别强调大数据的目标是探寻相关性而不是因果性。在这本书中，这一观点反复出现并不断得到强化。《大数据时代》①的译者电子科技大学周涛教授就在中译本序言中说："我本人对于大数据时代'相关关系比因果关系更重要'这个观点不认同。有了机器学习，特别是集成学习，我们解决问题的方式变成了训练所有可能的模型和拟合所有可能的参数——问题从一个端口进去，答案从另一个端口出来，中间则是一个黑匣子，因为没有人能够从成千上万的参数拟合值里面读到'科学'，我们读到的只是'计算机工程'。与其说大数据让我们重视相关胜于因果，不如说机器学习和以结果为导向的研究思路让我们变成这样。那么，大数据是不是都这样了？其实很多时候恰恰相反。""认为相关重于因果，是某些有代表性的大数据分析手段（譬如机器学习）里面内禀的实用主义的魅影，绝非大数据自身的诉求。从小处讲，作者试图避免的'数据的独裁'和'错误的前提导致错误的结论'，其解决之道恰在于挖掘因果逻辑而非相关性；从大处讲，放弃对因果性的追求，就是放弃了人类凌驾于计算机之上的智力优势，是人类自身的放纵和堕落。如果未来某一天机器和计算完全接管了这个世界，那么这种放弃就是末日之始。"

另外一个关键问题是大数据的焦点在"技术"还是"商业模式"。大数据时代出现了一系列的商业变革：

● 量化一切，把世界万物数据化：文字、沟通、方位等均可数据化，数据可以提取自任何地方。

● 数据的创新利用：数据的再利用、重组数据、可扩展数据、开放数据等新的应用模式。

● 数据、技术与思维的三足鼎立：大数据掌控公司、大数据技术公司、

① 维克托·迈尔 – 舍恩伯格、肯尼思·库克耶. 大数据时代：生活工作与思维的大变革 [M]. 周涛，译. 浙江人民出版社，2013.

大数据思维公司和个人对数据的掌控、利用和利益驱动交织在一起。

这些商业变革也引发管理理念和管理模式出现变革趋势：

● 隐私保护：无处不在的"第三只眼"与隐私被二次利用。

● 预测与惩罚：不是因为"所做"，而是因为"将做"，罪责的判定基于对个人未来行为的预测。

● 数据独裁：我们可能会过于依赖数据，而数据远远没有我们所想的那么可靠。

为了应对这种全方位多角度变革所带来的风险，我们需要研究智能城市产业中大数据的相关体系和研究方法论。

首先梳理大数据所涉及的研究领域。如图 1-1-3 所示，大数据的研究领域包括 4 个维度：

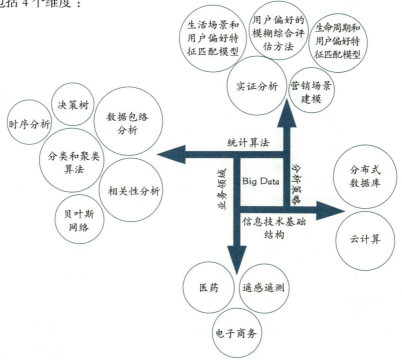

图 1-1-3 大数据的研究领域

● 信息技术基础结构：包括了云计算、无线传感、分布式计算等一系列新的基础结构技术。

● 业务领域：包括了与社会服务和生产生活相关的所有领域，尤其是在医药卫生、电子商务等领域，大数据的应用呈现了旺盛的生命力。

● 统计算法：各种数据挖掘技术的发展，支持了大数据的分析和相关性的获取。同时，大数据的应用也为相关算法的发展提供了推动力。

● 分析策略：大数据的分析不是漫无目的的大海捞针，是在人的深入参与下完成的，体现了分析人员的目的性和策略性，因此《大数据时代》一书中充满了数据分析策略在不同数据分析场景中的身影。

从支撑技术系统的角度看大数据，如图 1-1-4 所示，涉及一系列大数据产品，实现对数据的管理，并支持对数据的各种应用功能。

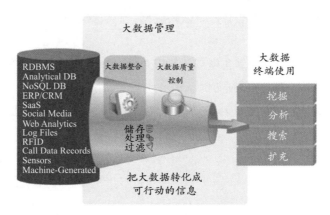

图 1-1-4　大数据的支撑技术

注：RDBMS：relational database management system，关系型数据库管理系统。Analytical DB：analytical database，分析型数据库。NoSQL DB: NoSQL 数据库。ERP/CRM: ERP 即 enterprise resource planning，企业资源计划；CRM，customer relationship management，即客户关系管理。SaaS：software-as-a-service，软件即服务。Social Media: 社会化媒体。Web Analytics: 网站分析。Log Files: 日志文件。RFID: radio frequency identification，无线射频识别。Call Data Records：呼叫数据记录。Sensors：传感器。Machine-Generated: 机器生产。

从产业应用的角度看大数据，则是将无序的、非结构化的大数据，在分析框架、策略、方法论和商业模式创新设想的指导下，利用各种分析算法，在信息技术基础结构的支持下形成结构化的、有序的知识和价值的过程，如图 1-1-5 所示。

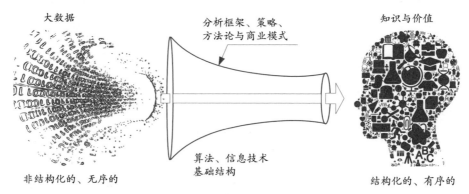

图 1-1-5　大数据的产业应用视角

　　大数据在产业的应用并推动业务模式的创新，处于不同的发展阶段，需要采用不同的应用和发展策略：

　　● 阶段一：自身业务需求产生大量数据；利用这些数据，通过深入分析，优化相关业务；数据指导决策。

　　● 阶段二：搜集与目标业务直接或间接关联的大量异质数据；建立复杂的分析和预测模型，产生针对目标业务的输出；数据即决策。

　　● 阶段三：对数据质量、价值、权益、隐私、安全等产生充分认识，出台量化与保障措施；数据运营商出现，数据市场形成，数据产品丰富，数据客活跃；学术团体、企业和政府通过大量异质数据和数据产品产生科学、社会、经济等方面的新价值。

　　本书关注"产业发展与大数据"，研究主要围绕"产业发展"面临的问题及大数据解决方案来进行，不要满足于大数据能在产业中做什么，要从产业发展的角度，从大数据对产业上新台阶能做什么着手，也就是从产业发展角度研究大数据需要解决的问题：

　　● 产业发展面临什么问题？

　　● 大数据能够解决产业发展的哪些问题？

　　● 哪些国内外案例可以说明大数据对于产业发展的有效性？

　　● 解决相关产业发展问题需要利用哪些主要大数据技术？

　　在本书中，对智能城市产业的定位包括以下几方面：

　　● 与智能城市相关的产业，除了包括关注物质生产的制造业之外，还包括提供金融、保险、交通等现代服务业。

　　● 与智能城市产业发展相关的产业还包括大数据技术产业及由大数据催生的新产业。

　　由于智能产业背景、运作模式、信息化手段、参与人员等的不同，所以目前大数据在智能产业中的应用深度和广度有显著差异：

　　● 基于互联网（包括无线互联网）的信息服务业，大数据已经产生，利用大数据推动这类产业的快速发展已经成为其主要发展方向，典型案例是阿里巴巴、京东、腾讯等。

　　● 保险、水务等行业已经有大数据在形成，充分利用此类大数据已经提上议事日程。

　　● 在一些开展制造服务的大型装备企业，由于大量服役装备的监控需要，已经产生大数据。对于如何利用这类大数据，已开始研究。典型案例是三一重工等。

● 石油勘探等也是产生大数据的行业。对这些大数据的利用正在深入。

● 制造业还有许多大数据需要建立、集成、结构化和有序化，才能有效地满足我国技术创新、大批量定制和绿色制造等重大需求。因此，如何主动进行制造业大数据的顶层设计尚需考虑。

二、离散制造业中的大数据

综合而言，离散制造业与大数据技术的结合，来自以下产业发展新出现的问题。

（一）信息技术与产品的结合越来越紧密

信息技术不断融入离散制造业的相关产品中，成为产品的一个重要组成部分，例如无人驾驶汽车、无人飞行器技术和产品的发展。信息技术已经成为产品智能化的核心，对产品生命周期内的使用和运行开展全时、全天候、全方位的监测与控制，实时地产生了海量的数据。为保证智能产品的运行和服务，对这些实时的、海量数据的处理，成为产品智能化发展必须解决的问题，也是必须依赖于大数据技术才能解决的产业发展方向性的问题。

（二）信息技术与企业设计、生产、运行全过程的结合越来越紧密

通过信息技术，企业内部各个业务部门、各种业务领域和业务流程之间的集成越来越紧密。而市场环境的变化，也要求企业提高与市场的集成度和响应速度。从设计、生产到运行维护，从供应商到客户，从设备自动化到管理智能化，企业各个领域的优化提升，都需要汇聚相关领域的海量数据。依赖于单一领域结构化数据的分析来提升领域能力的时代，已经让位于多领域综合数据处理提升整个企业或者整个产业能力的时代。在跨部门、跨业务领域、跨流程、跨企业、跨产业链的整合优化过程中，需要大数据技术的强有力的支持。

（三）信息技术推动离散制造企业从产品开发制造到产品服务的转型

服务化转型是当今制造业的一个重要发展趋势，波音公司为客户提供飞机的健康管理服务，通用汽车公司推出的安吉星服务，这些都是产品智能化之后为了应对市场的需求而产生的全新的商业模式，也代表了未来制造企业的转型和发展方向。服务化转型的基础是数据，智能产品产生的海量数据如

果想提高企业的服务水平，并进而产生新的业务模式和盈利模式，需要大数据技术发挥核心的作用。

因此，在离散制造业中，产业发展与大数据的应用与发展是紧密结合在一起的，工业技术与大数据技术的融合，将对一系列产业发展问题的解决创造条件。

三、流程制造业中的大数据

与离散制造业有所不同，流程制造业由于其生产管理的特点，自动化程度往往非常高，产生过程中会实时产生海量的监测与控制数据。但是在流程行业中，一旦生产设备正常运行，这些监控数据通常是不会变的，或者变化甚微，这样的数据往往没有太多可供分析的价值。然而，在流程制造业的发展中仍然存在与大数据相结合的内在需求。

（一）精细化工、化工循环经济和循环产业的发展需要控制数据与运营数据的整合与优化

我国大宗钢铁和化工产品产能过剩与高端钢铁和化工产品供不应求的矛盾一直没有得到有效的解决，在新常态的市场条件下，钢铁与化工行业大规模、长时效、稳定的大宗产品的生产将逐步让位于小规模的、快速调整的精细钢铁与化工产品的生产。生产节拍的调整、过渡和变化，需要大量数据的支持，以提高生产的效能和产品的质量。另外，为了应对环境保护的压力，有效利用钢铁、化工所产生的废料开展其他产品的生产，形成节能、高效、环保的循环经济产业链，也是钢铁和化工行业的发展趋势。在这一新趋势下，钢铁和化工企业将面临多个不同领域产品市场需求波动的影响。实现全产业链的优化运行，需要通过海量数据的分析、挖掘，形成企业管控一体化的优化方案。

（二）提高流程行业端到端服务的水平需要对海量客户的需求作出响应

电力行业是典型的流程化生产、输送并提供到客户端服务的行业。由于客户需求的多样性和需求的涨落，保障电网的平衡运行是电力行业的核心目标。随着智能电网和客户端的智能用电设备的发展，海量的电网数据和客户数据为全网的优化调度及端到端服务能力的提升创造了条件。大数据技术将对电力行业管控方式的变革产生深远的影响。

在探矿、开采领域，海量的数据分析能力是提高探矿、开采能力的重要抓手。

四、服务业中的大数据

服务业是大数据应用的主战场，《大数据时代》一书中给出的大数据的成功应用案例，主要是与服务业相关的。应该说，就目前的应用水平和发展趋势，大数据技术已经极大地推动了服务业的创新发展。

大数据对服务业最大的贡献就是解决了精准营销和精准服务的问题。通过搜集海量客户数据，绘制每个客户的画像，来实现对客户消费行为的预测，提高针对客户的营销和服务水平。

目前，通过大数据技术在服务业中的模式创新和服务产品创新方兴未艾，大数据技术成为现代服务业创新的主要推动力。

五、我们的一些想法

（一）大数据引起了信息技术的深刻变化

数据量的变化，带来硬件、软件等技术的变化，所有既有的东西需要面临颠覆性的革新。大数据时代的学术和商业价值是可以肯定的。

（二）大数据的 4 个 V 中，价值是最关键的因素

尽管大数据特性的四个 V 中，与价值相关的含义是"数据的价值密度很低"，但是在大数据的产业化发展过程中，数据的应用价值是关键，发掘数据中的价值更应该得到关注。

（三）大数据与移动互联、云计算、智能技术一起构成了新一代的信息技术体系

当今有重要影响力的信息技术不单单是大数据一项，移动互联、云计算、物联网等一批创新性的技术出现和产业化及其相互融合与集成，正在喷发出巨大的创新和变革的能量。

（四）制造业大数据多数还是在寻求事物发展的因果性规律

尽管普遍的共识是"大数据强调相关性而不是因果性"，但是在制造业

范畴中，多数还是寻找因果性。例如，三一重工的远程健康管理就是大数据的应用。制造业在管理、客户关系中也存在大量的无序关系，这是大数据的用武之地。

（五）目前对大数据的各种争论，主要集中于应用层面

目前对大数据的各种争论，大量正反面的评价，尤其是反面的评价，主要集中于应用层面，因为在应用中，尤其在工业应用中，其亮点还比较少。

第2章

iCity

离散制造业大数据

一、汽车产业大数据

（一）汽车产业大数据的需求与挑战

1. 大数据环境下汽车产业现状

汽车产业是国民经济的重要支柱产业之一，产业链长、关联度高、就业面广、消费拉动大，在国民经济和社会发展中发挥着重要作用。中国汽车工业协会发布数据显示，2014 年中国汽车销量达到 2349 万辆，连续 6 年蝉联全球第一，增长率基本稳定在 10%。截至 2014 年年底，我国机动车保有量达 2.64 亿辆，其中汽车 1.54 亿辆。随着我国经济持续发展和城镇化进程加速推进，今后较长一段时期汽车需求量仍将保持增长势头，将为我国汽车产业发展带来机遇。面对汽车产业国内外竞争的新格局和我国汽车产业发展的新要求，我国汽车产业必须紧紧抓住以互联网为核心的第三次工业革命的历史性机遇，转变发展方式，加强管理创新，提高在汽车整车制造价值链上的核心竞争力。

近年来，新兴信息技术的快速发展，例如物联网、云计算、大数据等，改变了汽车产业的生产运营组织模式，使得汽车产业在产品规划、设计、生产、产品营销和运营维护等方面发生了深刻变革，促进了产品服务创新。同时，互联网和大数据技术也促进了汽车业向汽车产业电动化、轻量化、智能化和网络化的相互融合，带动了商业模式创新。具体体现在以下几个方面：

1）在产品技术方面，新兴信息技术不断融入传统汽车中，成为产品的一个关键零部件。因此，汽车不仅是代步的机械工具，而且是满足安全性、娱乐性和信息化等诸多需求的智能移动终端，演化为移动互联网设备节点，从而使得汽车产品成为大数据的生产者。

与此相关的车路协同系统、出行智能化服务、车联网等成为目前汽车产业发展的热点技术，并引发行业巨大的变革。在此背景下，汽车企业正在为汽车零部件加装越来越多的传感器，例如轮胎气压监测、车身稳定控制技术、自适应巡航技术、车道偏离预警系统、自动泊车系统等。每辆汽车每小时基于各类传感器的监测数据达到 $5 \sim 250$ GB。

新型概念汽车产品产生的数据则更多。例如，谷歌的无人驾驶汽车每秒产生约 1 G 的数据。此外，有关汽车安全（如丰田的 G-BOOK、通用的安吉星）以及位置信息服务（滴滴打车、高德导航、百度地图）的数据感知与交互也逐渐构成了汽车大数据的重要组成部分。

2）在产品开发模式方面，在产品规划、设计、生产、产品营销和运营维护，新兴信息技术深度渗透到产品全生命周期过程中，能够形成众智设计和智能制造，能够提高产品设计的创新能力和产品生产及维护的智能化水平。

传统的汽车行业数据来源不畅、结构单一、应用较浅，无法满足企业的数据需求。而互联网、移动互联技术的快速普及，正在从诸多方面改变着人们的车辆购置和使用习惯。用户不仅在线浏览汽车信息，而且愈发强烈地表达购车意向、发起购车行动，使得传统的汽车数据收集、分析和利用方式发生了重大转变。

基于用户浏览行为数据、购买行为数据、用户态度数据以及用户生成数据（user generated content，UGC）的分析结果，汽车企业可以通过用户识别、用户标签、用户聚类和用户细分等方式监测客户的行为模式，对客户进行全方位的认识，从而准确把握目标客户群体及其需求，进而针对目标客户群体开发相应的车型。

此外，随着车联网技术的进一步发展，汽车车况数据、车主行为数据、驾驶数据以及位置数据等在途产品状态数据的增加，结合现有的制造和研发数据，不仅使得汽车企业能够改进和提高产品设计、制造和维护水平，而且为汽车生态系统内的所有公司提供了巨大的价值拓展空间。

3）在业务模式创新方面，新兴信息技术促进了汽车业向服务化和平台化的转变，带动了商业模式创新，用基于汽车产品的服务销售模式取代原有的汽车产品销售模式，使得产品与服务之间的界限越来越模糊。

大数据环境下的汽车产品本身将不再是汽车企业的主要盈利点，大数据正在推动汽车产业从整车销售向个性化服务转移升级，如何整合大数据资源开展有针对性服务已成为产业趋势。汽车产品上所搭载的定制化服务和用户在使用服务时所产生的行为信息将成为未来汽车生态链中最大的盈利因素。汽车企业可以通过获取和分析内嵌在汽车产品中的传感器数据，创建智能预防性维护服务，以改进用户体验；并在此基础上，利用互联网平台改进和创新下一代产品服务。

2. 汽车产业大数据需求

汽车产业对大数据的需求涉及产品全生命周期每个过程，其中每个过程的关注重点和支撑数据资源各不相同又相互关联、相互融合。例如，产品规划过程，主要重点关注用户的核心关注点和用户需求变化趋势，支撑的数据资源既有宏观的经济数据和政策数据，也有基于用户的网络行为数据、态度数据、口碑数据等。其他过程的详细内容如图 2-1-1 所示。

产品生命周期管理	产品规划	产品设计	生产制造	产品营销	产品使用	置换回收
关注重点	用户对产品的核心关注点；用户需求的变化趋势；用户抱怨的配置分析	针对客户需求以及产品技术趋势，产品运行状态数据分析，改进产品性能	生产过程安全及生产流程协同	通过竞品验证机对比分析和目标群体的小心描述，精准营销方案	基于用户驾驶行为数据以及产品使用状况，创新产品服务	二手车交易情况及产品报废情况
数据资源	·宏观经济数据 ·行业政策数据 ·用户网络行为数据 ·用户态度数据 ·用户口碑数据	·产品技术数据 ·配置PVA数据 ·产品运行数据 ·零部件数据	·单一车辆数据 ·短期预测数据 ·车型生产数据 ·产量MIX数据	·经销商数据 ·企业销售数据 ·竞品对比数据 ·用户浏览数据	·驾驶行为数据 ·产品运行状态数据 ·车况数据	·二手车交易数据 ·报废量数据 ·报废周期数据 ·循环利用数据

图 2-1-1　汽车产品全生命周期对大数据的需求

结合汽车厂商当前的实际需求，本节主要从产品规划、市场定位、产品设计、生产制造、产品营销等过程进行详细的论述。

（1）产品规划

产品规划是整车开发过程的关键环节之一，是决定汽车产品开发成败的关键。产品规划关注于近期和远期产品发展规划，强调对市场前瞻性的把握。其主要任务是在市场调研的基础上，了解市场发展趋势，并准确把握企业的目标客户群体，生成项目建议书，从而针对目标客户群体开发相应的车型。

目前，汽车行业通常采用问卷调查和用户访谈的方式获取市场客户需求信息，确定企业的目标市场以及企业的产品定位。为了控制调研成本，问卷调查的定量分析和用户访谈的定性分析所抽取的样本量都十分有限，往往很难确保调研结果的准确性。此外，受到提问方式、被调研者的知识结构差异、调研场合等诸多因素的影响，采集到的数据可能会存在偏差，再加上统计方法是否科学、严谨等也会使最终的结果难以确保其准确性。传统的汽车行业数据来源不畅、结构单一、应用较浅，无法满足企业的数据需求。

互联网与电子商务的快速普及，正在诸多方面改变人们的购车模式。用户不仅在线浏览汽车信息，而且愈发强烈地表达购车意向、发起购车行动，使得传统的汽车数据收集、分析和利用方式发生了重大转变，如图2-1-2所示。

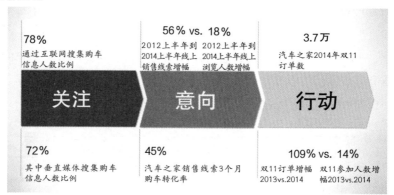

图 2-1-2 购车模式的变化

这些汽车用户对汽车的态度和线上行为可以为产品规划提供重要的研究素材。一方面通过对汽车垂直网站的运营数据的分析，洞察客户对汽车的关注点和走势，掌握不同客户的潜在需求及预期；另一方面，通过文本挖掘的方法对现有的汽车产品进行口碑分析。汽车企业通过对以上数据的分析，可以准确判断汽车行业的消费趋势，精确定位企业的目标客户群体，并在产品的规划阶段就制定更加符合当下定位群体的外观配置性能，以控制成本和售价，甚至精确地预测这款汽车的销售量。同时，还可以帮助汽车企业预测即将爆发的新兴市场，从而在未来的市场竞争中占据优势。其主要应用范围包括：

- 用户对产品的核心关注点；
- 用户需求的变化趋势；
- 用户关注的核心配置；
- 用户对现有产品的质量评价；
- 用户集中抱怨的配置分析。

（2）市场定位

成功的品牌离不开精准的市场定位。汽车行业市场的开拓需要在科学系统的信息数据收集、管理、分析的基础上，了解汽车行业市场构成、细分市场特征、消费者需求和竞争者状况等众多因素，进行准确的项目评估和可行性分析，从而保证企业品牌市场定位独具个性化，提高企业品牌市场定位的行业接受度。

在传统情况下，分析数据的收集主要来自统计年鉴、行业管理部门数据、相关行业报告、行业专家意见及属地市场调查等。这些数据多存在样本量不足，时间滞后和准确度低等缺陷，研究人员能够获得的信息量非常有限，使准确的市场定位存在着数据瓶颈。

利用互联网大数据，汽车企业可以监测客户的行为模式，对客户进行全方位的认识，主要包括用户识别、用户标签、用户聚类和用户细分。用户识别是通过数据清洗，识别出客户的详细信息；用户标签是通过用户网络行为数据，将客户的特点、爱好、生活习惯，进行细致区分，并以标签化进行用户定义；用户聚类是指根据客户的标签进行分组，识别企业目标市场。随着大数据时代的来临，借助数据挖掘和信息采集技术，不仅能给研究人员提供足够的样本量和数据信息，还能够建立基于大数据数学模型对未来市场进行预测。其主要应用范围包括：

- 市场关注程度及用户预期；
- 竞品验证及预判；
- 产品评价、配置需求及价格测试；
- 用户购买需求及可能性；
- 关注用户与潜在用户特征。

（3）产品设计

- 基于社交网络大数据的产品创新

产品创新需求的发现一直制约着企业产品创新活动，而随着论坛、博客、微博、微信、电商平台、点评网等网络社交媒介在PC端和移动端的创新和发展，公众分享信息变得更加便捷自由，而公众分享信息的主动性促进了"网络评论"这一新型舆论形式的发展。微博、微信、点评网、评论版上成千上亿的网络评论形成了交互性大数据，为产品创新需求的发现提供了海量语料库和新的实现途径，其中就蕴藏了巨大的汽车行业需求开发价值，值得企业管理者重视。

网络评论，最早源自互联网论坛，是供网友闲暇之余相互交流的网络社交平台。在微博、微信、论坛、评论版等平台随处可见网友使用的某款产品优点点评、缺点吐槽、功能需求点评、质量好坏点评、外形美观度点评、款式样式点评等信息，这些都构成了产品需求的大数据。同时，消费者对企业服务及产品的简单表扬与批评演变得更加客观真实，消费者的评价内容也更趋于专业化和理性化，发布的渠道也更加广泛。

作为汽车行业企业，如果能对网上汽车行业的评论数据进行收集，建立网评大数据库，再利用分词、聚类、情感分析了解消费者的消费行为、价值取向、评论中体现的新消费需求和企业产品质量问题，以此来改进和创新产品，量化产品价值，制定合理的价格及提高服务质量，则可以从中获取更大的收益。

● 基于产品运行状态数据的产品改进

随着车联网技术的不断发展以及新能源汽车的快速普及，汽车企业可以获取大量汽车产品的运行状态数据，主要包括用户的驾驶行为数据以及一些车况数据。对汽车产品运行状态进行数据的分析，有助于企业改进汽车产品的设计，提高汽车产品的质量。

用户的驾驶行为数据记录着用户的日常驾驶习惯。如何从海量的驾驶行为数据中挖掘出用户的驾驶习惯模型，对于汽车厂商来说具有重要的价值。汽车厂商在进行新产品设计时，可以充分考虑用户的驾驶习惯，从而使得产品的设计更加符合用户的驾驶习惯。

一些车况数据则反映了汽车的质量水平，对于产品的改进具有重要的意义。例如，通过监控某一汽车产品在高温高寒地带的运行状况，通过统计分析发现问题，从而有效地加强汽车在高温高寒地带的质量保障。此外，汽车零部件的质量也会在实际运行状态中得到考验，汽车厂商可以通过对汽车零部件的运行状态进行监控，来定量分析零部件供应商的质量水平，从而选择较高质量的零部件供应商，提高产品的整体质量水平。

（4）生产制造

近年来，随着互联网、物联网、云计算等信息技术与通信技术的迅猛发展，数据量的暴涨成了许多行业共同面对的严峻挑战和宝贵机遇。随着制造技术的进步和现代化管理理念的普及，生产制造过程越来越依赖于信息技术。在整个产品生命周期中，涉及了诸多数据，生产制造过程的数据也呈现出爆炸性增长的趋势。

随着企业信息化管理的不断发展，ERP、PDM、CRM、数字化工厂技术得到了普遍应用，这些系统每天都在产生大量结构化数据和非结构化数据。

● 产品数据：设计、建模、工艺、加工、测试、维护数据、产品结构、零部件配置关系、变更记录等。

● 运营数据：组织结构、业务管理、生产设备、市场营销、质量控制、生产、采购、库存、目标计划、电子商务等。

● 价值链数据：客户、供应商、合作伙伴等。

● 外部数据：经济运行数据、行业数据、市场数据、竞争对手数据等。

企业生产制造过程产生的数据一般包括由数据采集系统从分布在不同地

理位置的各个厂区的各种传感器、工作站、现场生产控制系统取得的生产过程数据、监控数据、日志数据，等等。这些数据可以用于生产制造过程中的故障处理、生产调度优化等问题。汽车厂商可以通过构建一个能够存储和管理生产制造过程中产生的与制造相关的海量运行数据并提供基于大数据的实时分析平台，挖掘生产制造过程中海量数据的隐藏价值。

在德国"工业 4.0"中，通过信息物理系统（cyber-physical systems, CPS）实现工厂 / 车间的设备传感和控制层的数据与企业信息系统融合，将生产大数据传到云计算数据中心进行存储、分析，形成决策并反过来指导生产。具体而言，生产线、生产设备都将配备传感器，抓取数据，然后经过无线通信连接互联网，传输数据，对生产本身进行实时监控，将工厂升级成为可以被管理和被自适应调整的智能网络，使得工业控制和管理最优化，对有限资源进行最大限度的使用，从而降低工业和资源的配置成本，使得生产过程能够高效地进行。

同时，随着大规模定制和网络协同的发展，制造业企业还需要实时从网上接受众多消费者的个性化定制数据，并通过网络协同配置各方资源，组织生产，管理更多各类有关数据。主要涉及多源异构海量数据的融合展示，跨领域、跨平台的海量数据关联分析，以及实时的流数据分析。

（5）产品营销

近几年来汽车的传统营销模式受到基于大数据的数字营销模式的影响。互联网与移动互联网的快速发展，推动了数据采集、分析、整理及转化的效率。这种变化缩短了产业的价值链条，企业获取用户在互联网上的行为痕迹，通过大数据技术分析、挖掘、细分客户，获取用户的需求与消费导向，建立客户信息数据库，甄选合适的目标客户群，针对消费者的需求进行差异化的精准营销，实现以用户为中心的营销方式。

目前多数企业引进 CRM 系统，将客户信息有效整合，实现关系营销。首先，企业获取的数据来源少，主要来源于经营环节的订单信息、产出信息、递交信息、存储信息等，客户交互与网络形态来源缺乏；其次，数据结构较为单一，只有汽车经营过程中的交易数据，缺少业务场景交互数据与泛生活形态数据；再者，数据依靠经销商手工维护，缺少客户互动确认环节，导致数据准确性与及时性差。

大数据的迅速发展与应用，为传统营销带来了很大改变，海量的数据源为企业营销提供了数据支撑，企业与阿里巴巴、百度等第三方数据合作，增加客户生活态数据；利用互联网平台，让客户参与数据的交互，及时更新数据，提升数据质量；采集用户在互联网上留下的零碎行为，通过数据间的关联性对用户定位，确定购车潜在用户，获取客户的购买意愿与消费导向，将信息精准地传递到用户的范围内。同时，企业通过整合汽车媒体、微信、官网等互联网数据，扩大线索入口，提高非经营环节用户信息数据量，从保有客户与潜在客户两个维度着手；挖掘保有用户的换购、增购，以及潜在客户的喜爱、偏好线索，利用大数据技术对客户的购买意向进行分析，提高销售线索的转化率，提升销量。

大数据技术对营销方式也产生了影响。企业凭借大数据分析技术，通过对新产品特征与保有客户及新客户的用户行为、用户态度及调研数据的采集建立数据库，分析数据库信息，以分析结果为依据，科学细分消费市场，准确定位目标市场，并深入了解企业自身与竞争者的经营状况；应用数据分析，衡量消费对于营销活动的反应，为企业采取营销方案提供科学依据，针对特定的目标人群定位传播渠道与营销策略；运用数据库测试产品、沟通媒介、目标市场的有效性，采取及时准确的行动，实现数字营销的可衡量性与可测试性。针对精确的目标客户进行相应的营销活动，改变了传统大众营销的营销模式，针对消费者的个性化需求进行差异性营销，降低营销成本，提高客户满意度与营销效益。其主要应用范围包括：

- 竞品验证及对比分析；
- 销售漏斗决策流程分析；
- 用户浏览路径回溯；
- 销售线索转化率跟踪。

（6）产品服务创新

借助于互联网和大数据技术，智能互联汽车将衍生出更多的智能服务和互联网应用，增强用户体验，促进服务创新。同时，基于大数据分析的无人驾驶的自主学习将极大地提升车辆的驾驶和安全性能。

- 增强用户体验

在汽车前端和入口上提供了更多的互联网数据管理、视觉界面和影音互动，并和其他的互联网设备有效连接。汽车用户在车载网络系统上可以电子购物、下载音乐、获取资讯，以增强用户的智能化体验。

- 无人驾驶汽车的自主学习

多个智能互联汽车构成互联网汽车网络。每一辆智能互联汽车通过自身的无人驾驶规划和控制经验获取相关驾驶数据，并将其上传到企业数据中心，形成智能互联汽车的自主学习网络，从而改进无人驾驶和智能交通技术（见图 2-1-3）。

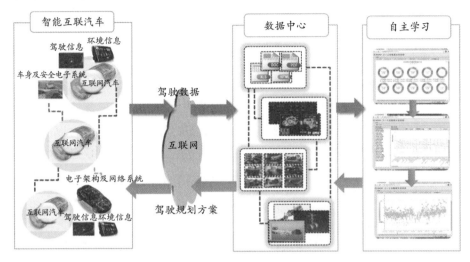

图 2-1-3　无人驾驶汽车的自主学习机制

● 更好地发现市场需求

互联网和大数据技术颠覆汽车行业的是汽车在成为交通工具以外的其他延伸性需求和功能的优化和改进。例如，车企可以通过互联网更好地把握客户需求，并实现更快的反馈，以及更好的品牌宣传效果；大数据的应用可以使车企更好地进行持续改进，不断地提升客户体验。

3. 汽车产业大数据挑战

在汽车产业的大数据生态系统构建过程中，汽车产业面临着前所未有的问题和挑战。具体表现如下：

（1）数据采集

汽车在途产品状态数据获取和感知的手段以及实现交互实时性技术目前还在探索当中。此外，智能互联汽车需要通过各种车载传感器收集汽车运行相关数据，而产品巨大的实时运行数据量也成为目前数据采集、传输和分析的技术难点之一。

（2）数据来源

● 数据来源较少，结构较为单一。汽车企业数据主要来源于经营过程和交易环节，包括产品数据、供货数据、出货数、物流数据和销售数据等，缺乏业务场景交互数据和泛生活形态数据，加大了企业准确地把握目标客户的兴趣、消费方式和需求的难度。

● 数据质量较低。大量数据依靠经销商手工维护，同时还缺少客户互动确认的环节，导致数据准确性与及时性差。

● 缺乏统一数据标准。汽车厂商众多，相关数据检测方式多样，信息模式复杂，造成数据种类繁多，且缺乏统一的标准，各厂商的数据资源缺乏互通与共享。

（3）数据处理

目前数据处理的应用层次较低，主要集中于简单的数据统计分析，缺乏通过数据分析来发现改善问题的机会和发现销售产品机会的分析应用。因此，如何提升汽车数据资源的综合利用效率，将汽车相关数据信息进行有效的联系、汇聚和发掘，改善汽车使用者的驾驶体验，成为数据处理的主要挑战之一。

（4）数据共享

汽车行业大数据缺乏顶层设计，汽车及相关产业的数据壁垒没有打通，丰富且分散的数据资源不能有效地协调利用。

（5）数据安全

在数据开放的同时，需要考虑如何从法律和行政法规方面确保和加强数据的安全监管，提高数据资源的安全性，尊重和保护相关政府部门、汽车制造商以及个人的秘密和隐私。

（6）信息服务产业

缺乏有效的市场化推进机制，基于汽车大数据的信息服务产业链、价值链尚未真正形成。

（二）汽车产业大数据的建立

1.汽车产业的大数据生态系统

汽车产业形成了以智能互联汽车为主体的，涵盖了数据源、数据处理、数据应用和行业应用的大数据生态系统，如图2-1-4所示。

2.汽车产业大数据列表

汽车产业的全生命周期由产品规划、产品设计与开发、生产制造、产品营销、产品使用、置换回收六个方面组成汽车大数据。

（1）产品规划数据

● 政府与企业发展数据（见表2-1-1）

政府为了实现一定的经济目标，推动国民经济的发展，会出台相关的政策、法规，这些政策法规会对企业的产品规划产生影响，同时企业研发技术不断的发展更替、产品市场的定位转变等数据也会影响产品规划。

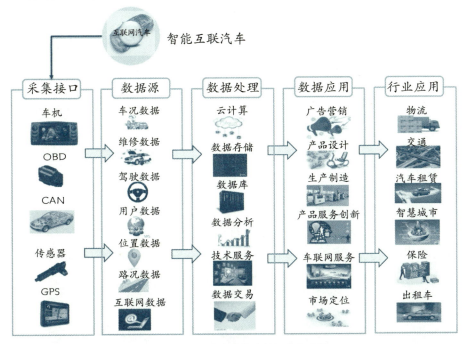

图 2-1-4　汽车产业的大数据生态系统

表 2-1-1　政府与企业发展数据

数据指标	数据定义	数据来源	数据维度	数据用途
宏观经济数据	国民经济总体活动和运行状态	政府	国民经济的比例关系，物价总水平	产品规划依托条件
行业政策数据	政府对产业的形成和发展进行干预的各种政策		产业结构、产业组织、产业布局	产品规划依托条件
产品技术趋势	产品研发技术的发展趋势	企业		产品规划报告
细分市场发展数据	市场细分的发展倾向		市场细分依据、特点	
产品定位研究数据	产品定位研究相关数据		消费对象、消费特征	

● 用户泛生活数据（见表 2-1-2）

互联网快速发展，使得用户更多地通过互联网发表自己的看法与意见，通过浏览行为在互联网上留下了体现用户关注度的数据。用户泛生活数据就是指用户在互联网上所留下的行为数据与态度数据。

表 2-1-2　用户泛生活数据

数据指标	数据定义	数据来源	数据维度	数据用途
浏览行为数据	用户在网站上的一系列浏览行为	基于浏览日志访问的相关计算	车、地域、网站	用户关注趋势
销售行为数据	用户留下销售线索的相关信息	销售线索下单页	车、地域、设备	销售漏斗、用户意向趋势
论坛数据	用户在论坛、微博等留下的评论	论坛、文章、爬虫	来源、车系	舆情监测报告
口碑数据	用户对所购买汽车的评价	发表口碑按钮	车、城市	产品口碑分析报告

● 用户需求数据（见表 2-1-3）

用户的显性需求数据往往分散在订单、用户意见中。此外，用户的隐性数据需求在网上采购活动中体现，有些则没有表达出来。用户的网上行为是一种真正意义上的大数据，目前已被电商网站用于商品推荐。

表 2-1-3　用户需求数据

数据指标	数据定义	数据来源	数据维度	数据用途
外观	用户对产品的外观需求	用户购买行为记录，用户网上行为数据分析	设计、材料、配色	用户需求分析报告
内饰	用户对产品的内饰需求			
空间	用户对产品的空间需求		安全性、舒适型	
动力	用户对产品动力的需求		提速、时间	
操控	用户对产品操控的需求		操控方便性	
细节	用户对细节的要求	用户购买行为记录，用户网上行为数据分析	—	用户需求分析报告
油耗	用户对油耗的要求		每100千米油耗	
保养	用户对保养的要求		保养的难易度	

（2）产品设计开发数据（见表 2-1-4）

● 产品技术数据

产品在设计开发过程中所涉及的像设计需求采集与分析、概念设计、详细设计、仿真分析等技术，这些技术所产生的数据最后留存下来。

● 产品配置数据

不同产品的安全性配置、操控性配置、舒适性配置、娱乐性配置等各不相同，每一种产品的相关配置存储在一起，就形成了大数据。

● 零部件数据

充分利用现有的零部件进行不同产品的个性化组装，零部件数量繁多，所有零部件在不同产品中的使用情况都记录下来，由此就构成了大数据。

● 产品设计知识数据

评价与激励员工参与知识的选择与重组，形成一个丰富的知识体系的行为。此外，产品设计过程中的各个零部件的知识是相关联的，一个零部件数据参数的改变会引起其他零部件数据参数的改变，由此产生大数据。

表 2-1-4　产品设计数据

数据指标	数据定义	数据来源	数据维度	数据用途
振动噪声	振动噪声参数	车、设备	—	产品设计开发报告
车辆行驶性能	车辆行驶性能参数		速度、平稳性	
整车能源管理	整车能源管理方式		能耗	
热管理	热管理方式		—	
安全	安全性配置		产品安全装置	
耐久可靠性	产品使用磨损情况		产品的使用环境、期限	
环境保护	产品的节能环保情况		对环境的影响	
密封性	产品的内部空间密封程度		雨水可渗漏程度	
信息娱乐	用户所需的产品信息娱乐		电台广播 光盘播放	
电池兼容	兼容信息		—	
电平衡	电平衡信息		—	
感官质量	用户体验的感官满意度		舒适度、美观	
日常使用	用户所需的日常使用功能		—	
人机界面	人机界面交互使用情况		灵活度、正确度	

（3）生产制造数据

● 生产数据

生产数据指在工艺制造过程中控制参数、工艺设备本身的状态参数、工艺布局的地理参数等在产品全生命周期中所形成的大数据。

● 运营数据

运营数据指生产制造过程中的材料采购、包装运输、装卸搬运、产品销售等活动产生的数据所形成的大数据。

● 价值链数据

价值链数据指在生产制造过程中，由供应商、制造商、生产商、经销商及客户之间的信息交流所产生的物流、信息流、现金流等数据所形成的大数据。

（4）产品营销数据

● 经销商数据

经销商数据指经销商的选择及其基本信息，进出货频率、数量和种类，诚信度等数据。

● 价格数据

价格数据指产品在生产制造时的成本、工厂销售时的价格、单件产品成功销售的利润，以及产品在销售过程中的价格波动、不同地区不同的销售价格等数据。

● 销量数据

销量数据指产品从工厂运往4S店的数量，4S店根据订单到厂商提货的产品数量，包括汽车由于重大问题发生召回事件的数据。

● 竞品数据

竞品数据指根据用户对新产品的关注点寻找与本品关注重合度高的产品，包括竞品的用户评价、配置需求与价格等相关数据。

● 营销效果数据

营销效果数据指利用销售漏斗对营销效果进行诊断、对比分析所形成的数据。

（5）产品使用数据

● 驾驶行为数据

驾驶行为数据指车主在驾驶过程中一系列行为操作所产生的数据，包括危险的驾驶行为。这些数据可以为汽车的开发设计及交通事故提供依据。

● 产品运行数据

产品运行数据指产品在使用过程中所产生的产品运行速率、温度、所在位置等状态数据，包括单体蓄电池电压数据、动力蓄电池包温度数据、整车数据、卫星定位系统数据、报值数据及报警数据等（见表2-1-5）。

表 2-1-5 产品运行数据

数据指标	数据定义	数据来源	数据维度	数据用途
单体蓄电池电压数据	汽车电池电压信息	车、设备	单体蓄电池综述、动力蓄电池包综述、电压值	产品运行情况监测，维修提醒
动力蓄电池包温度数据	汽车电池温度信息		动力蓄电池包温度探针总数、动力蓄电池包总数、温度值	
整车数据	产品在运行过程中的整车状态	车、设备	车数、里程、挡位、加速踏板行程值、制动踏板里程值、充放电状态、电机控制器温度、电机转速、温度、电压、电流、空调设定温度	产品运行情况监测，维修提醒
卫星定位系统数据	产品在运行过程中的地理信息		定位状态、经度、纬度、速度、方向	
极值数据	产品运行时各部件的极值数据		最高电压单体蓄电池序号、电池单体电压最高值、最低电压单体蓄电池序号、电池单体电压最低值、最低温度动力蓄电池包序号、最低温度探针序号、最低温度值、总电压、总电流、荷电状态（剩余电量）、剩余能量、绝缘电阻	
报警数据	产品运行警报的临界数据		动力蓄电池报警标志、动力蓄电池其他故障总数、动力蓄电池其他故障代码列表、电机故障总数、电机故障代码列表、其他故障总数	

（6）置换回收数据

●产品维修数据

产品的维修计划与维修变更数据，同时包括维修历史记录中的维修损坏原因，维修技术、过程、地点、时间等数据。

●产品置换

产品进行置换时所产生的置换地点、时间、价格、车主信息、保值率、周期等数据。

● 产品循环利用数据

产品报废后，可使用部件进行重新循环利用所产生的数据。

（三）产业宏观对策

面对汽车产业大数据所带来的挑战，迎接大数据时代为汽车产业发展带来的历史性机遇，加快汽车产业大数据分析技术的研发，积极实施产品智能互联化战略、人才多元化战略、产品形态服务化战略、产业生态系统优化战略，促进大数据时代汽车企业的服务转型，将是我国汽车产业发展的重要方向。

1. 加快发展车联网领域的相关技术，推广汽车信息融合与分析技术的应用

车联网技术是多个先进技术领域的融合，包括车载信息技术、智能交通ITS技术、物联网技术和电子信息技术等领域，是实现汽车大数据采集、传输和存储的关键技术基础。车联网技术的成熟有助于实现汽车大数据产业化。

● 构建统一的车与基础建设V2I（vehicle to infrastructure）、车与车V2V（vehicle to vehicle）、车与路V2R（vehicle to road）等之间的通信协议；

● 在车辆动态组网、状态实时获取、环境智能感知、车路信息交互等前沿技术领域取得突破；

● 结合交通出行相关数据，完善汽车产业相关大数据采集与交互技术体系，不断地提升汽车感知智能化的水平；

● 加强海量异质车辆数据的采集、传输、存储与发布技术的研发。

2. 积极推进与第三方数据合作，利用互联网平台让客户参与数据的交互，增加客户生活态数据，提升数据质量

● 加强与电商平台、汽车垂直网站和媒体等第三方大数据的合作，例如建立电商战略联盟、数据应用合作，增加客户泛生活类数据，丰富汽车产业大数据资源；

● 利用互联网平台，积极构建客户与汽车企业（车主与会员信息）、物流（物流与仓储）和经销商（订单和服务数据）的数据交互，以提升数据质量。

3. 加快数据标准化和数据安全建设，规划和整合数据资源，构建汽车产业数据共享平台

● 推进汽车行业的数据标准化建设，建立和完善接口规范和数据标准体

系，为跨部门、跨区域、跨厂商的汽车及交通信息系统的互联互通奠定基础；

● 加强数据安全防范措施，提升数据监管和保护能力，维护数据的安全使用；

● 整合汽车结构化与非结构化的数据资源，形成汽车大数据资源的共享与服务平台，提升汽车相关数据资源的整体服务能力。

4. 创新汽车大数据分析应用，实现基于大数据技术的智能化辅助设计与制造、维修、销售和产品规划

智能互联汽车能够允许汽车企业与客户进行互联，使得企业能够与客户的关系在产品生命周期中时间最长的期间（使用阶段）进行联系，不断创造收入。汽车产品成为提供洞察和服务的载体。这将能够为汽车企业提供一系列创造价值的全新服务战略，进而实现智能化辅助设计与制造、实时监控、远程控制、数据分析与预测、自主学习及操作、持续服务及迭代升级等更丰富的服务创新，实现产品形态服务化战略。

● 基于汽车在途产品运行数据和交通数据，整合汽车产品及零部件的产品数据，结合汽车产品特征，指导产品设计和制造过程，优化汽车的各种性能，提升汽车的行驶安全性；

● 通过汽车在途产品运行数据的分析改善原有的维修模式，由定期检修向实时状态检修转变，由被动安全向主动安全转变，及早发现隐患并采取措施，在提高汽车安全性的同时节约维修费用；

● 通过大数据分析用户的行为和心理，探索新型的汽车销售市场调研方式，预测趋势，把握需求，更好地实现产品规划和精准营销，优化运营管理，创新汽车销售模式。

5. 促进汽车产业向服务化、网络化、智能化和平台化转变，基于移动互联构建新一代智能出行信息服务系统，创新汽车商业模式

● 为满足公众多样化、个性化、动态化出行服务需求，应用大数据、云计算、移动互联、移动智能终端等新兴信息技术，推进新一代智能化交通信息服务系统的建立，大力发展个性化移动服务；

● 探索"互联网＋汽车"的商业模式，创新汽车租赁模式，发掘类似滴滴打车、百度导航等智能出行信息服务系统。

6. 推动基于汽车大数据分析的信息服务产业化发展

智能互联汽车扩大了产品和品牌生态系统的范围，要求企业更加重视企

业的"互补性"和"生态系统"竞争优势。行业环境的快速变化，已经不给企业"单打独斗"来完成一件事的时间，需要汽车行业构建整个智能互联产品生态系统，推动基于汽车大数据分析的信息服务产业化发展。

● 加强大数据分析技术与汽车产业的深度融合，建立数据采集、更新、共享和信息服务制度，完善相关法律法规，明确各相关方在数据质量标准以及信息交换方面的责任和义务；

● 建立公益服务与市场化增值服务相结合的信息资源开发利用机制，并逐步形成新的市场和盈利点，推动汽车大数据信息服务的产业化发展。

（四）大数据应用案例

1. 福特汽车大数据应用

（1）案例背景

在 2000 年中期，福特公司濒临破产。大数据分析的兴起，为这家汽车制造商带来了全新的机遇。借助于拥有大量可用于为消费者、普通大众以及福特公司自身带来价值和利益的数据，福特汽车试图从传统汽车制造商向以大量数据为驱动的数据公司发展。福特汽车的研究机构正在试图使用 Handoop，整合从业务运营到车辆研究，再到客户在互联网上存在的数据，形成数据分析资源，从而获得福特汽车发展的巨大机会。

目前，福特汽车大数据主要包括两类：一类是结构化数据，主要指车辆内部和装配生产线上安装的传感器所采集的数据；另一类是非结构化数据，指互联网上可以自由获得的数据，例如美国 data.gov 网站的公共数据、Twitter 上的消费者数据等。基于以上两类数据，福特汽车将外部数据与其自己的内部数据结合起来，进行数据融合和分析，辅助预测或者获得改进生产设计和销售的决策意见。

（2）大数据应用场景

1）设计研发

福特汽车将大数据引入产品研发设计阶段。福特汽车产品开发团队曾经对 SUV 是否应该采取掀背式（手动打开车后行李箱车门）或电动式进行分析。如果选择后者，门会自动打开，便捷智能，但这种方式会带来车门开启有限的困扰。此前采用定期调查的方式并没有发现这个问题，但后来福特汽车根据对社交媒体的关注和分析，才发现很多人都在谈论这些问题。

2）生产制造

福特汽车在生产基地安装了先进仪器，对每辆新下线汽车进行全面检测。同时，每辆车都装有很多传感装置，公司尽可能地获取这些处于闭合控制工程系统中的数据，以更好地了解汽车运转的状态以及消费者使用汽车的方法，并且将这些信息反馈到福特汽车的设备流程中，帮助优化用户的体验。

3）销售预测

福特汽车围绕互联网上的博客文章、评论和其他类型内容进行有针对性的情感分析，并且利用谷歌趋势（Google Trends）工具来衡量搜索词的普及程度，以帮助告知福特自己内部的销售预测，再结合福特汽车自己的内部数据，可以进一步地完善福特汽车的销售预测。

Google Trends 是 Google（谷歌）推出的一款基于搜索日志分析的应用产品。Google Trends 通过分析 Google 全球数以十亿计的搜索结果，告诉用户某一搜索关键词在 Google 被搜索的频率和相关统计数据。在 Google Trends 中的每一个关键词的趋势记录图形显示分为搜索量和新闻引用量两部分，用户可直观地分别看到每一关键词在 Google 全球的搜索量和相关新闻的引用情况的变化走势，并有详细的城市、国家/地区、语言柱状图显示。

4）智能互联产品

福特汽车在汽车产品上安装了传感器，以获得温度、压力、湿度、局部污染物浓度（排气管排出物）等高比特率的数据，通过结合传感器信号和车辆摄像机的数据，推出了一系列改善用户体验的服务应用产品。

2. 东风汽车大数据应用

（1）案例背景

随着大数据的快速发展，东风汽车也开始意识到大数据对企业发展的重要性。然而，东风汽车作为传统汽车企业之一，依然面临着数据来源不畅、结构单一、质量较差、数据保鲜难、应用较浅，无法满足企业的数据需求的问题。此外，东风汽车的数据主要来源于经营环节，缺少汽车业务场景交互数据和泛生活形态数据。大量的数据依靠经销商手工维护，缺少客户互动确认环节，导致数据准确性与及时性差，并且缺乏动态、持续的数据保鲜的渠道和方法，只能做简单的数据统计分析。

（2）大数据应用场景

面对大数据的浪潮，东风日产也在思考着该如何迎接挑战。①企业应当与（阿里、百度等）第三方大数据合作，增加客户生活大数据，如车企应当与电商平台，媒体合作，实现汽车厂家数据和外部数据整合。②企业应该利用互联网平台，让客户参与数据的交互，提升数据质量，如与阿里巴巴建立电商战略联盟及数据应用合作。③面对数据准确性与及时性差的问题，企业应当在交互场景中建立用户信任，即时更新数据，如利用互联网平台，让客户参与数据的交互。

2015年农历春节，东风日产在微信上推出"摇卡券，赢试驾，抢红包"活动。东风日产作为汽车品牌加入移动互联"新春红包"大潮，增加了品牌曝光度，积累了新客户。

东风日产通过大量数据调查，发现微信调查无论是在样本量、客户感受还是经销商价值方面均比电话调查效果更好。因此，东风日产全面升级了官方微信服务号，推出"微点评"。

1）东风日产"微试驾"

如图2-1-5所示，2015年春节期间，东风日产与微信进行合作，作为汽车品牌加入移动互联"新春红包"大潮。东风汽车在微信摇卡券活动中准备了百万张东风日产"新春88元试驾礼券"，客户通过参与春节微信平台的"摇一摇"活动（正月初一到初三），即有机会领取东风日产"新春88元试驾红包"卡券；在大年初一当天，百万礼券成功进入用户的微信卡包。摇到礼券的用户，只需要找到卡包里的礼券，点击礼券中的"在线预约"，选择一家中意的东风日产NISSAN活动专营店，到店试驾，88元即可到手；而没摇到的用户，如果身边有朋友摇到了"88元新春试驾礼券"却无法参与试驾体验，也可通过朋友转赠实现试驾体验。

图2-1-5　东风日产"微试驾"

2）东风日产"微点评"

东风日产通过微信搭建客户管理平台，利用微信调查结果不断改善基础管理，提升客户满意度。经统计发现，东风日产"微点评"实现全国点评数2.8 万，点评率约达到 31%，其中点评率 30% 以上的店占到近一半，车主参与微信调查的意愿较高。

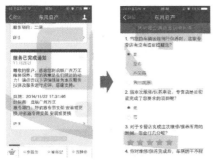 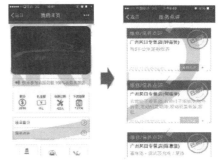

点评方法一：　　　　　　　　　　　　点评方法二：
车主可通过推送的链接进入　　　　　　车主通过个人主页进入

图 2-1-6　东风日产"微点评"

如图 2-1-6 所示，客户可通过推送的链接或者通过个人主页进入，参与点评。东风日产利用微信的"微点评"调查，清晰地获得了全国微点评结果和东、西、南、北区各自的推送量、点评量和点评率，形象直观地获得第一手大数据资料，为东风日产的后续战略发展提供了详尽的数据支撑。

3.北京市交通领域大数据应用

（1）案例背景

面对北京日益严峻的交通拥堵问题，北京市交通委员会牵头组织有关单位和部门在 2012 年 6 月底开始制订缓解交通拥堵工作的初步方案。北京市交管部门通过坚持每日发布实时路况和出行提示信息引导市民合理出行。此外，通过进一步强化多警合成作战，增强交通管理力量，实现空地联勤指挥，及时发现、快速处置交通警情。同时，北京交管部门通过在北京环路安装高清摄像头，实现自动记录、统计交通流量。在北京的快速路、主干路网中，北京交管部门将上万个检测线圈埋在接近路口的地面下，通过电子感应可以 24 小时自动采集路面交通流量、流速、占有率等运行数据。北京交通一系列的大数据应用，目前已取得初步效果：路面交通运行效率实现整体提高，重点路段拥堵有所缓解，主要道路车速上升 7.3%，早高峰持续时间缩短40 分钟，晚高峰持续时间缩短 32 分钟。大数据的应用，正在成为智能交通发展的基础，未来的交通领域将借助大数据变得更加智能。

2012 年 1 月，日产汽车和北京市交通委员会根据国家发展和改革委员会、北京市发展和改革委员会与独立行政法人——新能源·产业技术综合开发机构（New Energy & Industrial Technology Development Organization，NEDO）签署了合作谅解备忘录，启动大规模论证实验，为北京望京地区约 12,000 名有车市民提供了便携式导航仪（portable navigation device，PND）。该设备为驾驶者在日常使用车辆时提供动态路径引导系统及节能驾驶辅助系统（eco-drive management system，EMS）。

在北京导入的动态路径诱导和节能驾驶辅助服务，力求改善交通拥堵、实现节约能源和 CO_2 减排。系统构筑如图 2-1-7 所示。

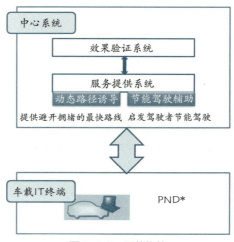

图 2-1-7　系统构筑

（2）大数据应用背景

1）动态路径诱导系统（dynamic route guidance system，DRGS）

动态路径诱导系统通常由以下三个部分构成：①交通信息（控制）中心，信息中心是动态路径诱导系统的主控中心，主要功能是从各种信息源获得实时的交通信息，进一步处理产生要发布的交通数据；②通信系统，负责完成车辆和交通信息中心的数据交换；③车载诱导单元，负责接收、贮存和处理交通信息，提供良好的人机界面，并方便使用者输入信息和获得诱导指令。

如图 2-1-8 所示，利用交通信息中心的实时交通信息和车载信息服务（通过手机实现通信），通过车载 IT 终端提供到达目的地的最快路径。

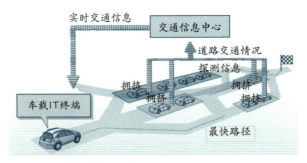

图 2-1-8 动态路径诱导系统的作用

●节能驾驶辅助（eco-drive management system，EMS）

如图 2-1-9 所示，节能驾驶辅助系统利用车辆（车载 IT 终端）与家庭电脑，可以显示出驾驶者的油耗和不同行驶状态下的驾驶水平。通过与他人比较节能驾驶水平，进行排名，从而维持驾驶者的驾驶积极性。

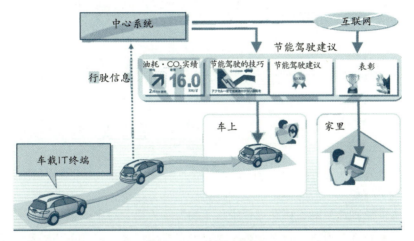

图 2-1-9 节能驾驶辅助

●效果验证和数据分析结果

动态路径诱导的车辆个体效果：1 个行程（约 8 km）所需时间约缩短 5.1%、油耗约减少 7.6%。

有效利用节能驾驶辅助系统的用户的车辆个体效果为：1 个行程（约 18 km）油耗减少 6.8%。

通过动态路径诱导系统，确认从拥堵路段到非拥堵路段的车辆移动情况：约 10% 的行驶车辆，即 2700 台车，使用了动态路径诱导。

其他路线的交通量在时间上也得到了均衡，包括未装载系统的车辆在内，通过分散交通，提高了全地区的行驶速度，特别是 7:00—7:30，行驶速度提高了 1.6 km/h（7.3%）。

动态路径诱导系统如果在全北京普及 10%，行驶速度可提高大约 10%，年油耗 CO_2 排放量减少 10%。

2）今后的举措

北京市交管部门将与清华大学共同开展通过 IT/ITS 技术以及电动汽车（electric vehicle, EV）的普及对改善空气质量效果进行定量化研究（见图 2-1-10）。

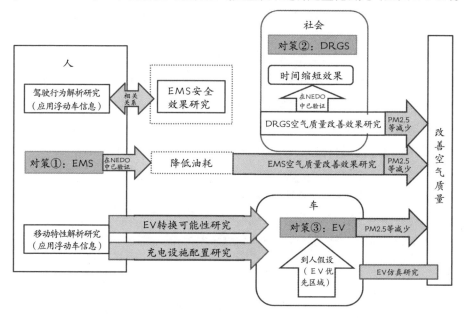

图 2-1-10　改善空气质量效果

3）总结

从车辆以及车辆的移动过程中收集的海量数据，对于改善社会环境，提供了很多机会（例如：改善交通流、减少石油消费量、改善空气质量、减少交通事故等）。

政府、大学、企业间的协作活动以及对海量数据进行正确的分析并有效地反映到相关政策中，将有助于促使这些机会变成现实。

二、制造生产大数据

（一）制造大数据的需求与挑战

1.制造大数据的需求

（1）复杂生产过程优化对大数据的需求

一方面，为迅捷响应多样化的客户需求，以及日益复杂的生产过程，微电子、纺织、机械等行业中的大中型企业迫切需要提高复杂生产过程的优化运作能力，而传统的方法受限于预先建立的生产过程相关调度模型的适应性，当实际生产过程调度环境过于复杂，无法建立生产过程相关调度模型时，该类方法便无法得到应用。很多制造企业已积累了与生产运作过程相关的大量历史数据，并可采集到与生产相关的大量实时数据，上述数据中隐含了实际调度环境的特点及调度知识，如何利用上述数据更好地解决实际复杂生产过程优化问题是制造大数据的重要应用需求。①

另一方面，消费需求的个性化，要求传统制造业突破现有生产方式与制造模式，对消费需求所产生的海量数据与信息进行大数据处理与挖掘。同时，在生产这些非标准化产品的过程中，产生的生产信息与数据也是大量的，需要及时收集、处理和分析，以便反过来指导生产。这两方面大数据信息流最终通过互联网在智能设备之间传递，由智能设备进行分析、判断、决策、调整、控制并继续开展智能生产，生产出高品质的个性化产品。可以说，大数据构成了新一代的智能工厂。

智能工厂中的大数据，是"信息"与"物理"世界彼此交互与融合所产生的大数据。大数据应用将给制造业企业带来创新和变革的新时代。在以往传统的制造业生产管理的信息数据基础上，通过物联网等带来的物理数据感知，形成"工业 4.0"时代的生产数据的私有云，创新了制造业企业的研发、生产、运营、营销和管理方式。这些创新，给制造业企业带来了更快的速度、更高的效率和更敏锐的洞察力。②

（2）质量管理对大数据的需求

在离散制造行业，制造系统输出产品的质量往往受到制造过程中多个关键过程（产品设计过程、制造加工过程、装配过程、物流配送过程等）和多种因素（设备因素、人为因素、环境因素等）的影响，涉及来自不同部门、不同管理系统的种类繁多、结构各异、数量庞大的数据，其数据量正呈爆炸式增长；加之汽车产品质量属性存在多元性、质量属性间的复杂关联与相互作用等，增加了生产质量控制与分析的难度。而传统的质量管理方法和系统很难满足大数据环境下的产品全面质量控制的需求。一方面基于 SPC 的传统质量控制方法主要针对生产的某个制造环节的质量问题进行分析，很难从全局出发进行分析管理，从而无法使得汽车企业实施有效的、全面的制造过

---

① 刘民 . 基于数据的生产过程调度方法研究综述 [J]. 自动化学报 , 2009, 35(6): 785-806.
② 王喜文 . 大数据驱动制造业迈向智能化 [Z/OL]. [2014-11-04], http://intl.ce.cn/specials/zxgjzh/2014 11/ 04/t20141104_3847351. shtml.

程质量控制。[①] 另一方面，传统的制造质量管理系统多是基于对质量历史数据的分析建立的，缺少对生产过程中产生的大量非结构化实时数据的分析处理，因此智能可进行"事后分析"，无法完成"实时控制"。

因此，开展基于大数据技术的产品制造质量控制研究，对于高效地利用制造过程中产生的大量实时和历史过程数据，发掘数据中隐含的信息，实现制造质量实时分析、诊断、预测，为解决大数据环境下制造企业面向质量管理的数据分析和利用问题提供更为有效的理论依据和方法，[②③] 有着重要的意义。

（3）装备维护、维修和运行对大数据的需求

大型关键设备，如飞机、火车、汽车、轮船、大型机械工具、精密的医疗科研设备等，因为造价昂贵、地位重要，如何保障其正常寿命及可靠运行，一直是个重要课题。长期以来，设备的维修运行都要投入大量的人力、物力、财力予以保障。随着制造企业关键大型设备在市场上保有量的不断增加，设备的维护和修理所必需的配件服务以及维护、维修、运行（maintenance, repair, operation, MRO）产品供应显得越来越重要。[④] 从单纯的制造企业向服务型制造企业转变将成为设备制造商未来发展的新方向，也是制造企业正在开拓的新的业务增长点。目前，随着信息采集、存储、传输和处理技术的普遍应用和不断发展，这些大型装备的运行过程积累了大量的反映生产过程和设备运行的各种数据。如何利用这些离线、在线数据和领域安全生产知识，在难于建立机理模型的条件下，实现对生产过程和设备的故障诊断，已成为我国乃至全球航空航天、化工、制造、交通运输和物流等领域迫切需要解决的问题。[⑤]

（4）企业营销对大数据的需求

企业利用客户关系管理（customer relationship management，CRM）或商业智能（business intelligence，BI）系统中的顾客信息、市场促销、广告活动、展览等结构化数据进行分析处理，帮助企业在理解和把握市场需求、客户行为、客户细分、客户价值等方面取得了一定的成效。然而，互联网经

① 张仁斌，李钢，靳勇．SPC 在智能制造参数决策系统中的应用研究 [J]．制造业自动化，2003，25(5):32-34.
② 郑唯唯，徐济超，杜涛．基于 Elman 网络的过程质量智能化控制研究 [J]．中国机械工程，2007，26(1):41-44.
③ 孟令启，孟梦．Elman 神经网络在中厚板轧机宽展预测中的应用 [J]．仪器仪表学报，2008，38(1):193-194.
④ 王建民，任仝全．MRO——中国设备管理发展的新趋势 [J]．中国设备工程，2010,(8): 9-10.
⑤ 张洋．工业大数据的用户价值 [R/OL]．[2015-03-09]．http://ieb.whut.edu.cn/info_2576.html.

济、社会化媒体的迅猛发展，导致整个用户市场环境发生变化。用户接触和获取信息的渠道和方式、用户与商家产生交互及购买行为的渠道和方式、用户之间产生交流和分享体验的渠道和方式都在发生全面而深刻的变化，客户行为越来越求新和多变，客户需求的差异性也越来越显著，由此市场也得到了不断的细分。在这种情况下，分析客户的主观偏好，适应客户的差异化需求，掌握客户行为的变化规律，成为企业营销关注的核心问题。[①]

另一方面，营销体系中的数据也愈发体现"大数据"的特征。首先，诸如社交媒体数据、邮件数据、地理位置、音视频等这类不断增加的信息数据和包括数据量更大、逐渐广泛应用、以传感器为主的物联网信息，以及移动互联网信息等，更多以图片、视频等非结构化方式存在。其次，营销体系中的数据量在飞速增长，数据量的增加已经实现了从量变到质变的转换；再次是营销体系中的数据包含大量接近真实行为的记录；最后是营销体系中包含了大量来自用户主动发布的信息和互动的数据。

如何针对这些大数据，进一步提高大数据基础算法和机器分析的作用，充分挖掘和运用这些大数据中蕴含的市场和客户行为的、日益个性化的规律和价值，帮助企业创新经营模式，使企业更贴近客户、更深刻理解客户需求和偏好，更好地对客户和市场进行实时微观细分，更好地预测市场和客户的反应，以制定更精准的营销和服务策略，将是企业提升自身营销服务水平和能力、提升企业核心竞争力的关键。

2. 制造大数据的问题和挑战

大数据处理技术刚刚兴起，梳理和借鉴已有的大数据处理技术，研究制造大数据处理关键技术，形成面向制造业的大数据处理技术解决方案，是有力支撑制造大数据技术进行广泛应用的技术途径。具体需求如下：

（1）非结构化和结构化数据的统一和整合技术需求

中国制造业大数据主要涵盖产品数据、运营数据、价值链数据和外部数据。随着互联网和通信技术的迅猛发展，企业中的数据类型还充斥着广泛存在于社交网络、物联网、电子商务等之中的网络日志、音频、视频、图片、地理位置信息等多类型的数据，这些非结构化数据已成为制造业大数据的重要组成部分。可以说，中国制造企业已经形成了海量数据资源。能否对其加

---

① Paas L, Kuijlen T. Acquisition pattern analyses for recognising cross-sell opportunities in the financial services sector[J]. Journal of Targeting, Measurement and Analysis for Marketing, 2013, 9 (3): 230-240.

以深度应用将关系到企业未来能否健康、持续的发展。据统计，企业中85%的数据属于非结构化数据。但是目前企业现有的数据处理方法仅适用于结构化数据，无法将大量的非结构化数据与结构化数据进行整合，从而就无法发掘数据中的价值。因此，如何实现制造过程中非结构化数据与结构化数据的统一和整合，如何形成高效的数据资产用于核心业务的知识挖掘，是制造大数据技术发展的迫切需求。

（2）跨业务平台数据的关联、分析技术需求

制造企业的关键业务系统众多，涉及设计、生产、管理、营销、服务等各个部门。然而，不同业务系统的数据分布在不同的系统平台，这些数据由于业务模块的划分而被割裂开来，不同业务模块的数据无法实现共享和关联。单一业务模块的数据价值远远小于所有业务模块数据关联起来进行分析运用所产生的价值。如何收集和储存所有业务模块信息，并将碎片化的数据连接起来，进行深入的知识挖掘，从而更好地对制造过程、制造环境和制造业务状况进行实时全面分析，从全局的角度分析形势，更加新颖、系统且全面地洞察和解决特定问题，将原来没有联系或联系不紧密的系统有机组成为具有一定功能、紧密联系的新系统，以实现跨业务平台数据的关联与整合是制造企业面临的首要问题。

（3）面向数据的实时分析技术需求

制造企业从大规模制造过渡到大规模定制，必须实时掌握用户及市场的需求，这些需求的挖掘将体现为企业对海量数据的快速处理和有效的实时分析。同时，企业所面临的用户需求和市场行情瞬息万变，传统制造企业仅对关键业务的历史数据进行收集、整合和利用，惯用的事后处理机制已经不能应对，企业需要实时洞察业务运营状态，以便迅速应对不断变化的市场形势。这就需要通过大数据技术，实时地用关联、参照、聚类、分类等方法对各种业务信息进行分析，从而发现数据背后的知识，建立"大数据"在互联网与传统制造企业间的交集，推动制造模式和管理模式的巨大变革。随着大数据呈爆炸式增长，与企业相关的数据可能在无限量地不断增长，这些不断变化的数据，需要企业进行全面、实时的分析。

（二）制造大数据的建立

1.制造大数据的清单分析

从来源分析，制造大数据可以分为制造资源、生产管理过程、产品终端

和服务过程等几个方面。

- 通过制造资源采集的制造大数据：各类制造资源本身的状态参数，生产过程的控制参数，生产环境、生产物流在全时空、全过程、全状态等多个维度上的数据。

- 从生产过程管理中采集的制造大数据：采购、计划、销售、客户等业务在执行过程中所积累的海量的全时空、全状态、全过程等多个维度上的数据等。

- 客户行为带来的制造大数据：包括客户属性、客户需求、产品使用、客户服务等方面的数据。

- 产品终端和服务带来的制造大数据：产品状态、产品使用、产品维护等方面的全时空、全状态、全过程等多个维度上的数据。

2. 制造大数据的采集和获取

针对不同的制造大数据的采集需求，首先定义采集对象、采集时间范围、采集参数、采集频率、传输方式（推送与主动获取）、传输频率等。将分析需求和数据源需求关联起来，建立关联数据库，并形成需求模板。

（1）通过制造资源采集的制造大数据

随着工业无线网络、传感器网络（wireless sensor surveillance network，WSN）、无线射频识别（radio frequency identification，RFID）、微电子机械系统（micro-electro-mechanical system，MEMS）等技术的不断成熟，人类在制造资源数据的获取、识别、处理、传递、检索、分析和利用的各个技术层面上都实现了快速发展，能够获取过去由于成本或技术原因无法在线监测的重要制造过程参数。采集和获取的方式主要是利用工业物联网等技术手段。

（2）从生产过程管理采集的制造大数据

随着数字化、信息化的发展，供应链管理、客户关系管理、企业资源管理、数字化工厂技术得到了普遍应用，这些系统每天都在产生大量的数据。采集和获取的方式主要是通过与这些业务系统的集成实现。

（3）客户行为带来的制造大数据

以客户为中心的个性化服务越来越受到重视，这种服务旨在分析出客户的个性化需求，并对这种需求采取相应措施，同时分析不同客户对企业效益的不同影响，以便做出正确的决策。采集和获取的方式包括市场部门调查、销售活动、客户购买行为、售后和服务过程数据的采集。

（4）产品终端和服务带来的制造大数据

对于不少制造产品而言，产品就是个数据终端，具有生产、存储、传输和加工数据的能力，而产品的使用过程会产生海量的关于产品使用、服务和维护的数据。数据主要通过产品终端本身采集和获取。

3. 制造大数据的整合和集成

传统的数据管理分析方案，一般是利用数据仓库技术为决策支持所需的联机分析、处理等做信息存储。数据仓库技术，需要先将数据从数据源中拉出，通过数据清洗，将数据搬运到数据仓库中进行集中的存储和管理，再由特定的工具从仓库读取数据生成数据立方体，从而进行数据的分析。在面对工业制造的大数据时，这种方式具有非常大的缺陷。首先，数据仓库面对的是存储于关系表中的关系型数据，而在工业生产过程中，数据的来源由数据采集系统从分布在不同地理位置的各个厂区的各种传感器、工作站、现场生产控制系统取得的生产过程数据、监控数据、日志数据等，这些数据中有一些是结构化数据，同时也有大量的非结构化数据和半结构化数据。其次，数据仓库技术涉及大量的数据移动，从数据源经过 ETL（extract transform load）将数据存储到数据仓库中，在 OLAP（on line analytical processing）服务器中转化为星型模型或者雪花模型，在分析时，又将数据从数据库中取出。这些代价在 TB 级时还可以接受，但面对数量达到 PB 以上的大数据，其执行时间至少以数量级增加，更为重要的是，制造过程中的运行监测，加工过程中的故障处理等都涉及一定的实时性要求，这种模式是不可取的。因此，应通过构建一个能够存储和管理制造过程中的运行数据和管理信息数据等与制造相关的海量数据，并提供基于大数据进行灵活分析的基础平台，以最大化挖掘工业生产中累积的数据的隐藏价值。

（三）制造大数据的应用与案例

1. 制造大数据在复杂生产过程优化的应用与案例

（1）制造大数据在复杂生产过程优化的应用

● 对可基于传统建模方法建立生产优化模型的相关工序建立精确生产优化模型，对无法基于传统建模方法建立生产优化模型的相关工序建立特征模型，基于订单、机器、工艺、计划等生产历史数据、实时数据及相关生产优化仿真数据，采用聚类、规则挖掘等数据挖掘方法及预测机制建立多类基于数据的生产优化特征模型。

● 针对大规模复杂生产过程中全局或局部优化性能指标及其相关优化特征指标预测需要，研究基于数据的生产优化模型建模方法。在问题特征分析和提取的基础上，采用订单、工艺、机器等生产数据，建立用于全局或局部性能指标及其相关特征指标快速预测的生产优化模型，并将该预测模型应用于基于预测机制的迭代式分解算法中生产优化子问题的形成和迭代求解，以及生产优化子问题间的自适应协调过程，以显著地提高大规模复杂生产过程生产优化算法的优化性能。

● 基于数据和知识的优化，通过分析和利用生产历史数据、实时数据及相关仿真数据，结合所建立的生产优化模型及相关经验和知识，综合采用特征分析手段和生产优化特征属性的提取 / 约简、分类 / 聚类、关联关系 / 函数挖掘等数据挖掘理论和方法，并结合仿真手段研究基于数据的生产优化知识获取方法，进而将所获得的知识应用于复杂生产过程优化问题中。

● 基于制造上下文感知计算的协同生产过程实时监控，基于由突发性、海量性事件所表征的制造过程语义信息，在整合计算上下文和物理上下文的基础上，通过制造上下文建模与表示、制造上下文的感知计算等技术，实现协同生产过程的实时监控。

（2）制造大数据在复杂生产过程优化的应用案例——英特尔制造大数据应用

处理器巨头英特尔公司正在不断挖掘大数据对于其发展的潜在巨大价值。从 2012 年起，英特尔公司开始意识到利用历史数据的重要性，并将其列入 2012—2013 年的年度报告中，开始着手将企业过去没有处理的数据收集起来加以利用。在过去的两年里，公司已开发出十几个大数据相关的项目，其中在产品制造环节比较典型的包括利用大数据来提升新产品开发速度和识别制造故障以及网络安全等方面的应用（见图 2-2-1）。

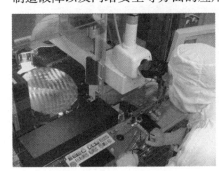 

（a）　　　　　　　　　　　（b）

图 2-2-1　英特尔制造大数据应用

英特尔制造出的每一个芯片，都要经过大量的、复杂的测试和质量检查。而在新产品推出之前，更需要这些测试来发现更多的问题并加以修正。现在，英特尔首先收集前面批次产品的制造工艺，并在晶圆级对制造过程中收集到的历史数据进行分析，然后仅针对特殊芯片进行集中测试，而不是对每一个芯片进行 19,000 个测试实验。通过这种方式，英特尔可以大大地减少试验次数和时间。

这一预测分析方法的运用同时为英特尔带来了相当可观的经济效益。仅酷睿处理器单条生产线，2012 年就为英特尔节省 300 万美元的制造成本。2013—2014 年度，英特尔拟将该方法扩展至更多的芯片线，预计节省约 3000 万美元的制造成本。

另外，大数据分析过程也有助于英特尔及时发现生产线故障。由于芯片制造生产线具有高度自动化的特点，因此每小时所产生的数据量多达 5 百万兆字节。

通过捕获和分析这些信息，英特尔可确定在生产线运行过程中从何时、哪个特定步骤开始加工结果偏离正常公差。

2. 制造大数据在生产质量控制方面的应用

以典型离散制造模式下生产质量控制为目标，对包括产品属性数据、生产制造数据、质检数据、零配件数据等结构化数据和监测及机器控制相关的非结构化数据在内的产品制造全过程大数据进行面向产品质量控制的分析与挖掘，重点解决两个主要问题：①质量分析问题，即在产品的生产质量出现问题后，利用对生产实时数据和历史数据的挖掘分析生产过程中工艺或设备对产品质量的影响，找出隐藏的生产规律，为企业改进工艺或设备等提供决策支持；②质量预测问题，即通过对生产过程中历史记录数据的挖掘分析，建立产品质量预测模型。具体研究内容包括以下 4 个方面。

（1）面向高维多源异构制造大数据挖掘的产品质量控制

研究面向高维多源异构制造大数据挖掘的产品质量控制模型，重点解决面向质量控制主题的制造大数据多维数据仓库结构和数据模型，为解决产品质量控制的复杂性与继承性问题提供有效的模型支撑。

（2）基于制造大数据的制造过程质量控制数据挖掘

在面向质量控制的制造大数据仓库的基础上，提出制造质量影响因素模糊关联规则挖掘模型，研究面向产品制造过程质量控制的数据挖掘方法、挖掘产品质量特性与关键工艺参数之间的关联规则，抽取过程质量控制知识，为在线工序质量控制和工艺参数优化提供指导性意见。

（3）基于生产过程动态数据挖掘的在制品装配质量跟踪

基于质量特征值的在制品质量跟踪方法，建立与工位节点设备、人员、工艺、物料等动态实时信息的多维视图，挖掘质量缺陷分布规律，为在制品装配过程的质量跟踪与追溯管理提供依据。

（4）基于产品零部件大数据的质量问题分析及优化匹配

基于产品零部件信息，研究零部件问题分析技术，挖掘包括零件问题、生产商和最终使用性能之间可能产生的因果关系，进而达到产品整体质量的预防和预测；在挖掘零部件数据、产品装配工艺规程和组装质量指标内在关系的基础上，研究面向产品组装过程中零部件优化匹配方法，建立零部件装配组合优化模型，结合问题特征设计满足工程应用需要的智能优化算法，实现零部件组合自动化，提高产品整体装配质量。

3. 制造大数据在生产物流配送及优化中的应用

针对离散制造企业生产物流与仓储管理系统中大量的数据无法为用户直接使用，从而不能为企业提供有用的价值信息的问题，拟对基于生产物流仓储大数据分析的优化模型与决策支持方法开展研究。主要包括以下几方面。

（1）生产物流配送优化大数据

对典型物流业务流程（如仓储、运输、配送等）中的海量业务数据，展开流程分析和建模；面向物流系统、物流网络节点的业务流程，开发物流业务流程大数据分析和建模工具，描述和再造物流业务流程。研究重点包括：

1）生产物流业务信息大数据

研究离散制造企业典型生产物流与仓储业务过程的大数据模型，从物流实际业务数据中抽取出数据信息元模型，结合物流监控需要的事件发生点、事件判断阈值等指标以标准化物流业务过程方法进行描述；研究面向联动控制管理的监控集成模型，支持监控事件与联动事件的高效协同，保证生产物流业务过程描述的实时性和准确性。

2）生产物流与仓储过程可视化信息管理

研究基于大数据模型的离散制造企业物流业务监控的可视化构件表达模型，支持面向过程的构件组装和拆分；研制物流过程可视化编排工具，支持海量物流业务信息和监控属性信息的抽取、转换和加载；研制和建立面向典型物流业务过程的可视化管理信息模型库。

（2）分布式供应链优化模型与决策支持

研究典型物流运作管理优化问题（如库存管理、智能配载、网络调度等）的建模与求解算法、评价指标体系、物流网络节点过程优化调度方法，开发基于大数据分析的分布式供应链决策支持系统。具体包括：

1）物流过程优化

研究分布式仓储库存和运输在途库存管理系统的大数据分析技术，建立分布式物流库存管理关键绩效评价指标体系，研究并建立分布式物流库存成本及时效模型，提出多目标的分布式物流库存优化方法；面向密集型物流网络，研究网络节点的物流能力和网络可靠性分析方法，大数据环境下的密集型运输网络调度优化问题，运输网络调度过程中的利益协调机制。

2）供应链系统网络模型和信息模型

研究建立供应链网络模型，以及存储供应链运作海量数据的供应链信息大数据模型，支持供应链网络模型与信息模型的同步，实现供应链运作信息的可视性，为进行大数据挖掘、分析和预警提供参考模型。

3）分布式供应链系统决策

研究包括 KPI 评价模型、库存分析模型、订单绑定模型等在内的分布式供应链分析模型的设计技术，并且提供各种供应链运作信息视图，如库存变化视图、KPI 视图及各种报表等，构建高可视性的供应链海量数据可视化分析工具。

4. 制造大数据在 MRO 的应用与案例

（1）制造大数据在 MRO 的应用

在故障诊断方面，由于计算机技术及各种智能仪表在工业过程中的广泛应用和不断发展，反映系统运行状况的海量过程数据被采集并存储下来。利用这些积累的海量离线和在线运行数据，在难以建立起系统机理模型进行故障诊断的情况下，通过分析数据特征及其内在规律实现对工业过程及其相关设备的故障诊断，最终达到提高产品质量、保证生产安全、减少经济损失的目的。

在预测性维修方面，通过在生产阶段为设备内置安装各种传感器，负责收集关于设备运行状态的数据。这些数据通常结构和种类复杂、采样速度高、数据量庞大，具有比较典型的大数据特征。分析和利用这些数据能够大幅度提升预测性维修的深度和效果，包括能够提供更加直接地跟踪产品的使用方式的途径，实现产品所需服务需求的可视化；能够优化售后维修服务流程，向客户提供更具针对性的解决方案；允许制造商在需要时进行维护，尽早发现存在的问题，在降低成本的同时提升了服务质量。这些数据信息除直接用于企业的设备健康状态监控、技术诊断、维修与大修，也可以直接反馈到设计与制造部门，用于修改设计、改进制造手段和工艺、提高新设备的质量。

（2）制造大数据在 MRO 的应用案例

英国著名的飞机引擎制造商劳斯莱斯（Rolls Royce）公司在飞机引擎的制造和维护过程中采用了大数据分析。

劳斯莱斯的引擎中都配备了劳斯莱斯引擎健康模块。所有的劳斯莱斯引擎，不论是飞机引擎、直升机引擎还是舰艇引擎，都配备了大量的传感器，用来采集引擎的各个部件、各个系统，以及各个子系统的数据。任何的微小细节，如振动、压力、温度、速度等，都会通过卫星传送到专门进行数据分析的计算机中。除此之外，劳斯莱斯公司为了更好地解决地面团队手工检查引擎作业所面临的技能要求高、操作难度大的难题，开发了一种蛇形工业机器人，可以由相对低级别的工程师放入引擎内部，把引擎内的图像传回给远程操纵的高级工程师，由高级工程师进行远程修理。

劳斯莱斯公司还直接在引擎内部放置能耐受高达 2000 摄氏度高温的摄像头，通过闭路电视系统传回图像。而这无疑在现有的传感器数据的基础上，又大大地增加了数据量，每一部引擎都将成为名副其实的"大数据"引擎。

这些信息通过专门的算法，进入引擎健康模块的数据采集系统中。无论是在 37,000 英尺（1 英尺 =0.3048 米）的高空，还是在海里，数据都会被传回位于英国德比郡的总控室。即使在飞机以每小时 1000 千米的速度飞行时，如果发现引擎的一个错误，也可以马上进行修复。所有引擎传感数据由一个总共 200 人左右的工程师团队按照每 25 到 30 人一组轮班进行不间断的分析。一年下来，大概会产生 5 亿份数据报告（见图 2-2-2）。

（a）　　　　　　　　　　　　　　（b）

图 2-2-2　飞机引擎的远程监控

劳斯莱斯的目的，就是使得引擎更加安全可靠。当有故障出现时，它能够第一时间发现并且进行修理。如果有一些更加严重的错误被发现，那么劳斯莱斯的地面支持团队就会在飞机着陆后到达现场。为此，他们配备了一个200人的工程师团队以保证随时都有需要的备件，以及一个160人的团队保证随时为全球的500家航空公司进行修理。

这样的数据分析，不仅可以帮助劳斯莱斯提前发现故障，还可以帮助客户更及时有效地安排引擎检测和维修。对劳斯莱斯来说，这样的数据分析并不新鲜。早在2006年，劳斯莱斯就已经通过卫星，实时监测它的3000多个引擎的数据并进行分析。而通过算法的不断改进，劳斯莱斯如今已经可以通过数据分析预测可能出现的技术问题。这样节省了时间和金钱，对客户也有很大的帮助。大数据在这里无疑起了举足轻重的作用。

5. 制造大数据在营销和服务的应用

收集和分析客户的各项数据和行为轨迹，结合营销领域的业务模型和业务特征，让营销和服务决策能够无限接近真实的市场需求方向，让企业与客户能够达到和谐交换是长期以来企业开展营销和服务的指导思想。通过数据处理的技术手段，从数据中找出隐藏的、未知的，但对企业的营销、销售和服务十分有用的信息，以指导企业开展营销、销售和服务业务，一直是企业进行营销和服务决策的主要手段。

基于大数据的客户行为分析与智能决策支持技术：针对制造企业开展市场营销的要求，研究面向服务的客户行为分析挖掘技术，准确把握客户要求，快速响应个性化需求，提供良好服务，为市场营销提供决策支持。

（1）面向大数据分析的客户价值生命周期模型

从客户价值生命周期的4个典型阶段（客户辨识、客户处理、客户履约和客户服务）进行建模，研究基于知识库、规则库和模型库的数据挖掘技术，建立客户价值模型，为线索、客户、商机、合同、订单的客户关系分析、评价和预测提供基本模板和依据。

（2）基于大数据的客户价值及流失分析

基于客户当前价值、潜在价值以及客户信用风险三要素之间的制约关系，研究基于数据聚类的客户价值分析技术，正确地评估客户的真正价值，并依据流失客户和忠诚客户之间的性质和消费习惯，研究建立基于决策树的客户流失预测模型，防止因客户的流失而引发的经营危机，提高公司的竞争力，改善客户关系。

（3）基于客户细分的营销决策支持

基于客户行为—价值细分模型，根据客户的属性、行为、需求、偏好以及价值等因素对客户进行分类，为具有不同特征的客户群价值进行量化评估，并能为其制定相应的营销策略提供依据。

（4）基于大数据的服务偏好挖掘

针对高端产品的个性化服务，通过收集和分析用户服务信息研究用户偏好及使用模式，推送高质量的服务，提升服务提供商与服务使用者之间的交互能力，吸引更多的新用户，具体包括用户服务偏好的表示建模技术、用户服务行为的多属性决策挖掘技术、面向服务的客户群细分技术等。

（四）小结

随着信息技术在制造过程的广泛应用，企业积累了海量数据，如何有效地将企业积累的海量数据转化为"信息资源与知识"，通过基于数据的优化和对接，把业务流程和决策过程有机地融合，更好地为企业的制造过程优化、制造过程的质量控制、MRO 优化、营销服务，已成为一些企业迫切需要解决的现实问题。同时，制造企业的数据积累量、数据分析能力、数据驱动业务的能力亦已成为决定企业市场竞争力的重要评判标准。

目前，制造大数据的应用尚不成熟，典型应用并不多见，相关技术研究主要延续传统的面向制造过程的数据挖掘、数据分析方法，应用点主要集中在生产计划调度、制造质量控制、设备故障诊断等少数领域。目前存在的主要不足在于：一方面，缺少对制造大数据本身的采集、存储、梳理、整合等成熟的管理方法和完善的数据管理体系，信息孤岛仍然存在，制造大数据分析的基础性条件尚未具备；另一方面，所研究的方法和技术本身缺少对大数据的支撑，导致技术单一、应用局限性大、分析的广度和深度不足。因此，迫切需要结合制造过程全生命周期的各个阶段，将碎片化的数据连接起来，进行深入的知识挖掘，从而更好地对制造过程、制造环境和制造业务状况进行实时全面分析，从全局的角度分析形势并实时解决制造企业面临的问题，探索大数据分析模式在制造行业的集成创新应用，为制造型企业向"服务型"制造、"精细化"管理转变和发展提供支撑。

三、企业创新大数据

（一）智能城市对企业创新及大数据的需求

1.企业创新

企业创新是指充分发挥企业设计者的创造力，利用人类已有的相关知识、经验和科技成果进行创新构思，设计出具有科学性、创造性、新颖性及实用成果性产品和服务的一种实践活动。

创新是产品设计的灵魂。只有创新才有可能得到结构新颖、性能优良、价格低廉的富有竞争力的产品。这里的创新可以是多层次的，如从结构修改、结构替换的低层次创新活动到工作原理变换、功能修改和增加等高层次创新活动都属于创新设计的范畴。在众多设计路径所产生的设计结果中，将产生一组可行的"新"方案。①

当前我国提出了创新驱动的发展战略，越来越多的企业将从过去的模仿型走向创新型、从劳动力密集型向知识和技术密集型发展，创新将成为越来越多企业的发展战略，成为企业的财富和利润的主要源泉，成为企业最核心的竞争能力。创新能够帮助企业进入无竞争和高利润的"蓝海"。

创新是我国和智能城市未来发展的重要战略。只有通过创新，才能使我们的经济发展转型升级，使我们的城市具有竞争力。

2.智能城市需要智能城市产业的支撑

智能城市产业是智能城市的基础设施的基础。智能城市产业需要通过创新才能建立和发展。图 2-3-1 描述了创新设计与智能城市产业和智能城市的关系。

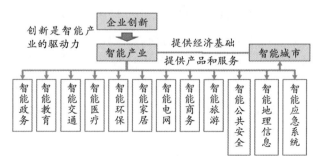

图 2-3-1　创新与智能城市产业和智能城市的关系

---

① 中国机械工程学会.中国机械工程技术路线图 [M].北京：中国科学技术出版社，2011.

（1）创新驱动的智能城市产业 [1]

● 智能电网——智能电表、智能发电设备、智能输配电设备等产业。

● 智能建筑——家庭自动化设备、智能防盗系统、管线咨询系统、智能环境调控系统等产业。

● 智能供排水系统——智能供水设备、管道智能监测系统、智能排水监控系统等产业。

● 智能医疗系统——医学影像存档、智能医疗资讯系统、远程医疗救助系统、智能医院运营系统、植入体内监视人体健康的仪器等产业。

● 智能金融系统——智能交易系统、智能结算系统、智能金融后台管理系统、银行智能调配设备、证券智能调配设备等产业。

● 智能交通系统——高精度道路感应器、智能铁路系统、智能公路系统、智能航空系统、智能航运系统、智能交通调配系统、出租车智能服务管理系统、自动售票及检票系统等产业。

● 智能物流系统——集装箱智能标识系统、智能的货物分拣系统、智能物流决策协调系统等产业。

● 智能气候气象系统——智能型环境监控系统、天气实况警示系统、智能型灌溉系统等产业。

● 智能零售系统——智能的供应链管理系统、智能客户管理系统、智能的零售系统、智能的交易系统等产业。

● 智能食品——智能食品追踪系统、智能食品安全监测系统、智能冷链管理系统、智能的冰箱等产业。

● 智能油气供应系统——智能汽油及天然气供应监控系统、智能天然气管道监测系统等产业。

● 智能通信系统——智能手机、云服务平台等产业。

● 智能安全保障系统——智能经济社会监控系统、智能应急决策支持系统等产业。

如果这些智能城市产业或其核心技术都控制在外国人手中，那么我们的智能城市的安全性就会成为大问题，智能城市的建设和维护成本就会居高不下。

（2）智能城市产业是智能城市的发展基础

智能城市产业具有高利润、高附加值的特点，代表制造业的发展方向。

---

[1] 童明荣.“智慧城市”建设：制造业企业转型升级的新机遇 [J]. 宁波经济 (三江论坛)，2010，(11):12-13.

作为一个大国，如果所有的城市还是以传统制造业为主，企业利润很少，城市财政收入可怜，员工收入仅够糊口，那么智能城市的发展就会缺乏经济基础。难以想象在传统制造业的基础上能够建立起众多的智能城市。

在智能城市产业方面，无论是软件还是硬件，大多数的核心技术尚掌握在外国企业手中，我国与发达国家仍存在较大的差距。发展智能城市产业需要创新，而创新的主要内容包括：

● 面向智能城市和智能城市产业的基础知识的创新

我国在引进学习应用国外先进技术方面取得了很大成功，但在对引进技术的基本原理的理解和掌握方面与国外还有较大差距。这要求我国不仅需要研究已有的基础知识，而且还要在基础知识方面开展自主创新，以免总是被动。

● 面向智能城市和智能城市产业的关键零部件的创新

我国智能城市和智能城市产业建设中的一些关键零部件技术还掌握在国外企业手中，例如，超大规模集成电路、液压控制系统等。我们需要对这些关键零部件进行创新设计制造，获得自主知识产权，实现国产化。

● 面向智能城市和智能城市产业的集成创新

智能城市和智能城市产业将越来越复杂，并随着环境变化需要不断更新，因此智能城市和智能城市产业的集成优化亦越来越重要，我们需要加强这方面的集成创新。

虽然在全球化环境中，不必要求所有的技术和产品都是自己的，但作为一个占世界人口 20% 的大国，应该掌握关键产品、关键零部件和关键技术。

（二）我国经济转型升级对企业创新及大数据的需求

当前中国经济需要通过转型升级，才能走出中等收入陷阱，使经济得到持续发展，从制造大国转变为制造强国。转型升级很难，世界上能够实现从发展中国家转型为发达国家的国家寥寥无几。转型升级的关键在于创新。企业和个人的诚信是影响企业创新的关键因素之一。而互联网和大数据可以跟踪信用历史，有助于打造诚信社会；大数据有助于企业创新，有助于中国经济实现转型升级，如图 2-3-2 所示。

此观点可以得到以下支持：

1. 世界银行的观点：发展中国家贫困的主要原因是缺少属性知识，而不是技术知识

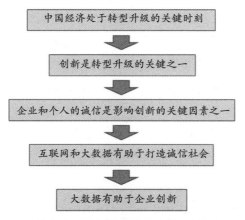

图 2-3-2　基于大数据的企业创新的意义

世界银行将知识分为技术知识和属性知识。技术知识是指技术诀窍等；属性知识是指产品质量、借款人的信用度或雇员的勤奋度等。同时，将技术知识的不平均分布称为知识差距，将有关属性知识的不平衡性称为信息问题，如图 2-3-3 所示。[①]

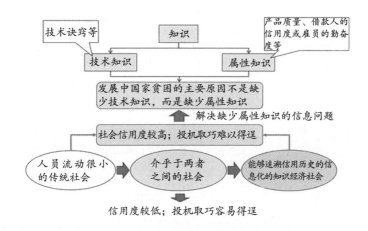

图 2-3-3　世界银行关于发展中国家贫困主要原因的观点

世界银行的 1998/1999 年世界发展报告的观点是，在人员流动很小的传统社会和在能够追溯信用历史的信息化的知识经济社会，投机取巧难以得逞。而介乎于两者之间的社会就可能没有这种好信息。

---

① 世界银行. 1998/99 年世界发展报告——知识与发展 [M]. 北京：中国财政经济出版社，1999.

2.学术界的观点：第三只手——基于网络协同的大数据[①]

1776年，亚当·斯密就曾断言，人们在追求私人目标时会在一只看不见的手的指导下，实现社会资源最优配置和增进社会福利。

第一只看不见的手是市场规律，但会出现市场失灵。因为市场规律实现社会资源最优配置的一个重要假定是：信息是透明的。而实际上市场太大，无数客户与经营者对商品信息的了解总是不对称的，不仅会造成盲目生产，而且会出现自私经营者的欺诈行为。

第二只看不见的手是社会道德规范，这是建立在"人具有一种天然的利他主义倾向"基础上的理论。但是现阶段人们的利己主义倾向往往压倒利他主义倾向，致使道德规范显得苍白无力。

现在第三只看不见的手可能是基于网络协同的大数据，实现透明社会，使各种交易活动变得日益透明，使原本靠少数先进分子自觉遵守并教化社会的道德规范，转变为一种阳光下的刚性气氛，社会监督将无情地清除与社会利益不和谐的害群之马。合作性竞争和双赢战略将成为最好的选择，企业目标必须向社会目标靠拢。因此，基于网络协同的大数据日益成为继市场规律、道德规范之后的第三只手，如图2-3-4所示。

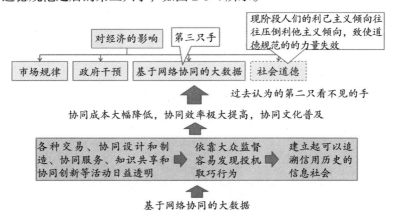

图2-3-4　基于网络协同的大数据可能是影响经济发展的第三只看不见的手

政府干预是只看得见的手。计划经济就是一种政府干预模式。西方在市场失灵时，也往往依靠政府干预帮助摆脱经济危机。但也是由于信息不透明的原因，其作用比较有限。

① 杨培芳.社会协同：信息时代的第三种力量 [N].光明日报，1999-10-22.

3. 上述观点与我国政府的观点也是一致的

● 2013 年 9 月 30 日，中共中央政治局以实施创新驱动发展战略为题举行第九次集体学习。中共中央总书记习近平在主持学习时强调：实施创新驱动发展战略决定着中华民族前途命运。敏锐把握世界科技创新发展趋势，紧紧抓住和用好新一轮科技革命和产业变革的机遇，把创新驱动发展作为面向未来的一项重大战略实施好。[①]

新一代信息技术是新一轮科技革命的主要驱动力量，将有力支持基于大数据的企业创新，如图 2-3-5 所示。

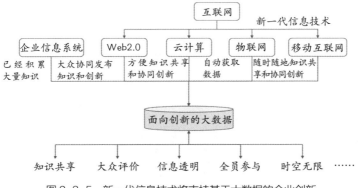

图 2-3-5　新一代信息技术将支持基于大数据的企业创新

● 2015 年 5 月 8 日，国务院公布《中国制造 2025》。其主要思想是：以促进制造业创新发展为主题，以提质增效为中心，以加快新一代信息技术与制造业融合为主线，以推进智能制造为主攻方向，以满足经济社会发展和国防建设对重大技术装备需求为目标，强化工业基础能力，提高综合集成水平，完善多层次人才体系，促进产业转型升级，实现制造业由大变强的历史跨越。[②]

● 2015 年 8 月 31 日，国务院以国发〔2015〕50 号印发《促进大数据发展行动纲要》（以下简称《纲要》）。《纲要》对大数据的定义是：大数据是以容量大、类型多、存取速度快、应用价值高为主要特征的数据集合，正快速发展为对数量巨大、来源分散、格式多样的数据进行采集、存储和关联分析，从中发现新知识、创造新价值、提升新能力的新一代信息技术和服务业态。[③]

工业 4.0 中的智慧工厂架构，其核心也是大数据，其来源于 App 平台、信息物理系统（cyber-physical system，CPS）等。

---

① 新华社. 中共中央政治局举行第九次集体学习 习近平主持 [EB/OL].（2013-10-01）[2013-10-02]. http://www.gov.cn/ldhd/2013-10/01/content_2499370.htm.
② 国务院. 中国制造 2025[EB/OL].（2015-05-08）[2015-05-09]. http://news.china.com/domestic/945/20150519/19710486.html.
③ 国务院. 促进大数据发展行动纲要 [EB/OL].（2015-08-31）[2015-09-06]. http://politics.people.com.cn/n/2015/0905/c1001-27545655.html.

（三）企业创新大数据的基本概念

1. 企业创新大数据的定义

图 2-3-6 为企业创新大数据的内容框架。企业创新大数据分为 4 层，包括数据层、模型层、知识层和知识网络层。如图 2-3-6 所示，越往左，数据量越少而价值密度越高。

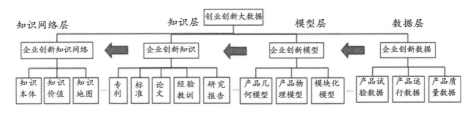

图 2-3-6　企业创新大数据的内容框架

（1）数据层的大数据

数据是对客观事物记录下来的、可以鉴别的符号，这些符号不仅指数字，而且包括字符、文字、图形等。数据可以直接来源于传感器，如某种变量的测试值，也可以存在于高度结构化的数据库，如 ERP（企业资源计划）系统中的现场产生的数据库。例如，工业汽轮机的远程监控数据，每台机器每天的监控数据都有几 GB，一台汽轮机一年的监控数据就达到 TB 级，形成数据层的大数据，形象地说是一条光滑的直线，没有价值。只有极少数不正常工况的数据，才有故障预测和分析的价值。[①] 企业的数据层大数据有：产品运行监控数据、生产过程的质量检测数据、任务下达和完成情况的数据、产品和零部件的结构数据、产品知识使用行为的数据（知识下载、评价、应用等的次数和情况）等。

（2）模型层的大数据

模型也可称为信息，是已经排列成有意义的形式的数据，是组织或结构化的数据，是放在上下文中并赋予其特定含义的数据。例如，数字是数据，而一张随机数字表则是模型；所测试的工业汽轮机的效率曲线可以用数学模型描述。企业的模型层大数据有：产品运行状态模型、生产过程质量模型、生产计划模型、产品和零部件的结构模型、各种知识使用行为的统计模型等。

---

① 李国杰，程学旗. 大数据研究：未来科技及经济社会发展的重大战略领域——大数据的研究现状与科学思考 [J]. 中国科学院院刊，2012, 27(6):647-657.

（3）知识层的大数据

知识是数据和模型的应用，知识深刻地反映了事物的本质。可以利用知识来进行预测，进行相关分析和支持决策的制定，即得到新的知识。例如，根据工业汽轮机的效率模型，并结合工业汽轮机的其他振动、噪声数据和模型，维修人员利用自己的丰富经验，判断出工业汽轮机效率下降的原因，进而采用相应的维修方法，提高工业汽轮机的效率。这里维修人员综合应用的数据、经验和模型等，得到的决策，即为产品的维修知识。同时将这些信息和知识反馈给设计人员，以便在今后的设计中采用更合适的材料和结构，减少或避免工业汽轮机效率下降。这些也构成了产品设计知识。企业的知识层大数据有：产品故障诊断知识、产品设计准则、各种参数的关系曲线、关键零部件制造知识、产品装配和调试知识、产品销售知识、产品使用知识等。

（4）知识网络层大数据

知识网络是知识有序化的结果。知识有序化包括：知识价值的识别、知识标识和知识关系的建立。目的是提高知识的利用效率。企业的知识网络层的大数据有：产品知识本体、知识、知识与知识之间的关系。

复杂产品4层大数据的关系可以描述为：由企业信息物理系统、各种信息系统所获取的大数据进行处理后得到模型层大数据，对模型层的大数据进行处理后得到知识层的大数据，对知识层的大数据进行处理后得到知识网络层的大数据。每次处理后，都使得大数据的数据量减小，价值提高，知识利用效率提高。

因此，在复杂产品大数据的研究中，需要将产品生命周期的数据层、模型层、知识层和知识网络层的大数据进行集成考虑。

以下为方便起见，不做特别说明时，知识大数据包括数据层、模型层、知识层以及知识网络层的大数据。

2. 企业创新大数据的来源、方法和应用

图 2-3-7 分析了企业创新大数据的来源、方法和应用。

图 2-3-7 中的大数据都已经有或者将具有 4V 特点：volume（大量）、velocity（高速）、variety（多样）、value（价值）。例如，企业环境影响数据是对环境保护非常重要的数据，但现在基本无法拿到。未来通过国家立法，要求企业必须提供完整的采购（输入）数据和出厂销售或"三废"处理（输出）的数据，然后根据企业的设备和工艺，自然就可推算出企业每天的"三废"排放情况，并与企业申报的数据进行对比，从而可以对"三废"排放进

行严格的控制、奖惩。这里的数据量非常大、数据更新快、形式多样，对环境保护具有重要价值。限于篇幅，对其他数据不一一分析。

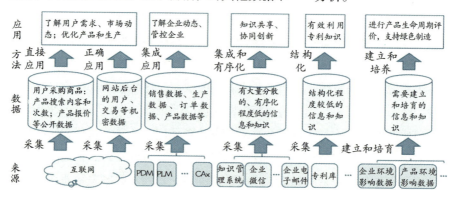

图 2-3-7　企业创新大数据的来源、方法和应用

3. 企业创新层次模型与大数据的关系

企业创新是一个系统工程，具有层次性。图 2-3-8 描述了企业创新层次模型与大数据的关系。

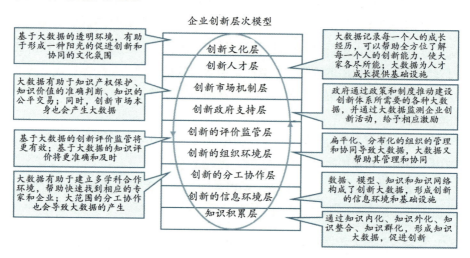

图 2-3-8　企业创新层次模型与大数据的关系

4. 基于知识大数据的创新

（1）大数据、知识共享和创新

在企业中每时每刻都有知识迅速地产生，这些知识分布在不同的介质上，以不同的形式存储。经过长时间的积累之后，企业中的知识也有了相当大的数据量。这样的知识已经具有大数据的 4V 特征，称为知识大数据。

在知识产生的同时，员工对知识的评价数据也在迅速地产生。这些评价分布在不同的介质上，以不同的形式存储。经过长时间的积累之后，员工对知识的评价也有了相当大的数据量，称为知识评价大数据。

大数据技术可以帮助解决目前知识共享中遇到的两个难题：

- 知识爆炸带来知识库中的知识杂乱无章，导致知识利用效率不高

可以利用大家使用知识的行为大数据自动评价知识的价值和知识间的关系，也可以依靠广大用户协同评价知识，这些评价构成评价大数据。通过这些大数据，筛选出大量的无用、重复、过时的知识，使知识大数据有序化，即形成有序的知识网络。

- 员工共享知识和评价知识的意愿不强

可以利用员工共享的知识的数量和质量（大众评价结果），对员工知识共享度和知识水平进行评价和考核，并给予相应的激励。

基于大数据的知识共享方法的基本过程如图 2-3-9 所示。这是一个闭环过程。

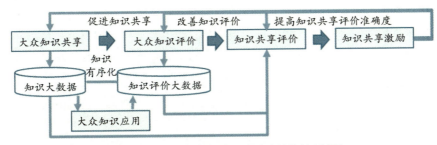

图 2-3-9　基于大数据的知识共享方法的基本过程

图 2-3-9 中的知识大数据包括：

- 企业内部知识：员工的经验和设想、工作记录和总结、失败案例等。
- 企业外部知识：设计手册、专利、标准、期刊文献、网络文章等。

图 2-3-9 中的知识评价大数据包括：知识评论、评分、下载、阅读、引用等员工的知识使用行为数据。

（2）大众知识共享

通过相应的制度、标准和平台支持大众知识共享，将个人知识组织化、隐性知识显性化。

- 制度建设，如：①企业内部知识产权制度：把外部知识产权制度内部化；员工在企业知识库中发布的自创知识具有版权；谁先发布，谁就拥有该知识的版权；如果有知识不发布，而其他人发布了，那么知识版权就属于发布者；未来企业的产品和技术发展中使用了该知识，取得了效益，就要给予最初的知识发布者相应的报酬；②知识公开制度：确定知识公开的范围、使用的规

则等；③员工知识共享制度：不同级别和岗位的员工每年应共享的知识数量，并与年度考核和升职挂钩；④岗位和流程知识建设制度：对企业必需的岗位和流程知识需要相关负责人组织建立和完善，并且要达到一定的质量标准，因为这是新员工培训、老员工成长所需要的知识，是一种企业创新的基础设施。

● 标准建设，如：①知识文档模板标准；②知识描述规范标准；③知识引用标准；④知识分类标准；⑤知识集成标准。

● 平台建设，包括企业各级知识共享子系统，如个人、团队、部门、企业、集团等知识共享子系统。员工可以根据知识密级和知识需求情况，将知识发布在不同的子系统中。这些子系统都集成在一个平台中。知识共享子系统不仅支持员工发布自己知识，还集成来自企业的不同信息系统的知识，如PDM\PLM、ERP、维修管理系统等。

（3）大众知识评价

通过相应的制度、标准和平台支持大众知识评价，促进知识有序化。

● 制度建设，如：①员工知识评价制度：对不同级别和岗位的员工进行知识评价规定硬性任务，特别是知识分类、知识关联、知识网络、核心和关键知识的确定等；②知识协同评价制度：确定知识公开的范围、使用的规则等；③专利协同评价和专利地图协同建立制度。

● 标准建设，如：①知识评价标准；②知识本体标准；③知识网络标准；④知识语义模型标准等。

● 平台建设，包括：①基于用户行为的知识评价子系统；②基于用户行为的知识本体评价子系统；③知识本体管理子系统；④知识生命周期跟踪子系统等。

基于大数据形成一种全新的创新模式：

● 创新的大众化：企业员工都可以方便地参与到创新过程中来，为创新贡献自己的力量。

● 创新的协同化：使协同创新变得非常方便，可以快速知道创新的方向，根据自己的水平定位自己的创新研究方向；通过创新平台，使自己的创新研究与他人的创新研究有机集成。

● 创新的持续化：创新成果在创新平台中容易得到承认和保护，得到有效的激励，使员工积极地去创新。

● 创新的常态化：创新以及为创新所做的基础工作都与日常工作紧密结合，一方面提高了日常工作的效率，另一方面低成本地完善了创新网络。

● 创新的透明化：在创新平台中，整个创新过程及评价过程高度透明，一方面，防止投机取巧的现象出现；另一方面，对创新人员的评价更加公平。

● 创新的智能化：创新平台凝聚了大量的支持创新的知识，并形成高度有序的知识网络，智能地支持企业员工的创新。

（四）企业创新大数据的案例

企业创新大数据的案例见表 2-3-1。

表 2-3-1　企业创新大数据的案例

	大数据应用	作用	案例
基于客户大数据的创新设计	基于客户评价大数据的产品创新设计	利用来自互联网上的客户的产品评价大数据，有助于企业改进产品、运营和服务，有助于企业开发出用户真正需要的产品。消费者开始真正决定款式的走向，这完全颠覆了设计师引领时尚潮流的传统模式	拥有上亿用户的小米手机的1/3功能是用户协同设计的；海尔一些家电是依靠几百万粉丝一起设计的
	基于客户和市场大数据的创新设计	销售和库存、网络客户需求、客户意见等大数据帮助企业开发出市场适销的产品	西班牙服装企业ZARA汇集网上海量资料、各个卖场的销售和库存数据、销售过程中客户的意见、光顾ZARA商店的客户身上穿的可模仿元素等各种数据，支持服装创新设计[①]
	基于互联网客户需求大数据的创新设计	互联网中的论坛、博客、微博、微信、电商平台、点评网等大数据，为产品创新需求的发现提供了海量语料库和新的实现途径，有助于企业了解客户需求	通过自动跟踪和分析客户在淘宝网等电子商务网店中的采购行为，获悉用户的需求，制订适销产品的创新设计方案
	基于用户行为大数据的产品创新设计	基于用户浏览行为数据、购买行为数据、用户态度数据以及用户生成数据（UGC）的分析结果，对客户进行全方位的认识，从而准确把握目标客户群体及其需求，进行产品创新设计，满足用户需求	汽车企业可以通过用户识别、用户标签、用户聚类和用户细分等方式监测客户的行为模式，从而针对目标客户群体开发相应的车型[②]
	基于手机用户大数据的创新设计	智能手机应用可采集有关用户行为、产品性能、市场趋势等数据，提供相关的分析结果，支持产品设计人员开发出更好满足用户需求的产品	MapMyRun.com可以将用户在手机App上的数据及基于这些数据的产品分析，销售给运动服装制造商、体育用品制造商、保险公司及卫生保健供应商，支持其创新设计

① 林文彬. 服饰业供应链变革之路 [EB/OL].（2012-06-06）[2012-06-08]http://blog.csdn.net/infosysc n/article/details/7637294.
② 杨善林. 汽车产业大数据 [R]. 中国工程院咨询报告，2015.

续表

	大数据应用	作用	案例
基于客户大数据的创新设计	基于大数据的产品系列化设计	对客户的个性化需求进行成组分析，建立合理有限的产品系列，使绝大多数客户的需求得到较好的满足	服装的系列化设计就是基于大量客户的数据总结出来的
	基于大数据的参数化设计（变型设计）	基于客户的大数据，可以获得产品各个参数之间的关系，进而可以建立参数化设计（变型设计）系统，提高设计效率	青岛红领集团积累了超过200万名顾客个性化定制的版型数据，建立了西装数据建模打版系统，一个数据的变化会同时驱动9666个数据的同步变化
基于环境大数据的创新设计	基于应用环境大数据的复杂产品设计	充分利用复杂产品在使用中所面临的各种复杂环境、工况条件的大数据，进行产品方案优化	丹麦能源公司维斯塔斯利用气象报告、潮汐相位、地理空间与传感器数据、卫星图像、森林砍伐地图等大数据优化风力涡轮机配置方案，从而实现最高效的能量输出①
	基于物联网大数据的产品创新设计	通过物联网，获取产品在使用中的大数据，了解用户使用习惯、产品工况等，帮助新一代产品的设计优化	互联网空调（云空调）通过传感器获悉用户的使用习惯大数据，帮助改进设计
	基于应用环境大数据的个性化产品定制设计	定制产品需要按照用户的个性化环境进行设计，个性化环境可能就会形成大数据	海尔日日顺已有866个场景、2586个产品解决方案，有全国168万个社区村镇的水质数据库，可以根据这些数据和场景，为用户设计个性化的净水机解决方案②
基于知识大数据的设计	基于知识大数据的产品创新设计	企业情报、文献、专利、员工经验等大数据有助于提高企业员工的创新设计能力	基于Triz的创新设计方法是在分析了全球的几百万份专利基础上建立的，在我国得到科技部的推广应用
	基于大数据的知识工程	知识工程系统可以使公司员工将工作成果留在公司的系统中，工作的量和质均有据可评。这样，人员流动对公司业务的影响很小。新员工可以在知识工程系统的支持下迅速掌握知识。知识工程系统还可能根据原有案例，事先向员工提供指导③	Dell将销售分成：①"外部销售"：任务是获取客户信息；②"内部销售"：任务是分析、筛选外部销售带回来的信息，挑出可能的商机；③"销售经理"：任务是将可能的商机变为销售单。最终，在保证销售队伍高效率的同时，又留住了宝贵的客户知识

① 赛迪网. 维斯塔斯利用 IBM 大数据分析实现"智慧风能"[EB/OL].（2012-3-23）[2012-3-23]http://news.ccidnet.com/art/1032/20120323/3709391_1.html.

② 日日顺. 方案解决场景化日日顺大盈家开启定制化时代 [EB/OL].（2015-10-30）[2015-10-31].http://news.vlongbiz.com/constr/2015-10-30/1446170575d2236206.html.

③ 潘辛平. 互联网、知识管理及企业再造——金融企业核心竞争力的培养 [J]. IT 经理世界，2001，（9）:23-24.

续表

	大数据应用	作用	案例
基于知识大数据的设计	基于协作大数据的协同创新设计	一些大企业与全球许多合作伙伴开展协同设计，形成大数据。这些大数据又支持协同设计的开展	波音通过一个信息服务平台，实现了全球合作伙伴的设计和生产的协同创新
	基于大数据与全球研发人员协同创新	全球研发人员大数据，如新的创新成果、独特的技能等，有助于企业的协同创新	宝洁公司通过NineSigma网站，同全球50多万名研究人员建立了联系，开展协同创新
	基于Web 2.0和大数据的协作创新	建立基于Web 2.0的员工、合作伙伴和用户之间的协作创新过程，支持大家发表创意，并开展协同评价，形成大数据，提高企业创新效率	2007年3月，IBM推出了创新梦工场，将Web 2.0的服务功能引入企业协作创新领域
	基于大数据的平台型企业	企业是平台，员工是创客，直接面向客户，由客户发酬薪，充分发挥大家的主动性和创新性，以便在信息万变的市场中能抓住机会并迅速做出反应	海尔汇聚的平台主、小微主、创客有6万多人，小微生态圈183个，诞生470个项目，汇聚了1328家风投公司，有77%的小微年销售额已过亿，而每个小微团队核心成员不超过8人
	基于大数据的透明企业	帮助实现企业内自律分布控制，在调动大家的积极性的同时，使员工紧密协同工作和创新，有助于解决大企业病	这是未来的企业模式
基于大数据的企业创新管理	基于客户大数据的互联工厂	通过互联网，汇集用户资源大数据，这是创新的源泉，是企业开发出用户真正需要的产品的最重要的资源	海尔的互联工厂：①连上用户，满足用户个性化需求；②产品上网，与用户永远交互①
	基于大数据的Holacracy（全体共治）管理	让员工各司其职，领导权分散到每个人头上。人人都希望自我领导并用企业家的思维来思考自己的角色，让员工能灵活追求其兴趣所在，迅速对外界和市场做出反应	Robertson使用全体共治模式运营软件公司；亚马逊旗下鞋类零售商Zappos正在尝试"零管理"模式，拟废除传统等级制管理②

---

① 张瑞敏 . 为创建互联网企业而求索 [N]. 青岛日报，2016-01-25.
② 李铎，王茜 . 亚马逊子公司实施无领导"共治"：14% 员工选择离开 [N]. 北京商报 . 2015-05-12.

续表

	大数据应用	作用	案例
基于大数据的企业创新管理	基于大数据的产品小组全程负责管理	产品小组全程负责管理有助于发挥员工的创造性，需要将电子商务平台的前端数据、内部系统中的销售、发货、库存、采购等数据进行集成，并按照精确的粒度进行划分，形成结构化的数据模块，为每一个产品小组能够成为真正的"自主经营体"提供精确高效的全方位数据化支持	韩都衣舍的 "以产品小组为核心的单品全程运营体系"的产品小组是1到3个人，所有公共资源与服务都围绕着小组去做。3个人中有一个设计师，有一个负责产品页面推广，在传统商业叫导购，还有一个货品专员，就是采购的角色，负责供应链的组织[1]
	基于大数据的触点管理	管理好每个内部触点，提升员工在任一触点上"真实感受"的质量，增加其对企业的好感，赢得其超越理智的忠诚，激发其自主创造力，积极开展有利于企业的协作，并成为企业积极的代言人[2]	互联网时代催生了一代数字原住民，他们需要新的工作模式，触点管理公司内部互动模式的创新正是这个时代所需要的

（五）小结

新一轮工业革命对中国而言，是新一代信息技术与企业转型升级的交汇点，利用好这一机遇，就有可能使我们的制造业突围，使我们的经济摆脱所谓的"中等收入陷阱"。转型升级的关键是创新，利用大数据可以促进企业创新。

企业创新大数据的特点主要是：

● 大数据有助于实现创新全过程的透明化、可追溯性，从而对员工在创新中的贡献情况一目了然，企业可以给出相应的激励，形成员工主动参与创新、乐于协同创新的文化氛围；

● 知识大数据是创新的基础设施，知识大数据可以提高员工的创新效率；

● 知识大数据和知识评价大数据可以帮助评价员工知识共享和知识水平，促进知识共享；

● 模块大数据有助于企业专注自己的核心创新能力，方便利用外部资源，快速创新；

---

[1] 从 20 万做到 15 亿收入，济南韩都衣舍用 3 人小组模式超过了 ZARA[EB/OL].（2016-02-15）[2016-02-16]. http://news.china-ef.com/20151112/547920.html.

[2] 安妮·M.许勒尔.触点管理——互联网＋时代的德国人才管理模式 [M].北京：中国人民大学出版社，2015.

- 大数据支持知识产权协同保护，促进协同创新；

- 大数据有助于企业对员工的全面评价和充分使用；

- 大数据有助于找到最合适的合作伙伴，开展协同创新。

在大数据的企业透明环境中，企业员工无保留的共享知识、协同创新；雷锋不再吃亏；老员工走了，知识留了下来；新员工来了，有系统的知识可以学习；企业的知识网络越使用，越聪明；企业和员工的知识共享和协同创新的表现透明化、可追溯；员工在知识共享和创新中成长、企业在知识积累和创新中壮大。未来的企业创新应既是透明的、公平的，更是大家自觉、主动参与的，创新成为大家的习惯、爱好。

在大数据的企业协同透明环境中，企业高度专业化，专注发展自己的核心创新能力，形成高度模块化的产品和零部件；企业知识产权在得到充分保护的同时，又积极流通和共享，使知识价值得到最大程度的利用；整个企业协同创新过程透明化、可追溯；城市在企业协同创新中成长、企业在协同创新中壮大。

四、云制造服务大数据

（一）云制造 2.0 的内涵

智慧云制造（云制造 2.0）是"互联网 + 智能制造"的一种新模式与新手段。

1）本团队于 2009 年提出了"云制造"的理念，并开始了云制造 1.0 的研究与实践。经过近几年的实践，随着有关技术的发展，特别是云计算、大数据、嵌入式仿真、移动互联网、高性能计算、3D 打印等技术的快速发展，为加强云制造的智慧化提供了技术支撑，因此，2012 年，本团队开始了"智慧云制造"（云制造 2.0）的研究与探索，它在制造模式、技术手段、支撑技术、应用服务等方面进一步发展了云制造 1.0。

2）智慧云制造是一种互联化、服务化、个性化（定制化）、社会化的智能制造新模式和新手段。

具体地讲，它基于泛在网络及其组合，以人（用户）为中心，借助信息化制造技术、新兴信息技术、智能科学技术及制造应用领域技术等 4 类技术深度融合的数字化、网络化、智能化技术手段，将制造资源与能力构成服务云（网），使用户通过终端及云制造服务平台能随时随地按需获取制造资源与能力，对制造全系统、全生命周期活动（产业链）中的人、机、物、环境、信息进行智慧的感知、互联、协同、学习、分析、预测、决策、控制与执行，使制造全系统及全生命周期活动中的人/组织、经营管理、技术/设备（三要素）及信息流、物流、资金流、知识流、服务流（五流）集成优化；进而高效、优质、低耗地制造产品和服务用户，提高企业（或集团）的市场竞争能力。

3）对"智慧云制造"内涵的解读。

● 智慧云制造模式：以人（用户）为中心，互联化、个性化、服务化、社会化的智慧制造新模式。

● 智慧云制造技术手段：借助制造科学技术、新兴信息科学技术、智能科学技术及制造应用领域的技术等4类技术深度融合的数字化、网络化（互联化）、智能化技术手段。

● 智慧云制造特征：制造全系统及全生命周期活动中人、机、物、环境、信息智慧地感知、互联、协同、学习、分析、预测、决策、控制与执行。

● 智慧云制造的实施内容：借助上述技术手段，使制造全系统及全生命周期活动中的人/组织、经营管理、技术/设备（三要素）及信息流、物流、资金流、知识流、服务流（五流）集成优化。

● 智慧云制造目标：高效、优质、低耗制造产品和服务用户，提高企业（或集团）的市场竞争能力。

其中，"智慧"的内涵：创新驱动，以人（用户）为中心的人机深度融合，数字化、网络化（互联化）、智能化深度融合，工业化与信息化的深度融合。

（二）云制造中的大数据

1. 云制造中的大数据分类

麦肯锡认为，"大数据"是指其大小超出了典型数据库软件的采集、储存、管理和分析等能力的数据集。

大数据技术是大数据理论、工具、系统与应用技术的总称。大数据技术包括大数据的描述、感知、存取、挖掘、管理、处理与应用等使能技术。

近年来，随着互联网、物联网、云计算等信息技术与通信技术的迅猛发展，数据量的暴涨成了许多行业共同面对的严峻挑战和宝贵机遇。随着制造技术的进步和现代化管理理念的普及，制造业企业的运营越来越依赖信息技术。如今，制造业整个价值链、制造业产品的整个生命周期均涉及诸多数据。同时，制造业企业的数据也呈现出爆炸性的增长趋势。

云制造中的企业需要管理的数据种类繁多，涉及大量结构化数据和非结构化数据，如图 2-4-1 所示，主要包含如下几大类。

（1）产品数据

全生命周期基于云服务的产品论证、设计、仿真、工艺、加工、试验、运行、维护、应用等。

（2）运营数据

企业运营管理中的组织结构、管理制度、人力资源、薪酬、福利、设备、营销、财务、质量、生产、采购、库存、物流、标准 / 行业法规、知识产权、工作计划、市场推广、办公文档、媒体传播、电子商务等。

（3）产业链数据

客户、供应商、合作伙伴、竞争对手数据、联系人、联络记录、合同、回款、行业数据、客户满意度等。此外，随着大规模定制和网络协同的发展，制造业企业还需要实时从网上接受众多消费者的个性化定制数据，并通过网络协同配置各方资源，组织生产，管理各类有关数据。

（4）外部数据

云制造生态环境数据，如物流数据、金融数据、信用数据、经济数据、政策信息等。

图 2-4-1　云制造中数据分类

2. 云制造大数据的特点

云制造中的大数据涉及企业工程数据、经营管理数据、产业链业务协作与配套数据、企业社交数据等。工程数据主要来自企业基于 BOM 的产品生命周期工程数据（设计 BOM- 工艺 BOM- 生产 BOM- 售后 BOM），业务数据主要包括以供应链 / 服务链 / 营销链 / 协作链为核心的业务协作数据，经营数据则是以计划为核心的企业管控数据（计划、成本、费用等经营管理相关数据），企业社交数据包括市场数据，企业对接和交易数据，以及通过人工录入或网络抓取的用户、客情、交易、竞品数据。

云制造中的大数据除具有体量浩大、模态繁多、生成快速、价值巨大但密度很低等特点，还具有多源复合模态及不确定性等特点。

采集与管理覆盖了人/组织、经营管理、技术（三要素）的企业各类型数据，通过有效的数据管理、分析与挖掘，能够形成大量有用的数据结论与决策辅助信息。对于大数据的应用过程分为四步，如图2-4-2所示。

服务 · 提供大数据增值服务
利用工业云收集的海量企业、行业与产业数据，为企业提供BI、总裁视图、竞品分析、价格预测等增值服务

分析 · 高效挖掘分析有效数据
针对行业应用需求与数据异构特点，实现对海量、复杂、异构大数据的高效处理与智能挖掘

管理 · 逻辑集中、物理分布地管理海量数据
建立统一数据管理平台中间件，逻辑集中、物理分布地实现大数据存储、备份、检索

采集 · 云架构提取各类企业数据
基于云的服务化方式集成各类信息系统以及制造资源/能力，快速有效地提取企业制造、经营活动中的各类型数据

图2-4-2 大数据的应用过程

3. 云制造技术与大数据技术融合的研究内容

- 云制造大数据新型表示方法；
- 云制造大数据感知技术；
- 云制造大数据高效低成本存储技术；
- 云制造大数据高质量通信技术；
- 云制造大数据有效融合技术；
- 云制造大数据挖掘分析、工具和开发环境技术；
- 云制造大数据在制造系统及制造过程中的应用技术；
- 云制造大数据驱动的新经营模式、流程与管理技术。

（三）云制造中大数据的价值

1. 利用大数据改进制造业

随着物联网、云计算等新信息技术的广泛应用，在制造业的产品设计、生产和服务过程中将产生大量的数据，即所谓的大数据。其中，物联网（如RFID、无线传感器网络）主要用于收集无所不在的数据；云服务（如云制造服务数据）则作为服务 / 数据仓库为制造业提供有用的服务 / 数据。 充分、有效地利用大数据，可以提高制造企业的创新能力、促进网络智能制造的发展，进而为整个制造业的转型升级提供巨大的推进力。大数据可能带来的巨大价值正在被传统产业认可，它通过技术创新与发展，以及数据的全面感知、收集、分析、共享，为企业管理者和参与者呈现出看待制造业价值链的全新视角。

目前，大数据可在制造业价值链的各个环节发挥重要作用，如图 2-4-3所示。

引自: McKinsey Global Institute analysis

图 2-4-3 大数据可在制造业价值链发挥的作用

大数据可在制造业价值链的各个环节的成本、利润和运营资本方面产生重要价值，如图 2-4-4 所示。

然而，目前在整个产品生命周期中产生的制造大数据的类型繁多，如何从如此庞大的动态大数据中提取有用的信息并加以利用，是一项十分艰巨的任务，因此在云技术或云服务平台的支撑下，如何有效地管理和利用大数据并服务于制造业，是一个巨大挑战。

	案例	价值		
		成本	收益	运营资本
研发设计	• 协同设计/PLM	+20%-50%研发成本	-20%-50%上市时间	
	• 面向价值链的设计	+30%毛利率		
	• 集采	-25%研发成本		
供应链管理	• 需求预测/供应链规划	+2%-3%利润率		-3%-7%存货
生产	• 数据驱动的生产运行	-10%-25%运行成本	多达+7%收益	
	• 数字工厂	-10%-50%装配成本	+2%收益	
售后服务	• 数据驱动的售后服务	-10%-40%维护成本	+10%年产量	

引自：Expert interviews; press and literature search; McKinsey Global Institute analysis

图 2-4-4　大数据可在制造业价值链各个环节产生的重要价值

　　麦肯锡咨询公司发布《如何利用大数据改进制造业》这一文章，就大数据及高级分析如何使生物制药、化工和离散制造更加合理化给出深度分析。文章特别提到那些身处基于过程的行业的制造商如何利用高级分析来提高产量并降低费用。如今，制造商可以对大量来自生产和销售过程中的数据进行追踪。麦肯锡的文章通过对数个案例进行解析，来说明大数据以及高级分析应用和平台如何能够为经营决策提供帮助。

　　寻找决定过程效益的核心因素、大数据与在其上进行的高级分析如何制造中的价值链，然后帮助管理人员采取行动，以便对制造过程进行持续改进。下面给出了大数据如何颠覆制造过程的 10 条途径。

　　（1）在生物制药行业的生产过程中，进一步提高精确度、质量和产量

　　在生物制药的生产流程中，制造商通常需要对超过 200 种的变量进行监视，以便确保原料成分的纯净度，同时确保生产出的药品符合标准。让生物制药生产过程充满挑战的因素之一是：产量会在 50% 至 100% 之间变化，而且还无法马上辨别出原因；而使用高级分析，制造商能够对 9 个最能够影响产量变化的变量进行追踪。通过上述手段的帮助，他们将疫苗的产量提高了50%，每年在单一疫苗品种上节省的费用就达到 500 万至 1000 万美元。

（2）加快 IT、制造与营运的整合，让工业 4.0 的愿景更快成为现实

工业 4.0 由德国政府提出，旨在通过发展智能工厂，促进制造行业自动化。根据供应商、客户、有效产能以及费用的相关约束，大数据已经被用在优化生产进度方面。那些存在高度管制的行业里的制造业价值链上的厂商得益于德国供应商和制造商的帮助，正在大踏步迈向工业 4.0。

在德国"工业 4.0"中，通过信息物理系统（cyber physical system，CPS）（见图 2-4-5）实现工厂 / 车间的设备传感和控制层的数据与企业信息系统融合，使得生产大数据传到云计算数据中心进行存储、分析，形成决策并反过来指导生产，实现智能生产。

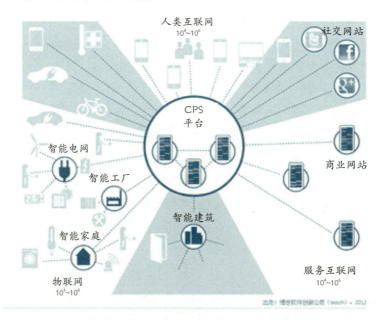

图 2-4-5 信息物理系统（CPS）

生产线、生产设备都将配备传感器，抓取数据，然后经过无线通信连接互联网，传输数据，对生产本身进行实时监控。而生产所产生的数据同样经过快速处理、传递，反馈至生产过程中，将工厂升级成为可以被管理和被自适应调整的智能网络，使得工业控制和管理最优化，对有限资源进行最大限度使用，从而降低工业和资源的配置成本，使得生产过程能够高效地进行。在一定程度上，工厂 / 车间的传感器所产生的大数据直接决定了"工业 4.0"所要求的智能化设备的智能水平。

同时，以此为契机，这些厂商的各个部门能够充分发挥各自的功能，而大数据和高级分析对于取得成功来说至关重要。

（3）大数据帮助提高制造绩效的 3 个主要方面

大数据帮助提高制造绩效的 3 个主要方面分别是：更好地预测产品需求并调整产能，跨多重指标理解工厂绩效，以及更快地为消费者提供服务与支持。

（4）在六西格玛 DMAIC［定义（define）、测量（measure）、分析（analyze）、改进（improve）及控制（control）］框架中整合高级分析，以便持续改进

在对一个由 DMAIC 驱动的改进计划的工作过程取得更加深入的理解的同时，就该计划如何对制造绩效的所有其他领域造成的影响进行深入领会。与以往相比，这一领域的发展有望促使生产流程转向面向消费者驱动的方向。

（5）与以往相比，能够更加细致地从供应商质量层面进行审视，同时能够更加精确地预测供应商的绩效

通过对大数据和高级分析的应用，制造商能够实时查看产品质量和配送准确度，对如何依据时间紧迫性在不同供应商之间分配订单生产任务进行权衡。对产品品质的管控优先于发货进度。

（6）对产品合规性进行监测并且追溯到具体生产设备成为可能

通过在生产中心的所有设备上配备传感器，运营经理能够立即了解每一台设备的状况。通过高级分析，每台设备及其操作者的工况、绩效以及技能差异得以体现。对于改进生产中心的工作流程来说，这些数据非常重要。

（7）只销售利润率最大的定制产品型号，或者以销定产方式生产对产能影响最小的产品型号

对于拥有许多复杂产品型号的制造商来说，定制产品或者以销定产的产品能够带来更高的毛利率，但是在生产过程没有被合理规划的情形下，同样可能导致生产费用的急剧上升。运用高级分析，制造商能够计算出合理的生产计划，以便在生产上述定制或以销定产的产品时，对目前的生产计划产生最小程度的影响，进而将规划分析具体到设备运行计划、人员以及店面级别。

（8）将质量管理和合规体系综合考虑并给予两者企业层面优先级

对于制造商来说，是时候针对产品质量和合规性给予更具战略性的眼光了。麦肯锡的文章给出了数个应用大数据和分析的制造商的例子，指出如何通过大数据和分析手段，针对那些与产品质量管理和合规性最相关的参数进行分析，以便帮助管理人员理解更深刻。这些参数中的大部分是企业层面的，而不仅仅存在于产品质量管理或者合规部门。

（9）量化每日产能对企业财务状况的影响并具体到生产设备层面

通过大数据和高级分析，制造商的财务状况和每日生产活动能够直接联系起来。通过对每台生产设备进行追踪，管理者能够了解工厂的运转效率，生产规划负责人和高级管理人员能够更好地调整生产规模。

（10）通过对产品进行监测，制造商能够主动为客户提供预防性维护建议，以便提供更好的服务

制造商开始生产更加复杂的产品，需要在产品中配备板上传感器并通过操作系统加以管理。这些传感器能够收集产品运行情况的数据，并且根据情况发出预防性维护的通知。通过大数据和高级分析，这些维护建议能够在第一时间发出，消费者也就能够从中获得更多的价值。目前，通用电气在它的引擎和钻井平台上使用了类似的手法。

2. 云制造中大数据的作用

大数据是云制造智慧化的基础，大数据在云制造中发挥着重要的作用。

（1）它将制造大数据精准、高效、智能地用于云制造全生命周期的活动与过程中，促进云制造的智慧化，进而显著地改善企业产品研制、管理与服务的效率、质量、成本、能耗，实现产品加服务为主导的随时随地按需个性化、社会化制造

如图 2-4-6 所示，通过对大数据的挖掘，实现市场预测、精准匹配、生产管理、社交应用、推送营销等更多的应用。同时，大数据能够帮助制造业企业提升营销的针对性，降低物流和库存的成本，减少生产资源投入的风险。

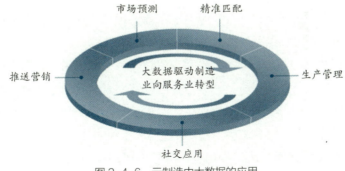

图 2-4-6　云制造中大数据的应用

（2）云制造中大数据是实现"智慧云制造服务"产业的重要基础

● 基于大数据的产品全生命周期智慧活动：基于云服务的产品论证、设计、仿真、工艺、加工、试验、运行、维护、应用等活动。

★基于大数据的智慧云设计服务产业

★ 基于大数据的智慧云生产加工服务产业

★ 基于大数据的智慧云仿真与试验服务产业

★ 基于大数据的智慧云销售服务产业

★ 基于大数据的智慧云管理服务产业

★ 基于大数据的智慧云产品保障服务产业

例如，消费者与制造业企业之间的交互和交易行为也将产生大量数据，挖掘和分析这些消费者动态数据，能够帮助消费者参与产品的需求分析和产品设计等创新活动，为产品创新做出贡献。制造业企业对这些数据进行处理，进而传递给智能设备，进行数据挖掘、设备调整、原材料准备等步骤，才能生产出符合个性化需求的定制产品。

● 基于大数据企业智慧运营管理：企业智慧办公、智慧经营等。

利用大数据进行分析，将带来仓储、配送、销售效率的大幅提升和成本的大幅下降，并将极大地减少库存，优化供应链。同时，利用销售数据、产品的传感器数据和供应商数据库的数据等大数据，制造业企业可以准确地预测全球不同市场区域的商品需求。由于可以跟踪库存和销售价格，所以制造业企业便可节约大量的成本。

● 基于大数据的智慧产业链：产业链优化和价值链重构。

产业链大数据未来将会具备其独有的生态圈，是其传统生态圈的升级。因此，产业链大数据的生态圈是多个维度的，按照其应用的产业链，可以无限衍生和扩张。

产业链大数据对管理的改变：大数据能进一步提高算法和机器分析的作用。一些制造商利用算法来分析来自生产线的传感数据，创建自动调节过程以减少损失，避免成本高昂的人工干预，最终增加产出。

产业链数据的高透明化和广泛可获取性：一些制造商正试图集成多种系统的数据，甚至从外部供应商和客户处获取数据来共同制造产品。以汽车这类先进制造行业为例，全球供应商生产着成千上万的部件。集成度更高的平台将使公司及其供应链合作伙伴在设计阶段就开始协作。

产业链大数据提高决策准确性：大数据可能使决策制定发生根本性的改变。利用可控实验，公司可验证假设、分析结果以指导投资决策及运作改变。

产业链大数据改变用户的体验：面向用户的企业已长期利用数据来细分和定位用户。大数据实现了用户定制的质的飞跃，使得实时个性化成为可能。下一代零售商通过互联网点击流可跟踪个体用户的行为，更新其偏爱，并实时模仿其可能的行为。

帮助企业建立基于数据的产业链商业模型：产业链大数据催生了新类型的公司，能建立由信息驱动的商业模型。许多公司都在价值链中发挥中间作用，通过商业交易创建极具价值的"排出数据"。如一家运输公司收集了大量的全球产品出货信息，并专门建立一个部门负责向经济预测方销售数据。

产业链大数据对于企业人才计划的正面影响：人才对于企业而言很重要，企业的大部分资源都存储于员工的大脑中，如企业人脉关系、方法理论、经验传承，而在大数据时代，人才的这种核心竞争力正在发生异化，数据成为企业最为重视的核心资产。

- 基于大数据的智慧云制造生态环境。

大数据对物流、金融、企业征信等都将促其产生新的商业模式创新，如基于大数据的供应链融资、基于大数据的企业信用评估等。

以大数据对物流供应链服务的变革为例，过去几年，全球范围内的运输物流市场增长非常快，企业采用更多的新设备、新技术来提升业务发展水平。例如，最近几年许多物流企业广泛部署了 RFID 技术，还在各种终端设备上安装了传感器等。然而想办法对现有终端设备所获取的数据多加利用，才是核心。此外，数据分析还能帮助企业做出正确的决策。同时，通过对实时数据的掌控，企业还可以即时对业务进行调整，确保每个业务都可以赢利，从而实现非常高效的运营。

（3）云制造推动大数据产业的发展

- 大数据工具、技术、产品（描述、感知、存取、挖掘、管理、处理等）产业。 如，IBM 提供的大数据服务包括数据分析、文本分析、蓝色云杉（混搭供电合作的网络平台）、业务事件处理及 IBM Mashup Center 的计量和监测。IBM 也发布了一系列的大数据产品，包括基于 Apache Hadoop 的 InfoSphere bigInsights，用于大数据分析。可以从大量数据中轻松、简单、直观地提取相关信息。为金融、风险管理、媒体和娱乐等行业提供了行业解决方案。此外，EMC、微软和 orcal 等公司也有自己的大数据解决方案和一系列产品。

- 大数据系统工程产业。
- 大数据应用服务产业。

（四）云制造中大数据的应用案例

1. 大数据主要应用场景

通过对 2014 年大数据应用案例排行榜进行分析，对大数据应用的几大热门行业进行分类汇总，所得结果如图 2-4-7 所示。

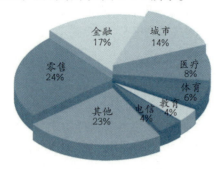

图 2-4-7　2014 年大数据应用案例排行榜 TOP100 分行业汇总占比

通过图 2-4-7，可以看出大数据应用最多的行业是零售（24%）、金融（17%）、城市（14%）、医疗（8%）、体育（6%）、教育（4%）、电信（4%），当然还有航空制造业、社交娱乐、影视、农业等（其他）领域。

大数据的应用场景主要集中于以下几个方面。

（1）利用大数据实现客户交互，改进产品研制

电信、零售、旅游、金融服务和汽车等行业将"快速抓取客户信息从而了解客户需求"列为首要任务。

（2）利用大数据实现运营分析优化

制造、能源、公共事业、电信、旅行和运输等行业要时刻关注突发事件、通过监控提升运营效率并预测潜在风险。

（3）利用大数据实现 IT 效率和规模效益

企业需要增强现有数据仓库基础架构，实现大数据传输、低延迟和查询的需求，确保有效利用预测分析和商业智能实现性能和扩展。

（4）利用大数据实现用智能安全防范

政府、保险等行业亟待利用大数据技术补充和加强传统的安全解决方案。

当然，不论是哪个行业的大数据分析和应用场景，都可以从中看到一个典型的特点：不论是哪个行业，都还是无法离开以人为中心所产生的各种用户行为数据、用户业务活动和交易记录、用户社交数据，这些核心数据的相关性再加上可感知设备的智能数据采集就构成一个完整的大数据生态环境。

2. 大数据典型行业应用

（1）医疗行业大数据应用案例

SetonHealthcare 是采用 IBM 最新沃森技术医疗保健内容分析预测的首个客户。该技术允许企业找到大量患者相关的临床医疗信息，通过大数据处理，更好地分析患者的信息。

在加拿大多伦多的一家医院，针对早产婴儿，每秒钟有超过 3000 次的数据读取。通过这些数据分析，医院能够提前知道哪些早产儿出现问题并且有针对性地采取措施，避免早产儿夭折。

该技术让更多的创业者更方便地开发产品，比如通过社交网络来收集数据的健康类 App。也许未来数年后，它们收集的数据能让医生给出的诊断变得更为精确，比方说不是通用的成人每日 3 次，一次 1 片，而是检测到血液中药剂已经代谢完成会自动提醒再次服药。

ExpressScripts 就是这么一家处方药管理服务公司，目前它正在通过一些复杂模型来检测虚假药品，这些模型还能及时提醒人们何时应该停止用药。ExpressScripts 能够解决该问题的原因在于拥有相关数据。因为它每年管理着 1.4 亿处方，覆盖了 1 亿美国人和 6.5 万家药店，虽然该公司是能够识别潜在问题的信号模式，但它也使用数据来尝试解决某些情况下之前曾经发现的问题。

同时，ExpressScripts 还着眼于一些事情，如医生所开处方的药物种类，甚至有人在网上谈论医生。如果一个医生的行为被标记为红色的旗帜，意味着他在网络上是个好人的形象，是你所需要的医生。

此外，在生物制药领域，产品包括疫苗、激素和血液制品等。生产这些药物的原材料是基因工程细胞。在药品的生产过程中，生产人员必须不断地监控 200 多个参数指标，以确保生产材料和产品的纯度。即使在完全相同的生产流程中生产的两批特定的物质，也会在产量上显示出 50% 到 100% 的差异。这种无法解释的差异可能引发生产力和产品质量问题，从而需要生产商加强对生产过程的管控。

某名列前五的生物制药生产商使用工业现场数据分析技术，在不追加投资支出的情况下显著地提高了产品的产量。他们根据生产环节的相关性对整个生产流程进行了分割，并聚类形成了许多的"块"。对于每一个块，都会收集大量有关工序、使用材料的数据，然后把这些数据存放到一个数据中心。分析团队利用统计分析学的各种方法对数据进行分析，得到各个工序参数之间的相关性和依赖性，以及这些参数对产量的影响。他们发现了 9 个最有影响力的参数，特别是色谱分析工序中的"细胞接种时间"和"导电性测试"参数。生产团队根据这 9 个参数对生产工序做了改变，他们的疫苗产量提高了 50%。在他们生产的 100 多种药品中，只增加了这一种药品的产量就增加了 500 万至 1000 万美元的年收益。

（2）化学用品生产大数据案例

一家欧洲的专用化学用品生产商，领域涉及纸张、清洁剂和金属产品等。它自吹有悠久的工艺改进历史，可以追溯至 1960 年；平均产量一直高于行业平均水平。事实上，员工们都觉得还有很大的提升空间。这是行业的"标杆"。

为了测量不同产品输入对产量的相对影响力，该企业引入了神经网络技术。在这之后，几个意想不到的事情发生了。测量的参数包括冷却液压力、温度、总量以及二氧化碳流的变化，等等。分析结果显示了许多之前没发现的灵敏性。例如，二氧化碳流的可变性级别对产量产生很大的影响。

该企业根据分析结果对生产参数进行了重新设置，原材料的投入减少了 20%，能源投入减少了 15%。所以，整个企业的产量提高了。现在该企业已经对整个基础系统进行了先进工业过程控制技术改造，对生产过程实现了自动化控制。

（3）金属冶炼厂大数据案例

某贵金属冶炼厂商面临原材料矿石品质变差的困境。其生产过程包括 10~15 项指标、15 种工艺（包括氰化、氧化、磨碎、淋洗等）。生产数据极度分散，缺乏一致性。分析团队首先对数据进行了数据清洗、一致性处理。在数据整合之后，进行相关性分析和显著性测试，得出如下结论：溶解氧含量对产量至关重要，而该项指标在生产过程中波动很大，缺乏有效的过程控制。因此，该厂针对性地对相关生产过程进行了把控。仅仅 3 个月，在原材料矿石品质下滑 20% 的局面下，产量却提升了 3.7%。在不追加资本投资的情况下，年收益持续性提高 1000 万~2000 万美元。

（4）汽车制造大数据应用案例

当问起汽车的制造过程，大多数人脑子里随即浮现的是各种生产装配流水线和制造机器。然而在福特，在产品的研发设计阶段，大数据就已经对汽车的部件和功能产生了重要影响。

比如，福特产品开发团队曾经对 SUV 是否应该采取掀背式（即手动打开车后的行李箱车门）或电动式进行分析。如果选择后者，门会自动打开、便捷智能，但这种方式会带来车门开启有限的困扰。此前采用定期调查的方式并没有发现这个问题，但后来根据对社交媒体的关注和分析，发现很多人都在谈论这些问题。

流动性数据在不断地产生，通过车内感应器对数据进行收集与传送，可以对可能出现的零部件故障、隐患进行及时的处理，一方面有利于解决汽车的安全隐患，另一方面将帮助汽车品质更新换代，提升和完善产品的设计和构造。首先，以劳斯莱斯为例，作为一家生产豪华车的公司，劳斯莱斯也是世界上第二大航空引擎制造商，并且已经变成一个大数据公司。通过在每一个喷气式飞机的引擎上建立测量、采集的数据中心，劳斯莱斯可以预测引擎的哪一个部件可能会发生故障。比如，通过声音、振动的改变，提前在故障发生之前更换飞机引擎某些零部件，避免发生空难的可能。再以 UPS 快递为例，UPS 有 6 万辆汽车进行运输工作，UPS 在汽车里安装了传感器，将所有数据收集起来进行大数据分析，提高汽车的导航系统和物流线路布局，由此在 2014 年节省了约 5000 万千米的里程。

（5）零售业大数据应用案例

"我们的某个客户，是一家领先的专业时装零售商，通过当地的百货商店、网络及其邮购目录业务为客户提供服务。公司希望向客户提供差异化服务，关于如何定位公司的差异化，他们通过从 Twitter 和 Facebook 上收集社交信息，更深入地理解化妆品的营销模式，随后他们认识到必须保留两类有价值的客户：高消费者和高影响者。我们希望通过接受免费化妆服务，让用户进行口碑宣传，这是交易数据与交互数据的完美结合，为业务挑战提供了解决方案。"Informatica 的技术帮助这家零售商用社交平台上的数据充实了客户主数据，使他的业务服务更具有目标性。

零售企业也监控客户的店内走动情况以及与商品的互动。它们将这些数据与交易记录相结合，展开分析，从而在销售哪些商品、如何摆放货品以及何时调整售价上给出意见。此类方法已经帮助某领先零售企业减少了 17% 的存货，同时在保持市场份额的前提下，增加了高利润率自有品牌商品的比例。

2015 年 5 月 11 日，央视《新闻联播》花了整整 3 分钟介绍了青岛红领集团，这家企业 2015 年的一到四月生产、销售、利润指标都同比增长了 150% 以上，并用 10 年时间研发出一套由不同体型、身材的尺寸集合而成的大数据处理系统。

红领花了 11 年时间，将商业模式从传统的 B2B 大规模订单生产转变到 C2M 大规模个性化定制，这是一个非常了不起的世界成就。在不远的将来，定制的品类也许可以从男装扩展到服装行业的更多品类，过去只有少数人能支付的高大上的贵族定制能够变成多数人都付得起的大众定制。

红领其实是建立了全球第一家全面信息化的个性化生产线，整个生产线完全用信息来统率工业流水线和驱动后台的供应链，流水线上的每一件衣服都有一个电子标签，每一个电子标签连接的是一个活生生的顾客，这些标签记录着这位顾客在每个工序个性化定制的全部生产数据，包括布料、体型、纽扣和款式等上百个数据。

传统生产线与信息化结合和创新，批量生产线重新编程、组合，实现同一产品的不同型号、不同款式、不同面料的不同转换，实现流水线上的不同数据、不同规格、不同元素的灵活搭配。根据交货周期、专用设备产能、线号、线色、个性化工艺、编程组合，以流水线生产模式制造个性化产品。

3. 云制造中大数据应用系统案例

（1）基于大数据的智慧云制造的业务模式

1）基于大数据的制造服务电子商务与智能协作配套

针对地方产业经济提升创新能力、提高产品附加值、加快转型升级的需求，云制造可协助进行产业对接、交易，通过引进、整合高端的制造资源和制造能力，通过发布产业链各环节的商机将产业需求公开发布，以线上线下相结合的方式开展产业配套，支持本地企业开展关键技术攻关、快速原型开发、产品试验检测等。

2）基于大数据的个性化（定制化）、服务化、社会化制造与业务动态协作

面向制造业产业链全生命周期的核心环节业务协作需求，智慧云制造公共服务平台支撑企业在平台开展提供协同研发、协同采购、协同生产、协同营销、协同服务等在线业务协作服务，整合了行政服务、物流服务及大数据增值服务，并支撑异地协同研发、个性化设计定制、云化供应链协作、第三方物流、云众修等业务、管理、服务等产业链各环节智能制造新模式、新应用。

3）基于大数据的制造资源/能力智能互联与共享调度

云制造平台能够整合产业内分散于各主体单位的高性能计算资源、存储资源、各类大型设计分析软件及其许可证资源、高端数控加工设备及企业单元制造系统，以及产品研制过程各阶段的专业能力（如多学科虚拟样机设计优化能力，多专业、系统和体系仿真分析能力、高端半实物仿真试验能力等），实现跨企业制造资源/能力智能互联与共享调度等。

（2）基于大数据的典型应用案例

1）基于大数据的研发（益佰制药）

在医药研发中利用"智慧云制造"作为大数据中间件，从政府的官方电子病历、医疗等信息系统提取海量临床数据，挖掘药物效用及治疗方法，从而为医药研发提供定量数据参考。

2）基于大数据的供应链融资（贵州中小企业创新服务平台）

银行等金融信贷机构向智慧云制造平台中提取融资企业的进销存统计业绩及企业征信级别，为供应链融资业务提供基于企业行为数据的真实参考。

3）基于大数据的精准营销（中航天义电梯）

利用智慧云制造平台作为大数据中间件，收集来自互联网／土地局的商业地产公司购地信息、政府各部门基建项目公告等信息并加以汇总和整理，进而准确挖掘新的电梯销售商机。

4）基于大数据的纺织服装产业链变革

大数据将对服装企业的业务产生多方面的影响，如向客户进行产品推荐、基于客户反馈进行产品设计、通过分析客户的喜好实现在网络社区中的产品营销、更加理性地进行广告投放、对流行时尚趋势进行预测、基于交易分析进行产品定价、基于环境分析问题产生原因等。

5）基于大数据的家电及配套产业链的变革

随着家电网购方式的逐渐兴起以及企业对消费需求关注的日益提升，大数据也开始进入家电行业。家电企业不会缺与用户交互的产品，也不缺海量的用户数据，而关键在于构建了怎样的"圈子"来谋发展，个性化、定制化制造是家电的重要发展趋势。

6）基于大数据的家具定制化制造

佛山维尚家具制造有限公司，通过应用"互联网＋"技术，主动拥抱移动互联网，在营销上满足客户个性化需求，在生产上满足柔性化定制需求，迅速从传统家具制造企业转型为现代家具服务企业，近 5 年销售额年均增长60% 以上，2014 年销售额突破 24 亿元。

7）高端制造业乘云而上（贵阳市高新区）

2014 年 8 月 14 日，贵阳市政府与台湾顶新国际集团签订 42 亿元投资合作协议，探索通过大数据改造传统产业实现传统产业转型升级的新商业模式。围绕大数据，建设智能终端云制造中心，突破工业化和信息化"两道门槛"。协议主要包含 4 个方面的合作：智能可穿戴设备及高端制造（投资 4 亿元）、食品生产（投资 11 亿元）、大数据产业（投资 22 亿元）和物流园区建设（投资 5 亿元）。这对贵阳发展大数据产业，积极探索通过大数据改造传统产业实现传统产业转型升级的新商业模式，推动产业转型升级必将产生积极的促进作用。高新区将做好服务器、机柜的制造及手机、面板、芯片、蓝宝石下游产品、智能可穿戴设备、节能设备、智慧城市智能设施、遥感器模组、光纤等终端产品的制造，促进高端制造业发展。

（3）云制造大数据平台开发案例

1）基于大数据的智慧云制造公共服务平台

如图 2-4-8 所示，基于大数据的智慧云制造公共服务平台实现将各产业全系统、全生命周期活动（从研发、物流到分销、服务）中的人/组织、物/设备、技术/管理（三要素）及信息流、物流、资金流、服（业）务流、知识流集成优化。

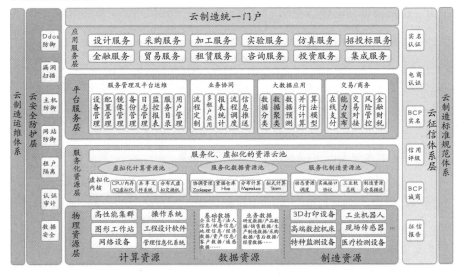

图 2-4-8　智慧云制造公共服务平台

● 应用层：围绕各个领域细分的产业链，打造开放式的产业生态环境，支持在云端基于第三方或私有的信用体系开展资源/能力的对接、交易，支持开展协同研发、协同采购、协同生产、协同营销及协同服务等业务，从而实现云端的社会化大制造，价值链的整合延伸、重组优化。在此基础上，支持面向行业（产业）、工厂（企业）、装备（产品）等不同层次的应用。

● 平台层：包括交易中心、服务中心和运营中心三大部分，其中交易中心涵盖注册、信用认证/评级、对接、私有商圈构建、交易以及评估等功能；服务中心包括资源服务、能力服务等基础服务（经过物联化、虚拟化、服务化的制造资源和制造能力），行政、金融、物流等产业配套服务，以及协同研发、采购、生产、营销、服务等协同服务；运营中心提供运维、客服、收费、推广等业务支持功能。

● 资源层：云制造以资源/能力整合共享为核心思想，原则上可以将产业集群内部乃至全球的制造资源（包括高性能计算机、高端数字化生产线等硬资源，企业信息系统、工具软件、应用集成平台、知识库等软资源）和制造能力进行改造、接入，实现整合与共享。

为构建自主可控的云制造总体安全防护体系，有效保障用户身份安全、资源访问安全和数据安全等。云制造安全技术体系从云安全基础设施层、中间件层、安全服务层、云安全应用层、平台层等 5 个安全服务层次开展研究。

如图 2-4-9 所示，以云制造平台中的数据为来源，实现对云制造中制造大数据的数据挖掘结果、预测曲线、规律曲线、多维度组合展示、分层结构展示、节点拓扑图和多关系网络图谱等可视化技术进行验证，从而为提取制造大数据中的产品数据规律，为产品设计优化决策、质量可靠性分析、生产调度交货期分析、异常征兆监测发现等提供依据。

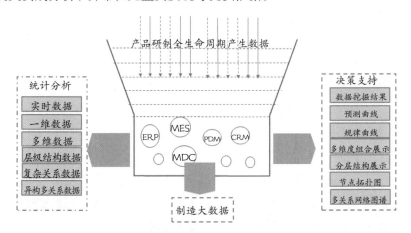

图 2-4-9　面向云制造的制造大数据应用

最终通过对产品技术指标、研发周期、研制成本的密切跟踪和管理，能够有效地避免在产品任务中出现的"周期、质量、成本"问题。

2）基于大数据的知识云平台

通过数据挖掘和机器学习等技术，可以从大数据系统中获取知识，构建知识库。分散异构的领域知识库由于其结构和表达形式上的不一致，很难满足知识库间协同工作、知识同步更新等要求，并且知识库的维护高度依赖于知识工程师。在企业知识云构建的启发下，基于广义云的概念，多领域知识构件云服务平台的概念被提出。

知识库针对用户提出的需求进行解答时，往往涉及多个领域的知识，而同时包含多个领域知识的知识库的构建不仅需要众多知识工程师和领域专家参与，而且需要强大的硬件资源支持，以保证知识库系统运行的稳定性。而把云计算和大数据技术引入知识管理，充分利用云计算技术的分布存储技术、动态迁移技术和节点容错特性的优势，结合知识工程应用的特点，对多个单一领域的知识库进行集中管理和调用，将多领域已经构建好的知识库集中到云系统中，降低了重复构建同一领域知识库的成本，使用户需求得到较为完整的解答。

知识构件云服务平台是针对分布式知识库系统中知识库之间无法进行交互等应用上的缺陷提出的一种知识管理模式。它的基本思想是将由不同知识工程师采用不同的表示方法、数据结构、编程语言甚至操作系统构建的不同领域的知识库，通过一定的方式进行集中的统一管理，在为实现需求而进行知识的检索时，各个知识库间可以实现对知识的互操作，将经过一定计算和推理的知识返回给用户，而不是对每个知识库进行单独的检索，仅为用户提供数量庞大的参考性知识。

知识库的使用者不需要再花费高昂的代价购置高性能计算机以适应不同知识库的开发和应用环境，同时"知识云"概念的提出为知识工程的大规模投入应用提供了一种新的可能，与其他云计算提供的服务一样，权限允许的用户只需一台可以上网的终端设备便可访问不同领域知识库中的知识，而知识工程师在更新知识库时也只需要对知识云端的知识库进行操作。

但与此同时，对知识进行大规模搜索的难度也会加大，在对需求进行解答时，要求系统在可忍受的时间范围内从大量知识数据中查找出对用户有借鉴价值的知识。因此，在知识构件云服务平台上要对分散的知识实现基于语义的智能检索，需要在现有网络搜索引擎的基础上进行技术改进，将语义分析和逻辑推理引入搜索机制中，实现高效检索。

知识的服务化封装过程即是把普通知识封装成服务的形式并发布到知识云的过程，该过程的结果是在云端构建资源数量庞大的知识集群。从具体存在于大数据中的知识到能够为用户提供网络服务的知识的转变过程，不可或缺的是海量知识处理系统。

海量知识处理系统实现的基本功能包括：系统管理、知识封装、知识发布、知识搜索、知识定制、知识共享调用及知识处理服务等，这里本项目根据需要主要开发了知识的封装服务、知识发布服务、知识搜索服务和相应的知识分析服务等几个功能模块。

（五）小结

本文基于作者所在团队在云制造方面的研究与应用实践，我们认识到：

1）智慧云制造是互联网时代的一种智慧制造模式和手段，是实施"中国制造 2025"和"互联网＋行动计划"的一种制造模式和手段。

2）要重视建立基于大数据的自主可控智慧云制造系统。

3）要制定激励政策，建立大数据创新体系，组织开展知识、技术、产业发展项目。

4）要制定大数据相关标准和评估指标体系。

第3章

iCity

流程制造业大数据

一、石化行业大数据

（一）石化行业大数据的需求及挑战

1.石化行业产业链

石化行业是我国的支柱产业，其本质是把石油、天然气开采出来使其变成材料（如塑料、橡胶、纤维、化学品等），再将这些材料加工成日常用品（如鞋子、轮胎、衣服、涂料等）的工业。整个石化行业产业链长，涉及面广，分为上游企业和下游企业。上游企业主要涉及石油勘探、油田开发、钻井工程和石油开采等，代表的企业有中国石油、中国石化、雪佛龙、壳牌等；下游企业主要涉及化工生产、石油炼制、原油运输和原油储存等，代表公司有杜邦、陶氏化学、埃克森美孚、三菱化学等。整个产业链如图 3-1-1 所示。

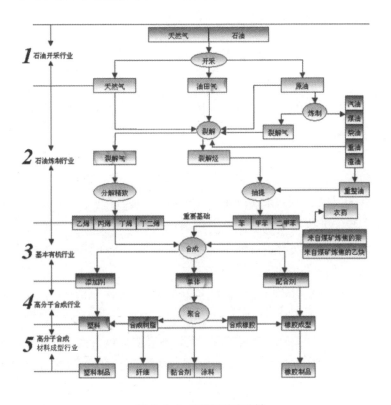

图 3-1-1　石化行业产业链

2. 石化上游企业油气勘探对大数据的需求

（1）油气勘探原理

石油的储藏不同于现存可开采的其他矿物质的储藏，它在浅层（几百米深度）的埋藏极容易挥发掉，也在最近千年来的人类开采中早已用罄。我国宋代延安地区对浅层暴露出来的石油的使用，被沈括的《梦溪笔谈》记载下来，这是人类最早发现和使用石油的记录。至于天然气，记录则更早，常璩的《华阳国志》记载四川在两汉时代已经开始天然气开采和使用，这也是世界上最早使用天然气的记录。现在开采的石油一般都埋藏得很深，一般在1千米以下，2千米以下埋藏的油田更是常事，甚至更深，深达5千米。而固体矿藏最深的只有南非东德雷风因金矿，该矿深达 3.2 千米。石油埋藏的深度决定了寻找的困难性。

传统地质学方法和地球化学方法只能大致圈定一个大范围的石油埋藏地区，而且这样的圈定是很不准确的，石油钻井需要非常精确地知道地点和深度才能正确地打出原油，通常我们都以为石油在地下是以一片"油海"的形式存在，既然是大面积地储藏在地下，那么只要把钻井随便安置在该片"油海"上，就能将原油抽出来。这样的想法很简单，而实际上原油在地下是存在于大大小小的区域里的，每个区域之间由岩石隔开，好像一个个不同大小的"葡萄"。不同的"葡萄"被隔离开来，不仅在水平方向上隔离，也在垂直的方向上隔离。因此，所谓的钻井就是要准确地将井口安放在某一粒的"葡萄"顶部，如果放歪了或不准确，不仅打不到所需的油量，甚至根本打不到原油。大庆油田的诞生就验证了这一理论。大庆油田在初始勘探时测量出现了差错，徒劳无功地打了井，以至于负责打井的队伍完全丧失了信心，后来另一个单位的队伍继续打井，他们仅仅把井口移动了几十米，大庆第一口高产油井就诞生了。这个案例充分证明了确定钻井位置的重要性，同时也说明了即使我们发现了一个油田，怎样将油田内部的"葡萄"吃光也是非常重要的。

当前最常用的油气勘探方法是地球物理方法，是使用现代物理方法和新成果进行地质勘探的方法，它包括电法、磁法、重力法、放射性法、地震波法，等等。对于石油勘探来说，尤以地震波法最为重要，地震波法勘探石油储藏是现代石油勘探最基本的方法，因为只有地震波才能穿透厚达几千米的岩层，提供石油可能埋藏的信息和数据。地震波法的原理并不难，基本方法是用高爆炸力的 TNT 炸药在地面激起人工地震波，地震沿着与地面垂直的方向传播，在碰到地质相对致密的岩层以后，一部分波被反射回地面，预先在地面安置数目众多的检波器，这些检波器能够把地面微弱的地震变成电子信号，通过连接线传输到接收机里，接收机的功能是分道记录不同位置的检波器的电信号，早期是把经过自动增益控制的放大的电流随时间的进程记录在照相纸上，近 30 年来已经使用模拟和数字法把信号记录在磁带上。随着计算机技术的发展，计算机参与到处理这些地震波数据中来，并起到了重要的作用。

原始的地震波信号是一道道衰减的波浪，它们之间随位置的移动，其波峰和波谷逐渐变化，一个特征是当出现了某一岩层的明显反射时，相邻的波峰或波谷会叠在一起。这样，如果沿着几条线逐渐放炮，并逐渐布置检波阵列，则可在拼合起来的记录上，看见这些波峰形成了一道墙，有时墙呈现出来下凸的弧形，甚至在这条弧形的下面还有一根上凹的弧形线，这就意味着组成如"眼睛"状的两条弧形线之间的岩层可能是封闭的。这种情况下，地震工作者需要在与刚才那根地面测线的垂直方向上再布置几条平行的测线，看一看在同样的深度附近，会不会出现类似的两条眼状弧线。如果证实确实也有，那么，在这个区域的地下深层，存在一个弓隆形的构造，它有可能是存储石油的地方。这个过程地震工作者是不能根据原始的地震波数据确定的，要通过计算将其转化成可识别的数据信息，这个过程涉及数量庞大的计算，为了保证计算效率及准确性，需要大数据技术的支持。

同时，为了精确测定深度，还需要记录上墙出现的位置，它的横坐标是以时间（毫秒）作计量单位，其原点表示爆炸发生的那一时刻。这就需要把时间量度转换为距离量度，一个办法是使用纵波传播的速度和时间乘积；另一个办法是按照时间差和一定的传播轨迹应该满足双曲线的规律，这样的转换被称为"归位"，经过归位运算以后的地震反射波各点就是实际深度了。这样我们只需精确地记下眼睛状曲线的各点，就能较为准确地圈定地下可能的储藏石油构造的位置和深度了。这一过程也需要共性能计算的参与。

实际情况要复杂得多。首先，爆炸的那一瞬间并不纯粹产生纵向传播的，对确定岩层位置有益的好波，是可能产生强烈声波和沿着地面方向传播的水平波，它们反射回来被较弱的纵波干扰，常常使得对可能出现的构造的勘探造成影响，因此需要去掉这些有害波。

去掉有害波方法之一是，不在赤裸的地面放炮，因为这既会产生极大的、尖锐的声波，又具危险性，解决方法是在地下打爆炸井，井深一般在 5 米左右，将炸药放在井里，上面加上坶土，使之成为"闷井"。但是，该方法不能回避地面波。在计算机技术高速发展的今天，科学家采用高性能计算来进行滤波，可以通过快速滤波，把速度很快的地面波从有用的波里过滤掉，或者对频率设限，滤掉高频率的声波。

除了上述的两类危害地震波勘探的坏波以外，还存在着在层间反复多次反射的无用波，这种波也可以根据规律被滤掉。另外，还有一种诡异的波，产生于地下可能出现的岩石的尖锐面上，就如同在某一尖锐点上，又出现了另一个爆炸源。这个虚假的爆炸源向地面方向传播，碰到下面的岩石被反射到记录仪里，和有用的波混淆在一起，难以区分。

总之，现代地震波法勘探的任务就是要把有用的波收集起来，去掉干扰，换句话说就是要提高信噪比。同时，地震信号也要做到准确的归位，最后，加密检波器点阵以获得更细致的分析也很重要。在海上，还会出现波在海底与海面之间多次反射的干扰。

（2）油气勘探对大数据的需求

上述是使用地震波法勘探石油的过程，在整个过程中涉及海量数据的处理，这就要求用于计算的计算机必须是大型、高速、高性能的。同时，为了能有效地处理海量数据，还需要大数据技术的支撑。

可见利用地震波勘探石油的过程可以概括为：通过人工方法激发地震波，研究地震波在地层从传播的情况，以查明地下的地质构造，为寻找油气田或其他勘探目的服务的一种物探方法。地震勘探资料处理过程是利用先进计算机数据处理能力对野外收集的原始资料进行各种去粗取精、去伪存真的加工过程。从本质上说，油气勘探工作就是一个典型的数据处理、数据应用的过程。正是由于这个工作性质，作为油气勘探核心工作平台的大数据技术成为整个工作的重中之重，也是油气勘探工作急需的一项重要技术。云计算作为处理大数据的一项技术，也成为油气勘探过程中的重要环节。

业界对大数据的定义可做如下描述：狭义的大数据概念，主要指大数据技术及其应用，是指从各种类型的数据中，快速获得有价值信息的能力。大数据一方面反映的是规模大到无法在一定时间内用常规软件工具对其内容进行抓取、管理和处理的数据集合；另一方面，主要是指海量数据的获取、存储、管理、分析挖掘与运用的全新技术体系。实际上，大数据的真正意义不是拥有海量的数据信息，而是如何运用一定的技术手段对已有的庞大数据进行处理，从数据这座"金矿"中挖掘出具有一定价值的信息。也就是说，要想利用大数据技术提升企业的效益、产值，就要提高数据的挖掘、加工、处理能力，以及为企业服务的能力。

　　根据上述油田勘探的过程来看，油气勘探工作正是一个产生海量数据、管理庞大数据量、存储数据、处理数据、数据可视化以及数据分析的复杂过程，经过这一系列数据处理后，确定某一区域的地下是否存在油气，然后指导企业做出正确决策，实施合理的油气开采计划，为企业创造预期的价值。经过多年的发展，油气勘探技术越来越成熟，为了能准确地发现油气在地下的存储位置，整个勘探过程中涉及的数据，其种类越来越多、数据量越来越大，处理周期要求越来越短，整个数据处理过程正在向大数据应用模式转换。近期，在油气勘探过程中，高密度宽方位采集技术得到了持续应用。以新疆油田勘探开发研究院为例，2010 年该单位处理数据量约为 25 TB（中间过程所需要涉及的数据量大约为 250 TB），到了 2013 年，处理的数据量增为 150 TB（中间过程数据量大约为 1.5 PB）。短短的 3 年时间里，数据量整整提升了 6 倍。同时，TB 级、PB 级的数据量说明了大数据时代的来临。而另一个指标即计算机规模从过去的 4 T FLOPS 提升至 150 T FLOPS，同时集群利用率从过去的 30% 提升到 80% 也说明这些数据处理过程更加复杂、烦琐。与此同时，寻找油气的任务又要求每一个处理任务花费的时间越来越短，勘探数据处理方法需适应大数据应用模式。为了能跟上时代步伐，适应当今大数据时代的需求，作为油气勘探核心工作平台的勘探云，应该适应这种变化。目前，油气勘探的数据处理对勘探云有以下几点需求：

- 确保油气勘探大块数据集中管理、整理、检索及加载；
- 能够提供 PB 级的存储能力，同时对多节点大块数据读写能力要求很高；
- 确保存储体系的延续性，确保企业核心资产——数据持续稳定的存储保障；
- 提供手段，使得专业用户对计算资源和存储资源的使用透明化；
- 提供手段将数据成果可视化显示，使数据具有专业意义；
- 确保勘探应用系统在勘探云中的部署以及日常运行中的维护、资源配置。

　　针对油气勘探过程的数据处理建设的云系统，即勘探云的建设其目标从其本身转变为作为勘探大数据应用的支持平台提供服务。为适应油气勘探工作发展，信息人员有必要提供一种手段，使得勘探科研人员不再需要关心勘探数据的正确和完整，不再关心这些数据究竟存放在哪个位置，不再关心使用哪种技术确保其安全，更无须关心使用哪个计算平台进行数据处理，从而将工作精力重点投入处理方法的研究和实现，以及数据成果的分析研究工作当中。从现今技术发展的趋势来看，信息人员提供的这种手段就是勘探云计算中心。它是一个企业自建私有云，是综合应用各种信息技术集合而成的一个勘探应用平台。勘探云存在的目的就是为应用人员提供一种近乎透明的便捷手段去保存、处理、分析勘探数据，将他们的工作精力更多地投放到如何更快、更准确地处理越来越多、越来越大的勘探数据上，寻找数据内在关系和存在规律，从中挖掘出与油气存在的相关信息，为企业做出正确决策提供可靠的帮助，为企业带来预期的效益。

（3）油气勘探云的建设

通常云计算中心建设通常强调计算能力建设和计算能力共享的建设。云计算很容易被理解为多个用户共享同一个计算平台，每个用户租用一部分计算资源，然后将自己所需的软件放到租用的资源上，进行所需的相应计算以达到计算的目的。数据的加载则需要用户自己进行，云计算中心只提供数据存储介质和计算平台。油气勘探具有自身独特的性质，其涉及的数据种类繁多，数据量庞大，处理过程复杂且处理过程中将产生更大量的中间数据，处理过程周期长，对数据读写速度要求高。伴随着勘探数据采集方法的不断进步，野外采集的原始地震波数据越来越多，新疆油田勘探研究所在 2013 年处理的一个数据体原始数据达到 65 TB，这样的数据量从高速并行存储当中加载到应用系统里需要 2 天。也就是说，单纯地将数据拷贝到计算平台中就需要 2 天，而这种拷贝方式是直接连接设备进行操作的，如果要是通过局域网进行加载，那么拷贝时长将是无法想象的，同时在数据传输的过程中将对整个网络造成灾难性的后果，甚至会拖垮整个网络。勘探数据体的正确性，多种数据的组合、分类、筛选和预处理，都需要一些专业数据管理人员使用专业工具完成。根据这些需求，在建设勘探云过程中应注意以下几点：

● 在计算中心建设的同时同步发展数据中心，在现有网络互联条件下，数据中心和计算中心的物理位置最好建设在同一个地方或一个局域网内；

● 数据管理工作必须是信息人员和专业人员共同完成，离开专业人员的指导，数据管理工作没有意义；

● 数据管理工作需要建立一部分数据筛选、预处理、质控、组合等手段和工作平台，在确保数据"原样"保存的基础上为科研人员提供尽可能规范、简单、符合需要的数据；

● 数据组织形式是否使用数据库管理，必须由数据本身和工作性质确认。

（4）建设高可用的勘探云存储体系

勘探数据是大块数据，数据量通常是 TB 级的。这种大数据应用要求勘探云计算中心的数据存储设备容量是 PB 级的。而用以 TB 作为单位的项目数据进行计算是一个复杂、耗时的过程，对存储设备读写的要求非常高。通过对勘探数据处理计算过程进行统计分析后，信息人员认为符合油气勘探数据处理工作要求的存储系统必须达到表 3-1-1 所示的指标。

表 3-1-1　勘探处理存储系统关键指标

参数	目标值	评估指标的计算依据
总的 IOPS	300 万次/秒	3 万次/秒（单个计算节点 I/O 请求数）×100（平均并发节点数）
存储空间	600 TB	处理中心平均数据处理新增工作量
总读/写速度	6 GB/5 GB	10 GB/8（I/O 节点网络带宽）×80%（带宽平均利用率）×6（I/O 节点个数）
单节点最高速度	650 MB	1000 MB（计算节点网络带宽）/8×50%（带宽平均利用率）
存储架构	并行存储	并行存储结构解决 PC 集群存储的特殊需求

从表中可以看出，勘探云所需要配备的存储设备必须是并行存储系统，单节点读写速度为 650 MB/s，多节点同时访问存储时，存储系统应该能够达到 5~6 GB/s 的总读写带宽，通过测试，目前常用的存储设备能够满足以上所有指标的产品寥寥无几。而就是这种能满足指标的存储设备在引进时还存在费用高、扩充困难、技术不开放、维护困难、管理分散等诸多问题，很难充分满足勘探云建设的需求。

（5）建设勘探云作业调度系统

云计算最关键的就是使计算资源透明化，公用云通常采用虚拟化的手段将一个服务器分解成多台服务器供使用，以满足不同的需求。而作为油气勘探工作对计算能力的要求要比通常意义的网站应用更高，与之对应的通常是一个多节点 PC 集群或一组服务器群。勘探云要求实现的就是如何将数以千计的集群节点或几十台服务器群组合成为一个整体，使勘探科研人员面对的是一个海量计算单元为一体的应用平台。实现这种"多对一"的服务器云化最有效的手段就是队列管理和作业调度。这种工作模式首先是将服务器节点按照队列进行管理，将一个大的服务器群或集群形成一个或多个不同节点数量配置的队列。科研人员只需要将自己需要计算和应用的过程编织成一个作业发送到某一个列当中，随后寻找合适的计算资源进行计算的工作就全部交给作业调度系统完成。这种模式中科研人员无须知道完成其计算请求的计算机设备是哪一个，其工作状态如何，何时以什么方式完成提交的作业。在科研人员面前的仅仅是一个个待命的服务器队列，从而使得集群或服务器云化成一个整体。

（6）建设勘探云远程 3D 显示平台

数据应用离不开数据可视化展示，只有将大数据转换成一种方便科研人员理解的显示形式才能够有助于科研人员理解和研究分析这些数据，油气勘探工作当然也离不开这种大数据技术。油气勘探应用系统的一个关键功能就是将各种勘探数据模拟转换成不同地质模型和虚拟图像显示给勘探科研人员进行研究。

勘探工作中越来越强调的多学科、多人员协同研究模式也要求研究项目需要集中部署在一定范围内的应用服务器上共享给所有参与人员共同使用。种种要求都想通过勘探云应用模式使得科研人员的工作平台更加简单化，将所有计算能力都后移到后台服务器上进行，3D 图形显示功能当然也需要集中采用远程虚拟服务器形式实现。为实现远程共享 3D 图像的处理能力，勘探云需要建设 GPU 专用服务模式。通过比较市场上现有的一些远程 3D 显示解决方案，一些企业在勘探云建设过程中选择虚拟显卡＋虚拟机＋ DCV/EOD 显示软件的建设模式，在勘探云中配置了专用 GPU 服务器，利用 GPU 服务器中配置的 Nvidia K2 显卡虚拟化技术，配合虚拟机技术将 GPU 服务器虚拟成不同配置的多套 GPU 虚拟机。在这些虚拟机上安装 DCV 远程虚拟显示软件或 EOD 显示软件。远程 3D 显示整个过程对科研人员桌面系统没有特殊要求，所有图形处理工作都交给由后台 GPU 服务器完成，图形处理过程对科研人员而言全程透明。这一过程反映了勘探云对科研人员大数据应用有效、透明应用的支撑。

3. 石化下游企业对大数据的需求

（1）数据量不断增加且数据结构不断复杂

根据 IDC 监测，人类产生的数据量正在呈指数级增长，大约每两年翻一番，这个速度在 2020 年之前会继续保持下去。这意味着人类在最近两年产生的数据量相当于之前产生的全部数据量。与此同时，大量新数据源的出现则导致非结构化、半结构化数据暴发式增长［见图 3-1-2（a）］。这些由我们创造的信息背后产生的数据早已远远超越了目前人力所能处理的范畴。

（2）我国企业大数据现状

目前，我国企业 500 强日数据生成量的近一半都多于 1 GB，其中

23.69% 的企业日数据生成量为 1~500 GB，12.2% 的企业日数据生成量为 500 GB~1 TB，更有 4.9% 的企业超过 1 TB，如图 3-1-2(b) 所示，中国企业级数据中心数据存储量正在快速增长，非结构化数据呈指数倍增长，如果能有效地处理和分析，非结构数据中也富含了对企业非常有价值的信息。

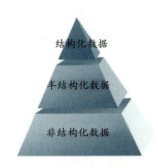 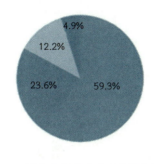

(a)企业非结构化数据越来越多　　(b)中国500强企业日数据生成量

图 3-1-2　中国企业数据生成情况

（3）石化下游企业对大数据的需求

石化行业链涉及众多环节，可以分为上游企业和下游企业。上游企业主要负责油气的勘探和开采，需要大数据技术的支撑。下游企业主要负责原油的销售，加工等，同样也需要大数据技术的支撑。

石化下游企业涉及的数据量大，存储格式复杂，数据分散，类型众多，不同类型数据包含的信息各具特点，综合各种数据所包含的信息才能真实反映企业实际情况。石化下游企业对大数据技术分析解决方案的需求主要集中在供应链优化、库存管理、资金统一管理、生产和安全监管的分析几个方面（见图 3-1-3）。石化下游企业应用大数据技术需要解决的问题主要有：缺少数据全方位分析方法、ERP 软件处理能力差、实时数据分析能力差、海量数据处理效率低，具体情况如图 3-1-4 所示。

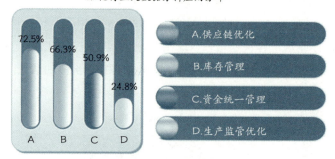

石化行业大数据分析应用分布

图 3-1-3　石化下游企业对大数据的需求

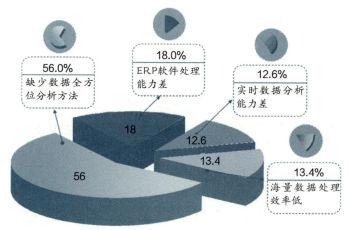

石油企业应用大数据分析需解决的问题程度分析

图 3-1-4　石化下游企业应用大数据技术需要解决的问题

（4）大数据技术在石化下游企业的价值

来自 IBM 在全球的调研表明，大数据技术在支持创收策略、实现成本控制方面的价值正在稳步上升。此外，近 40% 的企业在采纳大数据技术后的 6 个月内就实现了快速的投资回报（return on investment, ROI）。通过分析方法和解决方案，可以在大量数据中系统性地发现有用的关系，即实现经验规律的可重复性。通过建立拟合不同模型、研究不同关系，直到发现有用信息，即用于分析原因解决问题。发现潜在价值，预见可能发生的某种"不好的未来"并给出建议，即预测并提供解决方案，如图 3-1-5 所示。实现大数据技术价值有三大要素：支持、信任和技能。应用大数据分析的企业需要管理层持续地支持，需要加强跨专业部门之间的信任，并具有深层次的业务知识和技能。

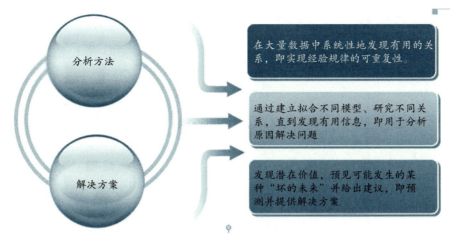

图 3-1-5　大数据技术应用

4.石化行业面临的挑战

（1）面临油气勘探越发不易的挑战

在油气的勘探过程中存在以下几个特点及挑战：

●油气勘探条件复杂：我国的地质条件复杂，山地、沙漠等复杂的地质条件给勘探带来了巨大的困难。

●勘探深度逐渐加深：随着油气的不断开发，勘探的深度也在加深，地下的环境更加复杂。

●油气储存规模偏小：油气在地下的储存不是以大面积的油田形式存在的，而是以区域分布的，所以在钻井位置的选择上要慎重，钻井位置选得不合适会大大地降低出油率，增加成本。

●油藏类型复杂：简单构造的油气藏已越来越少，寻找隐蔽油气藏、复杂构造油气藏、小幅度和小断块构造油气藏、古河道等岩性油气藏成为主要勘探目标。

通过世界石油发展和中国油气勘探开发的实践证明，在油气勘探中地震勘探技术是寻找地下油气资源最为有效的方法。其原理是在地表以人工方法激发地震波，地震波在向地下传播的过程中，遇到介质性质不同的岩层分界面，将发生折射和反射，在地表或井中用检波器接受这种地震波。通过对地震波的记录予以处理和解释，可以推断地下岩层的性质和分布形态，如图3-1-6所示。这样就可以使专家"看到"地下的情况，从而推断油气的储藏形式，确定钻井的位置和开采方案。由于地震勘探技术的引入，会产生大量的地震波数据，所以这给油气的勘探、开采又带来了新的挑战。

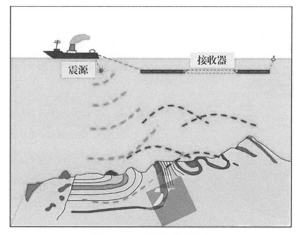

图 3-1-6　地震勘探技术

（2）面临数据量大的挑战

在油气的勘探过程中需要采用地震勘探技术，这期间会产生惊人的数据量。以辽河雷家地区勘探为例，2014 年在辽河雷家地区勘探过程采用 11,264 道接收，1 ms 采集，7 s 记录，炮密度 227 炮/平方千米，单炮数据量为 231 MB，单位面积的数据量为 52.4 GB。可见在勘探过程中数据量是惊人的，随着区域的面积增大，炮数的增加，数据量也会随之增长。

（3）面临数据快速实时产生，精准数据质量监控的挑战

油气开采过程中在钻头、井壁、管道会布置数目众多的传感器实时采集数据信息。数据是快速实时产生的，为了确保现场工作人员能对过程的进行做到精准的监控，就要保证这些数据能被正确快速地处理。然而，这些实时产生的数据包括结构化数据和非结构化数据（图像、视频等），数据结构的复杂性为快速准确地处理数据带来了挑战。

（4）面临海量数据的管理和处理能力的挑战

地震勘探过程中会产生海量的数据，根据这些原始数据是不能确定地下的情况的，要将这些数据处理转化成可视化的三维结构，才能准确地判断地下的情况（见图 3-1-7），为后续的开采给出指导。在处理这些数据时对处理的软硬件和处理技术都有较高的要求。一是系统资源占用率高，对海量数据进行处理，除了好方法外，最重要的就是需要配备充足的计算机及外设资源，并合理分配系统资源。一般情况下，如果处理的数据超过 TB 级，小型机（小于 1000 核）则难以满足处理进度要求，必须加大计算机 CPU 数目和内存。二是海量数据的输入输出管理，什么情况都有可能存在，如数据中某处数据交换出了问题，尤其在程序处理时，前面还能正常处理，突然到某

个环节数据交换出现问题，则会导致程序终止。处理海量数据需要大量的存储设备和稳定的数据输入输出管理技术支撑。三是海量数据对处理方法和技巧的要求很高，好的处理方法和技巧依赖于工程师长期工作经验的积累和总结。对于不同区块的数据，没有一成不变的处理流程和参数。不同工区有不同的流程组合和参数，需要反复试验。对于海量数据，一个参数的试验可能需要耗费几天甚至更长的时间。因此，传统的数据处理环境已不能满足海量数据的处理要求。

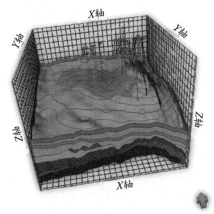

图 3-1-7　地震波三维结构

（5）面临数据类型多，信息挖掘手段多，综合评价须快速的挑战

由于地震勘探是在野外完成，产生的地震波数据会受到野外环境的干扰，从而变得极为复杂。在叠前技术、属性提取技术不断成熟的情况下，已经走过了单独利用偏移成像剖面找构造，利用有限的振幅、频率等属性进行油气识别的时代，目前大量的叠前数据，甚至单道数据被用于岩性、物性、储层、流体的研究。各种数据挖掘的算法基于不同的数据类型和格式，从不同的角度更加科学地呈现出数据本身所具备的特点，深入数据内部，挖掘出能够揭示地下地质规律和地质现象的数据价值。对于海量数据而言，同样面临数据挖掘的方法和速度是否能够满足快速处理大数据的要求，如果一个算法需要花好几年才能得出结论，将不能满足油气资源评价与勘探开发的节奏。

（6）面临多种数据融合分析的挑战

在地震、地质、测井、钻井、工程等数据一体化研究的时代，多种数据源共同参与分析也是大数据的一种表现形式。在地震数据分析的过程中利用测井、地质资料辅助建立速度模型，进而优选储层反演敏感参数。随着新井的资料越来越多，通过不断修正速度模型等参数，不同轮次的处理解释结果将不断地接近地下的实际情况。目前，工程技术一体化、勘探开发一体化成为技术发展潮流,多种数据源汇集到地震资料处理解释环节,而我们缺乏加载和处理多种数据源资料的一体化平台,多源数据处理解释面临挑战。

5. 石化行业已步入大数据时代

石化行业间的竞争非常激烈,由上述面临的挑战可以看出,与其说谁能更快更多地找到开采油气资源倒不如说谁能掌握先进数据处理技术。在这个"得数据者得天下"的时代,谁能通过先进的分析处理技术从数据的海洋中挖掘出有价值的信息,谁就能掌握主动权。石化行业涉及的数据量已经达到惊人的规模,如果还采用传统的数据处理方式,必然会被淘汰。随着计算机技术和数据分析、挖掘、计算的不断发展,大数据技术已经深入各个行业,拥有庞大数据的石化行业更是需要大数据技术为其服务,所以石化行业已经步入了大数据时代。

(1)石化行业大数据

石化上游企业对大数据一点也不陌生,上游企业在石油勘探过程中采用地震波技术勘测区域的地下地质结构及油藏情况,在此过程中会产生惊人的数据量,通常为 PB 级;在开采过程中数以千计的传感器被安放在井壁、钻头等设备上,将实时产生连续性的监测数据信息,这些数据通常是结构化和非结构化(声音、视频等)并存的。由于行业本身的特点,上游企业涉及的大数据有别于传统大数据的"4V"特点,具有自身独特的"5V"特点。

1)数据量大(volume)

● 油气勘探过程中产生的地震波数据为 PB 级;

● 处理地震波数据生成大量过程数据及结果数据;

2)数据类型繁多(variety)

● 结构化数据:标准数据库中数据,如 WITSML、PRODML 等;

● 非结构化数据:图像、视频、音频等。

3)速度快(velocity)

配置在井壁、钻头、管道及钻井设备中的传感器实时产生新的数据,如压力、流速等。

4)价值性(value)

● 提高出油率和生产效率;

● 降低成本,如减少非有效时间;

● 降低风险,尤其对员工的安全及对环境的威胁。

5）准确性（veracity）

● 地震、地质、测井钻井、工程等数据一体化研究，确保建立的相关模型（如地下模型、开采模型等）准确；

● 对数据进行预处理，提前发现数据异常。

（二）大数据时代下石化行业的宏观对策

1. 加快企业信息化建设

面对数据井喷的时代，大中型石化企业内集散控制系统（distributed control system, DCS）与生产制造执行管理系统（MES）和企业资源计划管理系统（ERP）的高度集成，电子商务系统的应用等，使得企业生产管理经营数据巨幅增长。公文管理信息系统、邮件管理信息系统的应用使得企业的非结构化数据量也在逐年增多，诸如设备技术资料文档、问题管理记录、工作报告等形形色色的非结构化数据，利用传统的面向结构化的 SQL 数据库技术不能进行管理，为了能有效利用这些数据，石化企业加快了自身信息化建设的步伐，企业在朝着信息集成与深化的方向发展。

石化行业具有规模大、流程多、集中度高、管理体系复杂的特点。企业每天都会有大量的生产实时数据产生，也有各类管理文档产生。石化行业通过自身的信息化建设将这些数据整合起来，打破信息孤岛；将存储在不同类型、不同版本的数据库中的生产数据、库存数据、销售数据、供应商数据等海量数据综合起来利用；从大量非结构化数据中发现规律，优化业务流程；从海量数据中挖掘出潜在的客户需求，主动推送企业产品。

我国石化行业的信息化建设也在稳步推进，对生产高效稳定运行发挥了重大作用，并为实现行业上下游一体化、产销一体化和企业发展战略创造了条件。近些年各石化企业继续按照"十二五"信息化规划要求，积极推进信息化建设步伐，行业内量化融合逐步深化，信息化为石化行业加快调整，优化产业布局，提高创新能力和管理水平提供了有力的保障。

2. 加快建造智能工厂进程

面对日益增多的数据量和复杂的数据结构，石化企业为了能有效地利用这些数据，实现降低成本、绿色生产、优化管理效率等目的，将战略目标由数字工厂向智能工厂转变。

加快智能工厂的建设是从海量数据中挖掘出潜在价值的有效途径，目前行业内正在打造智能化油田、智能化管道和智能化工厂，这已成为石化企业的建设新思路。

中石油的油气生产物联网系统A（1）已经在大庆、新疆塔里木等油气公司进行了试点，实现了对生产运行管理的动态管理，明显提升了经济效益和生产效率。目前，中石油正在打造工程技术物联网系统A（2），此举将全面提升工程技术核心竞争力和服务能力。2015年1月，该系统已在试点单位上线，中石油还将继续推进油气生产物联网系统、工程技术物联网系统、炼化物联网系统建设，同时启动装备制造物联网系统。

中国海洋石油公司总公司也在加快自身的智能工厂的建设，"十三五"期间，中国海油将通过构建勘探开发协同工作环境和海陆协同工作系统，基本建成智能油田。近期将在油气生产领域重点建立全面感知、自动控制、智能预测、优化决策的生产体系。

中国石油化工集团在智能工厂的建设方面已取得一定的成效，智能工厂试点企业通过对生产操作、工艺优化、物流、设备的智能化管理，提高了装置运行绩效，提高了企业运行效益。如燕山石化乙烯裂解装置通过实时在线优化系统与APC（先进过程控制技术）的集成，提高了乙烯、丙烯的收成率，创效近6000万元。下一步，中石化计划用3年时间建成智能工厂应用框架，在4家企业开展智能化应用试点，5年内实现重点企业业务领域智能化应用的试点建设，未来8~10年，在20家千万吨级大规模炼化企业实现智能工厂的全面推广。

3. 搭建大数据处理平台

国内大型石化行业经过大规模信息化建设，已经形成以企业资源计划（ERP）为核心的经营管理平台、以生产运营为核心的生产运营平台和信息基础设施平台。通过信息化建设与应用，促进了企业的体制改革和结构调整，推动了管理创新，提升了企业管理水平，支撑了企业的生产、经营、管理和决策，增强了企业的核心竞争力。随着国内石化行业快速发展的需要，各大企业都希望提高上游勘探数据处理能力与解释能力，集成与资源高度整合，创新服务，整合资源，灵活、快速地支持各类业务应用的需求。

面对石化行业的需求，云计算已成为一种新型的数据处理方式，石化行业也纷纷加入云计算的行列中来。作为企业内的龙头老大中石化也开始搭建属于自己的云计算平台。如图3-1-8所示为石化行业云计算平台总体框架。2015年4月20日，中石化与阿里云共同宣布双方将开展技术合作。中石化借助阿里巴巴在云计算、大数据方面的技术优势，对部分传统石油化工业务进行升级，打造多业态的商业服务新模式。从 2014 年 12 月开始，阿里巴巴与中石化展开云平台建设合作，搭建在阿里云上的石化专有云已在 2015 年 2 月开通，并开始承载电商等业务系统，采用阿里云技术的石化自建云在 2015 年 5 月启用。中石化强调要想实现量化融合，首先需要建立一个统一、集成、共享的包括云计算大数据平台、物流平台、客户管理平台、支付平台在内的信息化大平台、大系统。

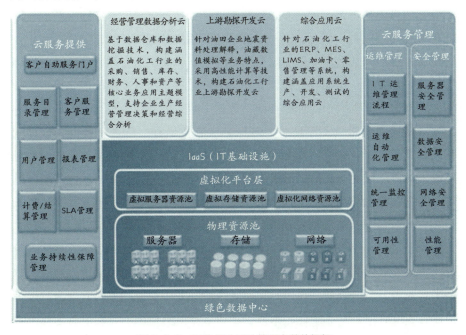

图 3-1-8　石化行业云计算平台总体框架

4. 培养大数据建设的专业人才

从广义上讲，大数据人才就是具备大数据处理能力的科学家和工程师。目前，国际上开设了大量的数据科学方面的课程、数据科学学位计划以及数据科学短期培训班。从国际上设置的培养计划来看，大数据人才应该系统地掌握数据分析相关的技能，主要包括数学、统计学、数据分析、商业分析和自然语言处理等，具有较宽的知识面，还有独立获取知识的能力，以及较强的实践能力、创新意识和团队合作意识。具体来说，大数据人才首先应具备获取大数据的能力，例如能根据任务的具体要求，综合利用各种计算机手段和知识，收集整理海量数据并加以存储，为支撑相关的决策和行为做好数据准备。其次，应具备分析大数据的能力，对于经过预处理的各类数据，能够根据具体的需求进行选择、转换、加载，采用有效方法和模型对数据进行分析，并形成分析报告，为实际问题提供决策依据。最后，应具备良好的团队合作精神，大数据时代下的数据分析任务通常无法依赖个人能力来完成，需要在团队制度的约束下，与他人一同携手、互相鼓励、分工合作来实现既定目标，因此具备较强的责任心与团队合作精神也是大数据从业人员必备的基本条件。

如果说，以 Hadoop 为代表的大数据是一头小象，那么企业必须有能够驯服它的驯兽师。在石化企业热烈拥抱这类大数据技术时，精通大数据技术的相关人才也成为一个大缺口。尽管石化有重视数据的传统，例如，在企业的控制、执行和管理 3 个层面上分别设置数据收集、储存和处理的机制和相应设备，许多企业正在或已经建立了 MES 和 ERP 信息系统。但是，目前数据处理和应用仅仅限于统计和查询，数据中蕴含的潜在价值远远没有被挖掘出来。随着数据量的不断增长，数据的大容量储存、管理和数据安全性问题，以及随着企业在更大范围的布局而产生的分散分布与数据集成之间的矛盾等，这些问题均给我们提出了新的课题。如何处理大数据，挖掘其蕴含的潜在价值，这就需要专门的大数据建设的复合型人才，能够对数学、统计学、数据分析、机器学习和自然语言处理等多方面知识综合掌控。一方面，大数据的核心业务必然是一种扎根于特定行业，综合运用已有的存储、分析、挖掘、展现技术，根据用户需求并融入行业特色技术模型的一站式大数据平台业务。另一方面，对于石化企业来说，各类业务产生的数据为数据分析创造了非常好的基础条件。大数据解决方案是有价值的，但是苦于找不到既懂数据分析技术，又懂业务的专业人才。由此可见，既懂得相关技术，又谙熟企业业务的复合型人才才是企业部署大数据应用最迫切需要的人才。因此，石化企业可以与学校联合培养自己所需要的大数据人才，这种方式有两方面的优势：一是大数据技能训练的对象，即大量的数据，只有企业才具备；二是在企业的支持下，学校也能通过针对性的实践训练来培养学生的大数据处理技能。

大数据时代下校企合作的形式多种多样，可通过联合办学、联合制定人才培养方案、合作开发课程和教学内容、设置实训项目、教学管理和共建"双师"结构教学团队等形式展开。

（三）大数据技术助力石化行业发展

石化行业正在面临着行业间竞争激烈、市场需求变化速度快的现状。同时，油气资源的储存量越来越少，所在的地理位置情况越来越复杂，为了降低成本，提高出油率，对油气的勘探和定位有着较高的要求。随着全球市场的需求变化，油气的价格也在快速地发生改变，企业需要有敏锐的洞察力来判断价格的走向，然后改变生产方案。而且石化行业现在朝着地震、地质、测井、钻井、工程、监管等一体化的方向发展，谁能掌握先机，快速准确做出反应，谁就能占领市场。随着非可再生资源的减少和全球环境的恶化，安全、环保成为石化行业发展的目标。

目前，一些专业的数据公司、某些大学及相关的油气公司正在进行"大数据"对石油各领域的应用研究，从而促进行业整体的效率提升。例如，在油气行业的上游领域，利用"大数据"可以快速发现石油，降低生产成本，提高钻井安全性，提高产量等。"大数据"还可适用于勘探、开发、钻井、维护等领域。例如，在勘探领域，通过数据分析对比，在地震采集过程中可得到更加全面而准确的数据集，达到更具有成效的勘探效果。在开发阶段，大数据可以帮助油服公司评估生产过程，通过对地理环境的数据分析，可实现更智能的油气开发。在钻井方面，不仅可以随时通过数据监测和警告，避免资源浪费，减少设备磨损，还可以更好地降低事故发生的频率。在设备方面，根据数据预测，事先维护某些磨损程度高的设备，从而更好地服务于油田作业。

上述问题和石化行业面临的挑战都能联系起来，其解决办法的实质就是通过对庞大数据的处理和分析，得出快速可靠的结论，为油气勘探、生产、销售、企业监督管理等给出合理的指导。面对海量、复杂、快速的数据，大数据技术显得尤为重要，通过大数据技术可以在数据的海洋中挖掘出有价值、可靠的信息为企业服务。

1. 大数据技术解决勘探中对海量数据处理和解释的问题

石油埋藏在地下很深的地方，一般在 1 千米以下，2 千米以下的比较普遍，更深的还可以达到 5 千米。现代的石油勘探多采用地球物理方法。地球物理方法包括电法、磁法、重力法、放射性法、地震波法，等等。对石油勘探来说，地震波法尤为重要，地震波法勘探石油储藏是现代石油勘探最有效的方法，因为只有地震波才能穿透厚达几千米的岩层，提供石油可能埋藏的信息和数据。地震波法的基本方法是用高爆炸力的 TNT 炸药在地面激起人工地震波。如图 3-1-9 所示，震波沿着与地面垂直的方向传播，在碰到质地相对致密的岩层后，一部分波被反射回地面，预先在地面上安置的检波器能够把地面微弱的震动变成电子信号，通过连接线传输到接收机里，并将这些数据信息存储起来。

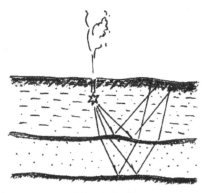

放炮产生地震波

图 3-1-9　人工地震波法

在地震波法勘探的过程中，会产生数目惊人的数据，如以辽河雷家地区勘探为例，2014 年在辽河雷家地区勘探过程采用 11,264 道接收，1 ms 采集，7 s 记录，炮密度 227 炮 / 平方千米，单炮数据量为 231 MB，单位面积的数据量为 52.4 GB。这些原始数据是不能直接给出地下地质情况和石油储藏信息的，需要将这些数据处理成"可视化"的图像信息才能供专家确定地下情况和钻井位置。为了能得到更丰富、高保真和清晰的地下信息，需要高性能计算处理庞大的地震波数据。通过高性能计算不仅能得到可靠、清晰的结构，还能保证运算时间。如果计算一片区域的地震波信息需要更长的时间，比如几个月，那么会增加时间成本、人工成本和物质成本。

随着油气资源"二次开发"需求的出现和油气勘探从陆地走向海洋进程的加速，2011 年，石油勘探行业就已进入海量数据处理时代。为了完成海量采集数据的深度分析，从而精准定位油气资源，HPC 技术的重要性日渐凸显，甚至已成为油气勘探行业生产效率的支柱。几乎每一年，数据采集环节所产生的数据量和前一年相比，都会出现几何级数的增长，而这种增长又不断驱动着油气勘探行业 HPC 应用的革新。石油勘探之所以需要高性能计算，是因为勘探过程中的数据量和计算规模决定其必须用到高性能计算技术。对这波数据的处理除了滤波外，最重要的是偏移。面对庞大的数据，做一次偏移的时间通常要几天到几周，甚至几个月（20 世纪末的水平），而且处理地震波数据的处理需要的不止一次偏移，通常要多次偏移才能得到可靠的结果，如图 3-1-10 所示，其中，图 3-1-10（a）为原始数据，图 3-1-10（b）为处理后的数据，所以高性能计算机的需要就成为必然，高性能计算成为石化行业的基本要求，现在石油勘探单位都会配有几百、几千节点的并行计算机。世界最大石油和石化集团之一的英国石油公司配有 10,864 颗英特尔至强处理器，共计 5432 个节点，96,992 个内核，预计能交付每秒 2.2 千万亿次浮点计算能力的超级计算机。由此可见，高性能计算已经成为每个石化企业发展中的重要环节。只有对地震数据进行精确的处理才能更准确地找到石油，并确定正确的打井位置，降低成本，提高出油率。

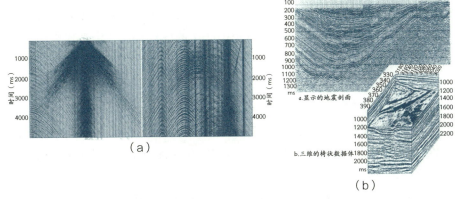

图 3-1-10　地震波数据

2. 大数据技术解决快速、复杂数据的利用率问题

石油开采中所处的环境复杂、多变，涉及的设备众多，为了能使石油开采更智能、更安全，有更高的出油率和生产效率，需要在钻井平台、管道基础设施安放数目众多的传感器实时采集现场信息，对工程做到实时监控。例如，安放在油泵中的传感器每 5 s 就会采集相应信息，给出油泵的工作条件，这些新的数据中会存在很多干扰，要从这些信息中获取有价值的信息才能得知油泵的工作状态；配备传感器的钻头能送回钻头现在所处的工作环境，这样就能得知周围岩层的信息，及时调整钻头的工作状态。由于传感器数目众多，数据类型复杂（包括结构数据和非结构数据），数据产生速度过快，数据量大，为了能及时准确地分析和处理这些数据，大数据技术显得尤为重要。

对于这些结构复杂且产生过快的数据，传统方法不能进行有效处理。此外，这些数据的利用率往往不高。然而，在这些数据的背后却隐藏着巨大的价值，通过大数据技术可以从这些数据中及时地挖掘出有价值的信息来指导生产。

开采过程中，在钻头、井壁、管道等关键位置布置数量众多的传感器，这些传感器实时采集现场信息（数据产生的速度以秒为单位），利用高效的数据处理技术可以对这些快速产生的数据进行分析处理，及时发现环境的异常和设备的故障，及早判断出事故发生的可能性，提前做出反应，避免重大事故的发生，减少人员伤亡和对环境的影响，做到对生产实施监控，提高生产安全性。

3. 大数据技术解决成本优化问题

石化行业是一个投资巨大的行业，涉及的资金都在数十亿的级别，因此如何有效地降低成本是企业关心的问题。大数据技术在数据处理方面有着独特的优势，有效地利用生产过程中产生的数据是企业降低成本的有效途径。

（1）监控设备状态，减少停机时间

油气开采大部分在偏远地区或海上，而且用到的设备通常数目众多，十分复杂，所以对设备进行合理的维护对于资金成本和时间成本的节省来说至关重要。为了有效地对现场设备进行监控，在设备中安放了一定数量的传感器，这些传感器实时采集温度、压力、体积等指标，利用先进的数据分析技术可以对这些实时数据有效地处理较早的就预测设备潜在的故障，这样就能提前对设备进行维护，大大减少停机时间，实现降低成本的目的。

（2）确定钻井坐标，减少成本

在开采过程中钻井的位置尤为重要，打一口井所花费的人力物力是巨大的，一口井的位置选择不对会造成大量资金的浪费。同时，石油在地下不是静止的而是随着油量的变换处于游走状态的，所以如果钻井的位置选择不对，可能打不出油或者出油量远低于预期水平。通过大数据技术和地理模型的结合可以掌握现有的储油量和石油的分布情况，这样再对确定钻井位置给出合理的指导，提高生产效率，降低成本。

4. 大数据技术解决优化生产问题

大数据技术在优化生产方面也具有得天独厚的优势。根据生产过程的历史数据，利用数据分析技术可以预测未来生产的情况，或者将主要的设备、人力、物力转移到产油量高的区域。同时通过地震、地质、测井、钻井、工程数据一体化的结合，可以为油藏工程师提供可靠的信息，以便于安排和调整生产计划。

（1）提高采油率

提高现有井的出油率是石化公司重点关注的目标。通过地震、地质、测井、钻井、工程数据一体化的结合，分析这些数据可以使油藏工程师了解目前油藏的变化，然后帮助生产工程师对目前的生产方案进行调整，以提高出油率。

（2）业绩预测

预计以往成千上万口井的业绩，如果"老"井的业绩没达到预期的指标值，应对该井的生产方案做出调整；如果该井下的油藏不足，那么应将该井配备的设备及人员适当地调配到其他业绩好的井中。

（3）实时生产优化

实时的检测控制和数据采集（supervisory control and data acquisition, SCADA）、过程控制与分析技术结合可以帮助石油、天然气公司通过使用可扩展计算技术，确定合理的商品价格，优化资源的配置。这样还可以利用较少的工程师就能做出合理的实时决策，减少人力资源。

（4）建立钻井模型

根据历史钻井数据可以建立相应的钻井模型，根据此模型可以提前制订钻井计划，设定钻井设备参数。同时，在开采过程中根据传感器采集的实时现场信息，更新模型数据，优化设备参数，使开采计划更适应于当前的环境。

5. 大数据技术解决安全、绿色生产问题

石油、天然气公司涉及数目繁多的数据，这些数据关乎企业的发展，所以企业十分注重数据的安全性。石油、天然气公司利用预测分析技术来提前确定 IT 漏洞，确定公司在全球范围内数据的安全性。

除了重视数据的安全性外，公司更加注重在生产过程中避免意外事故的发生，确保生产过程的安全及人员的安全。根据多个数据源汇总的信息，预测异常事件的发生，提前做出反应，避免酿成大事故；通过实时数据及分析结果识别潜在的威胁，做出更快的决策。

上游企业在开采油气过程中难免对周围环境产生影响。为了将对环境的影响降到最低，就要确保整个工程在进行过程中的安全性和高效性。2010年，墨西哥湾外海漏油事故震惊世界，如图 3-1-11 所示，事故的起因就是钻井平台发生爆炸，导致 11 名工人死亡，17 人受伤。同时，每天有 100,000 到 120,000 桶原油漏到墨西哥湾，导致至少 2500 km^2 的海面被石油覆盖，专家估计此次漏油会导致一场环境灾难，影响多种生物。

图 3-1-11　墨西哥湾漏油

通过先进的数据分析处理技术，可以预先判断出下一场的情况，同时也能预测设备故障的发生，这样能将事故发生的概率大大降低，实现绿色生产，降低对环境的影响。

6. 大数据技术加快智能油田建设进程

智能油田是在数字油田的基础上，通过实时监测、实时数据自动采集、实时分析解释、实时决策与优化的闭环管理，将油田上游勘探、开发、油气井生产管理、工程技术服务、集输储运、生产保障等各业务领域的油气藏、油气井、数据等资产，有机地统一在一个价值链中，实现数据知识共享化、生产流程自动化、科研工作协同化、系统应用一体化、生产指挥可视化和分析决策科学化，提高油气田生产决策的及时性和准确性，达到节约投资运营成本的目的。

运用大数据技术将油田生产的自动化和信息化相结合，将物联网和云计算技术应用到油气田生产流程中，通过先进的实时传感器系统和网络系统，把先进的实时传感器设备、自动控制设备、视频监控设备等，部署到井下、井口、计量间、注水站、联合站及井区厂区、集输管网和车辆等位置，对油气藏、计量间、油气站库、油气水井等资产动态实时监测、实时数据采集。通过物联网实现各类设备、人员、井筒等的信息交换与通信，以实现智能化识别、定位、跟踪、监控和管理。

在可视化、一体化的集成运营中心和协同环境下，管理人员、科研人员根据实时信息，通过先进的数据分析处理方法及时指导现场、自动控制和自动执行。

油田的智能化，实质是数据化，通过对一系列数据，包括结构化数据、非结构化数据，进行处理分析。借助大数据技术，以多学科协作的勘探开发综合研究、单井动态分析、油藏评价、数值模拟等依托，辅助油田进行勘探部署、井位论证、开发生产等决策，实现油田、油气井等相关资产的统筹经营与管理，提高油气田的采收率，对油田进行实时最优开发。智能油田解决方案系统架构如图 3-1-12 所示。

智能油田解决方案具有以下几个特点：

- 实时监测、实时数据采集、快速分析；
- 可视化、一体化的运营和协同环境，快速反应，及时指导；
- 生产和管理流程整体优化，运行效率提高，运行成本降低；
- 强大的知识库，全面、实时、准确的数据支持，专家系统辅助综合研究，快速决策和执行。

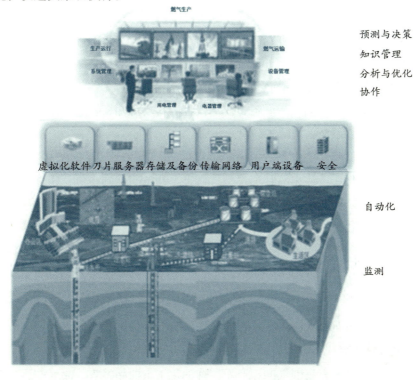

图 3-1-12　智能油田解决方案系统架构

智能油田解决方案的主要功能如下：

（1）一体化集成服务子系统

实现知识库系统、地理信息系统、业务流程平台等系统形成统一的集成服务平台。

（2）勘探开发数据中心

建立以勘探开发为核心业务的数据中心平台，实现具有油气田勘探开发相

117

关的基础数据和研究成果等各类资源的采、存、管、用的综合管理和支撑体系。

（3）油气决策支持子系统

在一体化集成服务子系统和勘探数据中心的基础上，建立勘探、开发、采油工程和石油工程的决策支持平台，实现可视化和科学化的决策辅助环境，为勘探开发综合研究、井位部署、工程方案管理及工艺设计、生产决策等各项工作提供有力的保障。

（4）油气业务协同子系统

基于工作流程，实现勘探开发核心业务的流程化管理、集成应用。

（5）油气生产指挥中心

以数据中心平台为基础，结合地理信息系统，实现生产动态快速把握，生产运行上下贯通、横向协同，建立生产预警分析、突发事件应急处理的运行机制，为油气田生产运行管理奠定基础。

（6）油气生产操作智控中心

实现油田生产现场人、设备、业务流程的自动感知、智能联作，降低操作风险、提升工作效率、提高现场管理水平。

（7）油气经营管理子系统

基于流程化、一体化的管理思想，将每个业务明确到岗位、职责及操作规程，促进业务联动、部门协同，以及实现实时监控和动态运行，增强业务的明显化和透明度，使管理层能全面掌握经营形势。

（四）大数据技术在石化行业的应用案例及效果分析

1. 国内应用案例

（1）中石油大数据挑战和云思路

1）背景介绍

中国石油是一家集油气勘探开发、炼油化工、油品销售、油气储运、石油贸易、工程技术服务和石油装备制造于一体的综合性能源公司。信息化的服务对象可以用多而杂来形容，其中包括勘探与生产方面有24万口油气水井，炼油与化工方面有1119套炼化装置，销售方面有1.8万座加油站，天然气与管道方面5万千米油气长输管线，海外勘探开发方面涉及31个国家81个海外项目，工程技术方面有5100支工程技术服务队伍，工程建设方面有73个重大工程建设项目，装备制造方面有180个装备产品。中国石油最初是由众多的石油单位组成，信息化经历了从分散到集中，再到复杂系统的过程，实现了对全产业链上各种应用的系统支撑，可以想象，中石油要面对的数据是十分巨大的，从以前的历史系统转移到新系统，再到集中化管理，期间都有大量数据的迁移和准备，因此中石油一直都伴随着"大数据"的挑战。

2）解决方案及效果

在云计算发展上，不同于面向公众的信息系统，中石油对云计算使用过程并没有贸然行事，而是经过了严密组织的深层次调研，几年时间里逐渐实现从理念提出到应用实施的过程。2011 年，中石油吹响了云计算号角，在集团公司信息化工作会议上，集团公司董事长蒋洁敏提出："十二五"期间全面建成具有灾难互备、云计算服务等功能的集团公司级绿色数据中心，初步搭建起具有国际先进水平的"两地三中心"架构，保证集中统一信息系统的高效运行。中石油公司从上到下，各信息系统建设、运营维护单位都在围绕着这个目的而努力。"十二五"期间，已陆续建成投用了位于北京、吉林的总部数据中心，为确保信息系统稳定运行提供技术保障。

考虑到中石油生产系统要求都非常高，中石油在云计算的应用上采取了一系列行动举措，首先集团统一组织云计算相关的研究工作，确定不同的选题，落实承担单位；其次各单位积极引进云计算相关的人才，加强队伍建设。以中油瑞飞为例，到目前为止，已经建立起上百人的云计算相关的人才队伍；同时积极进行云计算相关的项目实验试点，加大云计算的研究开发力度；最后加强与云计算领先企业的合作与交流，如 EMC 等都是它的合作伙伴，更多地借鉴业界先进的技术进行工作，借助外脑，实现快速落地。

与大数据和云计算最密切相关的一个概念就是"数据中心"。中国石油数据中心的总体架构分三个层次，首先是集团级数据中心，即两地三中心：北京总部数据中心、北京主数据中心、异地灾备数据中心，其中一个已经运行了，另外两个正在建设中。其次是区域级数据中心，包括大庆、吉林、辽河、新疆、兰州、西安、西南、华中、华东、华南和北京 11 个区域数据中心。还有以销售为主的地区公司级数据中心，包括各地区公司机房和企业联合机房。中国石油的数据中心是一个十分庞大的体系，通过石油专网，把所有企业都连起来，集团数据中心与下面两层进行协作和沟通，共同完成对生产、研究、制造等业务的支撑。

正在建设中的中国石油数据中心（昌平）将是中国石油集团级数据中心的主生产中心。其分三期建设，其中一期、二期建筑工程同时完成，建设 1 栋数据机房楼、1 栋能源中心楼、1 栋综合办公楼，建筑面积约 55,532 平方米；机柜及配套设备方面，一期 2500 个机柜，二期 1968 个机柜。其功能主要定位为支撑中国石油遍布全世界的业务运营，提供异地灾备服务。其目标是建设成为"国际先进、国内一流"的高可用、高可靠、灵活应变的新一代绿色数据中心；为工作人员创造一个良好的工作环境；提供充分展现中国石油现代化管理水平的窗口。

昌平数据中心的建设理念是：绿色、可持续发展、全生命周期管理。因此，其结合数据中心技术的发展和国内外相关行业的最佳实践，考虑数据中心生命周期，利用先进的理念和技术对数据中心进行建设，如云计算等，采用模块化设计、热力分析模型设计、冷热通道设计有效降低能耗，节省数据中心的运营成本，最大限度延长数据中心的生命周期。对于数据中心来说，最大的问题是耗电，昌平数据中心采用燃气发电、冷热电三联供、市政电网作为备用和补充电源的能源供应方案，有效解决电力的耗用问题，目前在国内是首例，此举也为市政节电做出了贡献。

总体来说，昌平数据中心引进先进的国际设计标准和理念，借鉴先进的高密度机房设计方法，实现以较高的性能价格比构建，达到投入比最大化，各功能系统采用标准化、模块化设计，具有良好的扩展性和灵活性。在建设过程中其坚持保证生产系统稳定运行，有步骤地开展对新技术的应用。对大数据的挑战和云计算的应用等，都以谨慎前行为原则。虽然研究课题是前瞻性的，但任何实际的运营单位都应遵循慎行、先试点后运行的原则。

（2）大数据时代"找油利器"——华为 HPC 存储解决方案，助力石油勘探

1）背景介绍

随着数据总量的持续增长和急速膨胀，大数据时代已经来临，石油、电力等能源细分行业纷纷拉开了大数据开发应用的序幕。如何从海量数据中高效获取信息，有效地深加工并最终得到有用数据，是能源企业涉足大数据的目的。对石油行业来说，众多企业正在把更多的新技术应用于战略决策、科技研发、生产经营和安全环保等各个领域，目的是为了从大数据资源中挖掘更多的财富和价值。大数据应用是石油行业信息化深入、IT 与业务深度融合的必然趋势，在我国石油石化行业应用的前景将越来越广阔。随着石油储备的逐步减少，石油石化行业产业链中的勘探、开发难度日益增大，信息化的成熟度已经成为影响行业增长幅度的首要因素。近年来，世界经济的高速发展带动着能源需求急剧上升，使得对石油、天然气等能源的依赖也越来越高，石油勘探和开采所肩负的使命和责任越来越重。在目前油气资源紧张的现状下，精准、快速的地质勘测成为世界能源巨头们倚重的核心竞争力之

一，其中高性能计算技术和大数据技术的应用是关键因素。

2）面临的问题

为了了解和模拟出地下数千米的地质构造，通过地震波反射方式来收集海量数据，一般二维数据可达 1~2 TB，三维数据可高达几百 TB 甚至 PB 级，然后进行大量的密集计算和模拟，计算结果出来后还要转换成直观的可视画面，方便专家对数据进行解释，为油气钻井定位提供参考。总的来说，石油勘探过程中产生的海量大数据有自己的特征。

① 数据海量：由于采用连续记录或增加采集点和接受点的密度，多组可控震源在空间上两两间隔一定距离，利用相同的接收排列各自独立工作，地震采集仪器连续记录，所以数据密度很高，产生的数据量非常大。以 BGP 为例，每天会产生大于 7 TB 的生产数据，在地震资料处理过程中还会产生大量的中间过程数据。

②数据来源单一：地震资料数据是由人工模拟地震波激发，由定点采集仪器接收和采集到的，数据来源和数据格式都比较单一。

③数据计算量大：地球物理算法复杂，涉及频繁的 IO 操作。高精度的地震成像需要巨大的计算资源。随着物探技术的不断进步，算法精度逐渐提高，地质环境构造越来越复杂，对于资料的要求也越来越高。以 BGP 为例，54 TB 的原始数据通过 4000 个 CPU 的计算集群处理，需要 50 多天。

④数据处理流程复杂：地震资料处理过程涉及频繁的 IO 和数据库，操作复杂。

这些海量数据的处理只有借助高性能计算才能实现最佳的勘探效益，这也是在石油勘探领域高性能计算需求的主因。由于石油勘探行业的特殊性和复杂性，石油勘探对高性能计算提出了非常苛刻的要求。过去 10 年中，石油勘探计算处理多采用大型机或高性能计算机，但目前高性能计算机系统在计算性能、系统建设与运行成本等方面面临着许多问题。让石油勘探企业感到头痛的问题主要集中于三大困境：一是计算能力需求和 CPU 处理器性能落差越来越大，目前通过不断提高 CPU 处理器的工作频率来提高计算性能的技术路线已经逐步走向其极限；二是石油勘探高速增长的数据和存储扩容越来越不匹配；三是能耗制约越来越严重，高性能计算机的体积大、耗电多等弱点以及对庞大的计算机机房的空间需求、空调需求和用电量等已经成为石油勘探数据处理的一大挑战。

3）解决方案及效果

针对石油行业的特点和大数据所带来的挑战，华为提出了石油勘探高性能（high performance computing，HPC）解决方案（见图 3-1-13），具体包含以下几个部分：

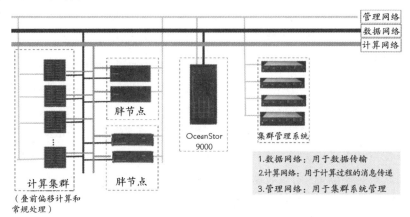

图 3-1-13　HPC 方案

①计算集群系统。计算节点和胖节点采用华为自研的刀片服务器，提供强大的计算能力，特别是浮点计算能力，以完成地震资料处理中巨大的计算任务（例如叠前深度偏移中的波动方程求解）。

②存储系统。存储部分采用华为自研的 OceanStor 9000 大数据存储系统，简称 OceanStor 9000。与传统的 NFS 和 lustre 方案不同，OceanStor 9000 采用全对称分布式架构，每个节点都可以提供 IO 和存储单元，提供业务访问、数据处理和存储的能力，因此可以轻松完成节点扩容，实现系统性能和容量的线性扩展。OceanStor 9000 提供单一文件系统和管理点，地震资料处理软件可以通过统一的入口来访问存储系统，不需要考虑后端的数据共享路径。OceanStor 9000 支持多种类型硬盘混插，支持 SSD、SAS、NL-SAS 和 SATA 盘，可以根据实际的业务模型和计算模型进行分类，针对不同类别的业务需求进行配置优化。为了满足地震数据传输和并行处理，OceanStor 9000 支持 10 GE 以太网或 40 GE 的 Infiniband 网络链接，能够为业务系统提供极高的读写聚合带宽和较低的时延的数据传输。

③ 网络互联。主要采用计算网络、存储网络和管理网络分离的方式。计算网络采用万兆以太网，承担并行计算时的数据通信。管理网络采用千兆以太网，用于 HPC 集群系统的管理和监控。存储网络采用 10 GE 以太网或 40 GE 的 Infiniband 网络，为主机访问数据文件提供高速的网络互联。

该方案有以下几个亮点：

① 超大容量的单一文件系统，资源灵活扩展。OceanStor 9000 支持单一命名空间，最大可扩展到 288 个节点，支持 40 PB 存储容量，完全满足石油勘探的

海量数据需要。对上层提供透明的存储服务，屏蔽底层的硬件差异，使得存储系统扩容对业务完全透明，通过节点扩容可实现容量与性能的线性增长。

② 高性能，可有效缩短勘探计算周期。OceanStor 9000 采用全对称 Scale-Out 架构，通过集群模式、自动负载均衡、全局缓存等技术来整合和管理系统资源，有效提升存储系统性能。单节点可达到 800 MB/s 带宽，整系统可提供 200 GB/s 的并发访问能力，能够有效缩短地震资料处理的作业周期。

③ 高可靠性和硬件容错能力，保障作业正常运行。CloudStor 9000 存储系统采用多节点全 Active 的工作模式，网络和关键硬件部件（风扇、CPU、电源等）均采用冗余设计，提供节点间的分布式 RAID 技术，保障在石油勘探的数据处理过程作业中不会因为单点故障影响整系统的使用。

④灵活的组网方式，易管理。OceanStor 9000 提供灵活的组网方式，前后端网络均支持 Infiniband 或者 10GE 以太网高速互联，能有效满足石油勘探 HPC 场景的高带宽、低时延需求。

（3）"天河一号"——超级计算机在石油勘探的应用

1）背景介绍

近年来，基于三维空间的全三维解释技术越来越成熟，并获得了较为理想的应用成果。以往地震解释丢失很多地震地质信息，人为因素很大，三维资料二维解释的做法已逐渐被淘汰。以地震岩石物理为基础的纵、横波联合反演技术得到全面、有效的应用；自动化手段的运用，提高了解释效率和解释精度；用于三维地震资料的体元可视化解释软件使解释人员能够快速解释、精细刻画三维地震数据体，全方位揭示地下构造、沉积等特点，解释效率和勘探成功率明显提高；三维数据处理质量和地震成像的准确度、清晰度，直接决定了油气资源发现的成败和勘探成功率。然而，随着油气勘探不断深入，国内外油田开发对地震数据的精度要求越来越高，地震勘探已朝着宽方位、宽频带、高密度、全波场方向发展。特别是可控震源高效采集技术的广泛应用，每炮的接收道数大幅增加。根据法国 CGG 公司提供的资料，1998 年采集 500 平方千米的三维数据是 1400 万道，2008 年和 2009 年采集 2580 平方千米的三维数据是 120 TB，2000 次覆盖，而 2012 年和 2013 年，采集 1000 平方千米的三维数据是 500 TB，1.92 万次覆盖，道数已高达 700 亿道。传统的计算机已经无法满足大数据的需求，这就需要利用高性能超级计算机。

"天河一号"是中国首台千万亿次超级计算机。2010 年 11 月 14 日，国际 Top 500 组织在网站公布了最新全球超级计算机前 500 强排行榜，中国首台千万亿次超级计算机"天河一号"排名全球第一。"天河一号"超级计算机由中国国防科学技术大学研制，部署在天津国家超级计算机中心，其测试运算速度可以达到每秒 2570 万亿次。

2）解决方案及效果

基于"天河一号"开展的石油勘探数据处理程序开发与应用，实现了复杂地质条件下三维大连片数据（上千乃至上万平方千米）的处理，支持了中石油、中石化等大规模高精度三维成像处理软件的开发，推动了中国石油勘探数据处理的产业技术进步。

目前，基于"天河一号"，国家超级计算天津中心通过与中石油东方地球物理公司合作，如图 3-1-14 所示，基于技术改进和优化，在"天河一号"上先后完成多块上千平方千米的大连片项目：2010 年 11 月，天津超算中心与中石油东方地球物理公司（BGP）合作，在"天河一号"超级计算机系统上运行了 BGP 自主研发的 GeoEast-lightning 单（双）程波叠前深度偏移软件系统。最多利用 7100 个计算节点，在 16 h 内完成了我国最大面积的 1050 km² 、共计 7 万炮的石油地震勘探数据的复杂三维处理工作，取得了前所未有的好结果；2011 年 3 月，BGP 公司又在"天河一号"计算机系统上利用 7000 个节点，在 40 h 内完成了面积 680 km² 、共计 8 万炮的地震数据处理；2012 年 1 月，BGP 公司在"天河一号"上进行了第三批超大规模（2000 km²）三维石油数据处理工作，利用逆时叠前深度偏移处理方法进行地质勘探数据处理工作；2013 年 6 月，BGP 公司在"天河一号"上使用 1100 GPU 计算节点，使用 169 h 完成 194 万炮数据，是目前最大的 Geoeast 时间偏移项目。

时间	应用区块	运行概况	应用成效
2010年11月21日—11月30日	中亚某国1050 km²，深度5 km，700 GB数据	共70,000 炮数据，7100节点，16 h完成	当时规模最大
2011年3月3日—3月9日	中国东北某地区680 km²，深度9 km，1.4 TB数据	共80,000炮数据，7000节点，40 h完成	国内第一块逆时偏移生产项目
2011年12月29日—2012年1月9日	中亚某国2600 km²，深度5 km，2.2 TB数据	共217,900 炮数据，2000节点，65 h完成	目前规模最大的逆时偏移项目
2013年6月28日—2013年7月5日	中东某国340 km²高密度，偏移深度6 s，25 TB数据	共194万炮数据，1100 GPU节点，168 h完成	目前最大Geoeast时间偏移项目

图 3-1-14　中石油东方地球物理公司石油地震勘探数据处理成果

除了提供计算平台外，超级计算中心也为地震波数据的处理进行了一系列的研发：

1）抽道集程序优化

逆时偏移抽道集程序是将叠前逆时偏移成像后的成像结果按成像点和成像偏移距离进行重新排列，以便于后期进行成像噪音压制和成像效果提高的一个处理步骤。

在未优化程序前，处理 217,900 炮 ×500 M/炮数据，需要使用 1000 节点计算 60 小时的时间，与逆时偏移本身的运算时间相当。

通过修改并行作业管理机制，保证作业节点负载均衡；通过建立文件数据缓存机制，降低系统 I/O 负载；通过建立作业分组，提升数据通信规约效率。优化后，程序整体执行效果提升 5 倍。

2）三维波场数值模拟软件

三维地震波场的数值模拟是逆时偏移成像和全波形反演等石油数据处理算法中的核心模块。超算中心自主研发了"三维波场数值模拟软件"。软件中实现了基于低秩分解的谱方法、高阶有限差分方法、交错网格方法等多种波场数据模拟算法，能够有效地模拟地震波在起伏地表、复杂地质等条件下的传播情况。

未来，该中心将通过引进消耗吸收再创新以及联合研发等方式，逐步研发和配置具有国际先进水平的石油勘探处理软件系统，使得"天河一号"超级计算机成为国内石油勘探地震数据处理能力最强、处理速度最快的平台，为我国石油地球物理勘探技术提供"软硬"兼备的技术处理平台。

（4）大庆油田致力建设数字油田

1）背景介绍

从广义角度来看，数字油田是全面信息化数据化的油田，即指以信息为手段全面实现油田实体和企业的数字化、网络化和可视化。数字油田的建设对提高石油开发加工能力和管理决策水平、降低经营风险具有重大意义。数字油田的意义在于减少野外作业，提高巡检效率，实现实时监控，减少事故及损耗，实现产量精细化透明化管理，提高了准确性与实时性。

2）中国电信助力数字油田建设

①野外数据上报与查询。油田的物探、钻井、录井、测井等行业流动性强，多在野外，不仅通信费用高，而且容易造成口误，效率低下，对施工现场等数据回传与数据查询需求强烈。

②数据源头采集和远程监控：油田的采集、油气集输、供电、供水等行业区域跨度大，点多面广，环境恶劣，生产人员需定期从偏远而分散的地点获取生产数据。因此，需要继续解决数据源头采集和远程监控问题。

3）油田企业网边缘接入及移动办公

由于油田区域跨度大、点多面广、环境恶劣，油田企业网的边缘接入只能依靠无线方式，中国电信对数字油田的助力示意图如图 3-1-15 所示。

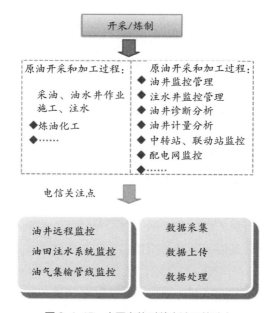

图 3-1-15　中国电信对数字油田的助力

4）大庆油田数字化建设

大庆油田正在致力于建设满足油田需求、优化信息资源配置的新时期的数字油田，实现全油田大数据的大统筹、大优化，建立集成统一的大平台。

大庆油田确定了"以信息化带动油田主营业务，以主营业务促进信息化，推进两化融合，探索新型工业化道路"的总体思路，明确了建设"数字油田"的目标，加深了对"两化融合"的理解。例如，勘探开发是油田的核心业务，大庆油田提出了"信息搭台，勘探开发唱戏"的信息化建设思路。同时，大庆油田还下大力气收集整理历史数据，并将其电子化，建立了勘探开发数据中心和综合研究环境，集成了油田勘探开发的各类数据，总量达到 100 TB 以上，实现了勘探开发信息一体化。在大庆数字油田建设的进程中，系统融合始终是一个衡量信息化建设效果的关键指标。通过建立勘探开发技术数据管理系统、油水井数据管理系统、数字盆地系统、知识系统、ERP 系统等，将油田的主营业务与信息系统紧密结合，提升了油田勘探开发综合研究、生产运营的水平，改变了传统模式，走上了"两化融合"的新型工业化道路。数字油田与大庆油田总体战略目标有着密不可分的联系。数字油田战略不仅是作为职能战略的信息化战略，同时也是大庆油田总体战略的一部分，这使得大庆数字油田发展战略不同于一般意义的信息化战略。在大庆油田提出的数字油田总体架构模型中，最顶端的战略层是"企业再造"，其含义是，大庆油田要通过建设数字油田实现"工业化与信息化的融合"，用信息化推动油田企业本身的升级和变革。

自动化与信息化结合是"两化融合"和数字油田的快速切入点。目前各个油田数据自动化采集需求较迫切，自发性的建设也比较积极，发展迅速。企业经过长期的研究和实践认识到，这种方式容易见到效果，能够有效地推动上层系统的建设。自动化与信息化结合是"两化融合"的新起点，也将成为数字油田建设的亮点。

目前，大庆油田的数字化建设情况具体如下：

①网络及 IT 基础设施情况：主干网络 2.5 G，弹性分组环，自修复；办公园区无线网络覆盖入网节点 80,000 多个，并行机 / 微机集群 100 多套，工作站 / 服务器 3000 多套，微机 80,000 多台。为油田科研、经营管理的应用提供了安全、稳定、高速的基础环境。

②数据库建设情况：数据库建设情况见表 3-1-2。主要由四大类数据库和三大主库数据中组成。其中 A1 为勘探开发研究数据主库，A2 为油水井生产管理信息数据主库，A3 为油田地理信息主库。

表 3-1-2　数据库建设情况

名称	存储地点	系统平台	数据采集
勘探数据库（属A_1）	研究院	ORACLE等	专业公司、研究院
开发数据库（属A_1，A_2）	采油厂、研究院	ORACLE等	采油厂、研究院
地面数据库（属A_2）	采油厂、设计院	ORACLE等，GeoMedia	采油厂、设计院
经营管理数据库（属A_3）	信息中心	ORACLE等	各级经营管理部门

③应用软件系统情况：在勘探、开发主营业务领域，主要应用国际上比较成熟的专业软件（见表 3-1-3）。

表 3-1-3　应用软件系统情况

应用领域	应用软件系统
地震处理	OMEGA，GRISYS，PARADIGM，PROMAX，GeoDepth，GREEN MOUNTAIN，3DPSDM，CGG
地震解释	Landmark，Geoframe，Strata，SeisVision，GEOPROBE，SMT，Jason油藏描述软件

续表

应用领域	应用软件系统
测井解释	Forward，GeoLog，GeoFarme，Landmark测井解释软件，NDS/log矢量化，PRIZM
地质分析与建模	FCM，PETREL，RMS，Discovery，Recon，DoubleFox，Carbon等
油藏数值模拟	ECLIPSE，VIP，PBRS
经济评价	TERAS，ExplorDES，OE等
采油工程	SCHLUMBERGER的压裂，酸化软件，压裂分析系统FracproPT，PIPESIM，PC-PUMP C-EFR油水井优化软件等
油田监测	SAPHIR，Smart2000等

④组织机构与队伍建设情况：随着信息技术在勘探开发领域的不断深入，逐步建设了由专家、学术技术带头人、信息技术人员、基层信息员组成的2000多人的信息专业队伍，完整健全的组织机构，如图3-1-16所示。各小队人员进行数据采集并上报到矿大队管理人员处，矿大队对采集的数据信息录入上报到各信息中心，信息中心对各项数据储存管理。油田公司信息中心对个信息中心进行行政管理，而各专业信息科室负责对信息中心提供专业技术管理和支持。

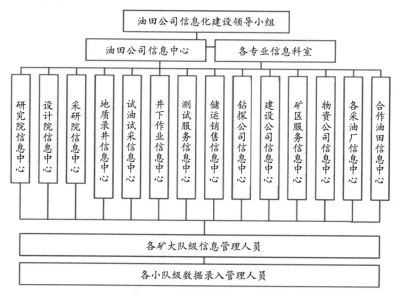

图3-1-16　油田公司信息化建设组织机构架构

⑤ SAP HANA 助力中国石化构建高效企业数据仓库：

中国石油化工集团公司（以下简称"中石化"）是中国特大型石油化

工企业集团。中石化以"为美好生活加油"作为企业使命。公司主营业务范围包括：实业投资及投资管理，石油、天然气的勘探、开采、储运（含管道运输）、销售和综合利用，石油化工程的勘探、设计、咨询、施工、安装，国际化仓储与物流业务等。

随着中石化工业务的不断扩大，财务报表系统数据量快速增长。大数据时代，企业所掌管的信息已成为其最主要的竞争力来源。而如何通过大数据分析技术对掌握的信息进行有效的管理和分析，从中发掘价值，已经成为现代企业从信息主管到首席信息官（CIO）最为关注的话题。作为全球最大企业之一，中石化业务领域涵盖整个石化行业的全部生态链，包含多条产品线并覆盖全国乃至全球的产销渠道体系。如果用树的枝干来比喻一家企业的产销渠道覆盖的产业链，那么中石化的业务则好比由盘结交错的参天大树组成的整片原始森林，对其产生的海量业务数据进行有效管理，难度可想而知。

中石化信息管理部副主任李剑锋表示，"随着这些年的深化应用，我们在经营管理层面，用户不断增多，业务面不断扩展，数据量也越来越大，随着大数据时代的到来，我们对大数据分析的要求也越来越高"。

中石化企业级数据仓库（EDW）系统承载中石化油田、炼油、化工、销售 4 个板块，87 家企业的财务报表系统，是中石化核心业务系统。EDW 数据库是中石化核心生产系统的底层数据库平台，负责数据仓库及相关职能部门辅助决策分析，其性能和稳定性直接关系到中石化的生产和运营。原 EDW 系统采用了 IBM 高端小型机和高端存储方案，但是存储和网络的 IO 瓶颈使得整个数据仓库性能无法满足生产需求。

● 数据量高速增长。中石化 EDW 系统支撑 87 家企业的财务和销售报表系统；现网 30 TB 数据，25 万余张表，后期数据量将快速增长到 100 TB。

● 分析需求灵活多变。中石化 EDW 系统承载中石化油田、炼油、化工、销售 4 个板块，87 家企业，需灵活扩展以满足变革需求。

● 现有系统不堪重负。前一天销售日报，第二天下午 3 点才可以看到数据；月结期间，主数据仓库运行压力大，进程大量积压，如涉及调整，时间大幅延迟。

● SAP HANA 助力中国石化构建高效企业数据仓库。中石化是上市公司，财务报表发布有明确时间要求，需要按时输出财务报表。

中石化是世界 500 强企业，拥有全球最大的数据仓库。该数据仓库支持超过 202 个 EMP 解决方案，包含了中石化所有的运营数据和财务数据，以及财务整合和大量运营报表。企业需要分析的数据规模增长很快，对于数据分析和处理的时效性要求也不断凸显。而传统的磁盘数据库，在数据处理的跨度、深度和灵活性方面，无法兼顾。正是出于这样的需求，以 SAP HANA 为代表的"内存计算"数据分析和处理解决方案正式走到台前，成为追求竞争力的企业对业务数据进行实时分析和处理的主要方式。

而与传统的 IT 基础架构部署相比，SAP HANA 这样的实时数据分析处理方案不能承载在普通的 IT 基础架构之上。由于涉及海量的业务数据且计算全部在系统内存中完成，支撑 9 个 2 TB HANA 数据仓库集群的 IT 基础设施，华为方案有着差异化的竞争力，具备分布式存储设计和更低时延更高带宽的存储网络。同时，对系统可靠性也有着非常高的要求，因为中石化 EDW 系统承载中石化集团公司 87 家单位日常财务数据实时分析处理任务，如果系统故障，则会为业务带来重大的损失。而由于业务数据的不断增长，用户对于整个系统的可扩容性同样有非常高的要求。

在中石化 EDW on HANA 项目中，共使用 2 套 HANA 超融合基础设施，包括生产环境规模为 8 + 1 个 2 T HANA 节点的集群系统和开发测试环境规模为 3 + 1 个 1 T HANA 节点的集群系统。其计算和存储集群采取物理分离部署方式，分别承载 HANA 内存计算和数据库日志卷、数据卷的持久化保存功能。

集群之间通过高性能 56 Gbps Infiniband 连接，结合华为自有的分布式存储引擎软件 Fusionstorage，以及作为日志卷的高性能 ES3000 PCIe SSD 卡，实现了低于业界平均 50%~75% 的数据时延。在分布式存储架构之下，华为 HANA 超融合基础设施方案可实现 1.2 GB/s 日志的写带宽，满足中石化数据库高性能操作特点。在所有 HANA 硬件解决方案供应商中，唯有华为采用了 Infiniband 网络和 PCIe SSD 和分布式块存储技术，这些技术很好地匹配了 HANA 内存数据库对低延时近乎苛刻的要求，华为 SAP HANA 解决方案相对其他厂商极具差异化竞争力。

承载于华为高端设备——FusionCube 融合基础设施之上的华为 SAP HANA 解决方案，在系统设计层面端到端保障系统高可靠性。整机采用全冗余设计，整体系统无单点故障。在设计上采用计算和存储模块物理分离的方式来保证可靠性，独到的多机头并发分布式存储技术在保证 20 倍数据重构速度（30 分钟恢复 1 T 数据）的同时，实现存储可靠性大幅提升。

华为 SAP HANA 超融合基础设施具备超大分布式存储缓存，56 Gbps Infiniband 网络带来 7~10 倍的存储网络带宽提升，并具备 2 倍更低端到端网络时延。种种先进的技术保证了华为 SAP HANA 超融合基础设施在复杂查询、ETL 数据抽取入库、数据生成等关键性能指标中的领先优势。同时，系统通过软硬件加速组件，进一步提速 HANA 软件，为客户带来了极速性能体验。

基于融合基础设施的华为 SAP HANA 解决方案支持预集成、预安装，针对服务器、存储和网络设备集中监控及运维自动化措施，其运维自动化特性能使企业 Opex 降低 30% 以上。同时，由于采用高集成度融合基础设施，机架占用空间仅相当于之前的 1/2 到 1/4。

同时，为保障中石化 EDW on HANA 项目的成功运行，华为联合 SAP 成立联合中石化保障团队。为了保障项目上线后的日常运转，华为提供最高级别的维护保障服务解决方案，并提供了备件先行服务，在响应时间和响应速度方面，尽快满足客户需要，同时还增加了现场技术支持等服务。

（5）中石化应用 SAP HANA 收益

实际运行结果印证了中石化选择华为 HANA 超融合基础设施解决方案的正确性，而在中石化 EDW on HANA 系统正式上线之后，其综合性能提升显著。月结业务处理平均提升 3~5 倍，系统综合性能提升显著。BP0 系统资源充足，负载高峰期运行稳定。BP0 PSA 至输出层面的处理链提升 4~6 倍，清洗、加载速度慢问题也得到了完美的解决。系统在月结业务负载高峰期系统运行稳定，年终结账也在创纪录的时间内完成。同时采用更通用、开放的 X86 架构平台，摆脱封闭的 IOE 体系。中石化信息管理部副主任李剑锋表示："经过一段时间的优化和测试，到目前为止，基于华为服务器的 SAP HANA 取得了卓越性能，在系统响应时间、数据分析、效果以及用户满意程度上，得到了大幅度提升。"

2. 国外应用案例

（1）微软为石化行业提供可靠的 IT 技术

大数据技术涉及数据的管理存储、处理、分析等，必然要得到 IT 企业的支持。一些 IT 企业为大数据技术在石化行业的应用制定了技术支持方案，提供了可靠的存储和分析技术。作为 IT 巨头微软的 MURA（microsoft upstream reference architecture）框架为大数据技术在石化行业的应用提供了平台。

MURA 为石化企业和 IT 技术公司之间搭建了沟通的桥梁。MURA 可以增强企业管理者对企业的洞察力，高效地处理行业相关的庞大数据，可以提高整个企业的生产效率及经营管理效率。下面简要介绍一下框架的一些功能：

　● 实时数据分析：高效的数据统计、分析、数据挖掘技术为实时处理庞大的数据提供保障。

● 复杂事件处理：事件流处理技术可以实时检测并处理本地或存储在"云"中的事件信息。

● 数据、技术集成化：信息技术人员在工作过程中会用到各种系统、软件工具来协同完成工作，在工作时，往往涉及的信息，其数据是相关或者相同的。这些工具或系统应该集成到一起实现无缝连接，这样可以避免数据在系统间的导入、导出，提高工作效率。

● 数据选择智能化：数据分析人员在工作过程中会接触数量庞大、种类繁多的数据，为了保证工作的效率就要通过工具来快速选择，寻找自己需要的数据，这样才能保证工作的高效性。

● 数据的存储和管理：优秀的数据储存和管理技术能及时捕捉到新生产的数据，同时高效地分析、处理运行中产生的数据。

（2）IBM大数据平台助力数字油田

同为传统的IT巨头，IBM在大数据技术上的步伐丝毫没落后，它为大数据技术在石化行业的应用提供了先进的技术平台。IBM大数据平台为石油、天然气公司提供了一个广泛的产品组合设计的解决方案，帮助石油、天然气公司利用大数据技术提高企业业绩，制定有效的战略决策。

● 实时自适应分析：能够实时捕捉数据和信息并进行分析，根据结果更新涉及的模型参数（如地理模型、钻井模型等），及时做出合理的决策。根据对石油开采过程中来自钻井、地下实时产生的数据分析结果，了解项目进展情况及设备运行状态，及早地做出相应决策，使项目高效运行。

● 优化数据搜索：石油天然气公司涉及结构化、非结构化的数据信息，对这些历史数据进行搜索时可能需要数周或数月。IBM的IfoSphere数据搜索技术大大地缩短了数据搜索时间。

● 改善操作与运行分析：企业应用大数据技术为了实现生产的安全性，提高生产效率以及降低成本。但是，复杂又庞大的数据给技术的实施带来了挑战，比如钻井或地下通过传感器实时传递的信息中带有大量的干扰，这些噪声会对数据分析的准确性造成影响，从而影响分析结果。InfoSphere Streams技术有助于解决这一问题。InfoSphere Streams技术不需要数据存储，在数据进入分析处理之前应用该技术可以达到"清理"数据的目的，能得到更快更准确的结果。这样管理者可以及时地了解项目进展情况，做出合理的决策，提高产量，减少停机时间，提高生产效率，提高生产安全性。

（3）壳牌公司

壳牌公司 1998 年开始在上游实施"智能油田"（smart oilfield）项目，通过先进的可视化技术，实时远程监控地质信息和生产信息；同时，将油井、地震、存储技术同 IT 技术结合，实现智能油井、油井或油田的举升优化、多领域生产系统建模优化生产和利用四维地震进行油藏管理。

（4）雪佛龙公司

雪佛龙公司专门成立了 3-D 可视化中心，有自己独自的团队来分析处理地震波数据和钻井数据，建立深度、多层地球全景图像。这为其大大降低了成本，提高了生产效率。

（5）Drillinginfo 公司

Drillinginfo 公司根据数千口钻井的信息建立了统计预测模型，能对给定区域油田的生产率给出预测，这样可以提前制订开采计划和资源分配，提高生产效率。

二、智能电网大数据

（一）智能电网——未来智能城市的能源基础设施

能源危机与环境污染是当今世界面临的共同挑战。为此，世界各国高度重视可再生能源的开发与利用。美国前总统奥巴马认为："引领新能源产业的国家将引领世界经济。"21 世纪以来人类已经进入了数字化社会，对电能质量和供电可靠性的要求越来越高；特别是近年来频发的大停电事故无不给相关地区带来重大的经济损失，严重影响人们正常的生产与生活，极大地威胁社会的稳定和人身的安全。因此，电网必须改革，以改善电力输送效率，整合可再生能源，提高可靠性，并加强生产者和用户的网络安全。这一使命将由智能电网（smart grid，SG）来完成。当前，智能电网已成为面向 21 世纪的重大能源战略，担负着实现产业革命和社会可持续发展的重任。需要强调的是，由于电能的使用效率高，且电能与其他能源之间的转换比较方便，所以智能电网会成为智能城市能源网的核心；而且由于智能电网的量测到户，所以其信息通信系统也将为智能城市的建设提供契机。

1. 智能电网的驱动力

智能电网的建设可以看作是电网的第二次智能化。电网的第一次智能化可以追溯到 20 世纪 70 年代，纽约大停电迫使美国政府高度重视电网的安全可靠问题。为此，在发电厂和220 kV以上变电站设备上安装了大量的远程终端单元（remote terminal unit，RTU），构建起了能量管理系统（energy management system，EMS）系统。然而，第一次智能化并未触及电网220 kV以下电压等级的部分，配电网仍处于"盲调"状态。配电网是与用户联系最紧密的部分之一，其运行状况直接影响到用户供电的可靠性。与电网的第一次智能化相比，智能电网的推动力更为强劲。

如图3-2-1所示，从人类社会发展与进步的广泛视角来看，智能电网的主要驱动力包括：①生态文明和社会可持续发展的要求（能源、资源压力以及气候和环境问题）；②数字化社会对电力供应的高可靠性和高质量要求；③提升国家和民族经济竞争力的需要。"引领新能源产业的国家将引领世界经济"，未来发展中国家是经济增长的主力军，市场极其巨大，而且会快速增长，中国的经验对世界各国的发展有很大的帮助。

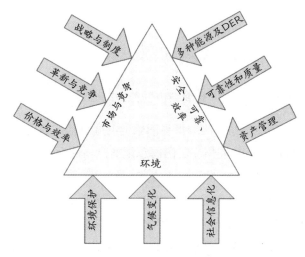

图 3-2-1　智能电网的驱动力

从电网的视角来看，智能电网的原动力包括如下四方面：

（1）保障大电网的安全稳定运行，降低大规模停电风险

近年来，世界上大面积连锁停电频繁发生，往往涉及面广、停电时间长、损失巨大。如美国8·14大停电所造成的经济损失约为60亿美元，充分暴露了传统电网的脆弱性。这就需要更加高级的电网的预警系统和控制工程系统，还需要电网具有更为灵活的结构。提高系统的全局可视化程度和预警能力，实现自愈，是增强电网的可靠性和避免因事故引起系统崩溃的关键。考虑到复杂大电网易受自然灾害和人为恶意攻击的脆弱性，未来的电网应成为更鲁棒、自治、自适应的基础设施，能够通过自愈的响应减小停电范围和

快速恢复供电。

（2）分布式电源的大量接入和充分利用

分布式发电是指利用各种可用的、分散存在的能源，包括可再生能源（太阳能、生物质能、小型风能、小型水能、波浪能等）和本地便于获取的化石类燃料（主要指天然气）进行发电供能，是分布式资源的清洁高效利用方式。其性能在迅速提升，价格在快速下降。在可再生的清洁能源中，太阳能和风能由于其在地理上是呈天然分式的，因此，分布式的太阳能和风能发电技术理应受到高度重视。同时，在负荷处的分布式冷热电联供能源系统（即 distributed energy system with compound cold，heat and power，DES／CCHP），由于能量的梯级利用而具有很高的效率。这些分布式电源由于靠近电力负荷，所以能够节省电网投资，提高供电可靠性，并降低网损。

当大量的分布式电源集成到电网中时，大多是直接接入各级配电网的，使得电网自上而下都形成了支路上潮流可双向流动的电力交换系统，但目前的配电网络是按单向潮流设计，不具备有效集成大量分布式电源的技术潜能，从而难以处理分布式电源的间歇性、多变性和不确定性，难以确保电网的可靠性和安全性。

（3）峰荷问题和需求侧管理问题

在传统电网中，由于还没有经济有效的大容量能量存储手段，电能的生产和消费必须随时保持平衡。而电力负荷是随时间而变化的。为满足供需平衡，电力设施必须根据全年电力的最高负荷，也就是峰荷来规划和建造。但由于每年需求数值达到峰荷附近的累积时间很短，导致电力资产利用率低下。美国配电网资产的投资占整个电网总资产的 75%，而配电网资产的年平均载荷率不足 44%，浪费了大量的固定资产投入。

调查表明，我国目前 10 kV 配电系统资产利用率比美国还低，大多数城市 10 kV 配电线路和变压器的年平均载荷率低于 30%。在年峰荷时刻，多数城市的 10 kV 馈线的平均载荷率在 50% 以下。解决上述问题的办法之一是缩小负荷曲线峰谷差。同时，为了应对电网偶然事件和电力负荷的不确定性，电力系统必须随时保持 10%～13% 的发电容量裕度（又称旋转备用），以确保可靠性和峰荷需求，这也增加了发电成本和对发电容量的需求。

幸运的是，现实系统中存在着大量能与电网友好合作的负荷。如电暖气、热水器、空调、电冰箱、洗衣机等电器在系统电力负荷高峰（电价高）时段可以暂停使用，而适当平移到供电不紧张（电价低）的电力负荷低谷时段再使用，帮助电网实现电力负荷曲线的削峰和填谷。

我国许多城市中居民用电在年典型峰荷日峰荷时刻的功率消耗可占到峰荷的 16%～30%。通过用户与电网的友好互动，如果可实现削减百分之几的峰荷，其所节约的电力（发电、输电和配电）资产额是十分巨大的，而且可以提高火电机组的热效率，降低网损。同时，商业用户和工业用户负荷，均具有与电网友好合作的潜力。

这种需求侧用户与电网之间的友好合作，在必要时，也可取代旋转备用，支持系统的安全运行。比如，在 2008 年年初的一天下午，美国得克萨斯州风力发电突然急剧下降：在 3 h 里发电量下降 1,300,000 kW。此时一个被紧急起动的需求响应程序使得大型工业和商业用户在 10 分钟内恢复了大部分失去的供电，起到了对此类间歇性电源波动性缓冲的作用。这一紧急需求响应程序启动的前提是电网公司与用户之间预先签订了协议。

上述电网与用户之间的互动，是智能电网的一个极其重要的特征。这种互动需要开放需求侧的电力市场，以达到电力公司与电力用户双赢的目的。

（4）各种针对电网的约束（提高可靠性、提高电能质量、节能降损和环保）日益严格

近 20 年，通信和信息技术得到了长足的发展。在 20 世纪 80 年代，美国内嵌芯片的计算机化的系统、装置和设备，以及自动化生产线上的敏感电子设备的电气负载还很有限。而在今天，这部分电力负荷的比重已升至 40% 以上，对电网的供电可靠性和电能质量提出了很高的要求。

调查表明，每年美国企业因电力中断和电能质量问题所耗掉的成本超过 1000 亿美元，相当于用户每花 1 美元买电，同时还得付出 50 美分以上的停电损失。其中，仅扰动和断电（不计大停电）每年造成的损失就达 790 亿美元。美国电力科学院（Electric Power Research Institute，EPRI）对未来 20～30 年用户对供电可靠性需求的预测表明，99.9999% 可靠性需求会从目前的 8%～10% 增加到 60%，而 99.9999999% 的可靠性需求会从目前的 0.6% 提升到 10%。现在的电网不仅满足不了数字化社会的这些需要，而且在数字化技术的自身应用方面也相对落后，特别是在配电网方面。随着产业结构的调整和产业升级，我国会有日益增多的数字化企业对供电可靠性和电能质量提出更高的要求。

2. 智能电网的特点

智能电网的特点是电力和信息的双向流动性，以便建立一个高度自动化、广泛分布的能量交换网络。为了实时地交换信息和达到设备层次上近乎

瞬时的供需平衡，把分布式计算和通信的优势引入电网 [7]。

（1）集成的能量与通信体系

在智能电网中，不仅输电网支路上的潮流是双向的，配电网支路上的潮流也可能是双向的，所以整个电网构成了电力交换系统，而且电所及之处都有可靠的双向通信。

（2）高度自动化与广泛分布式

目前我们对高度自动化这一点的认识可能比较多，但是在广泛分布式这方面认识还不够。当前，电力消费不断上升，燃料成本明显增加，大规模停电发生更加频繁。为何？因为我们的电力系统基本上是建立在只包括集中式煤、水、核能和天然气的广阔能源网基础之上的。于是引发了如下两方面的问题：

● 煤电占绝对比重，不仅环境污染严重，而且煤中所含能量转变成电能再输送到用户，用户所接收到的电能不到 40%。生态文明要求人类采用可再生能源，如太阳能、风能等，并且随着技术的发展，风电、光伏等可再生能源发电的效率日益提高，成本逐渐下降。这些可再生能源天然是分布式的，应该注意分布式的利用。

● 电网的投资很高，网损大，且供电可靠性不高，难以满足未来数字化社会对电能可靠性和电能质量的需求。而由冷热电联产的分布式利用、分布式可再生能源发电和储能等组成的广泛分布式电源来辅助集中式电源可缓解乃至解决这些问题。

因此，"如何处理数以万计的广泛分布的分布式电源和应对可再生的风能和太阳能发电的间歇性、多变性和不确定性，同时确保电网的安全性、可靠性和人身与设备安全，并激励市场"，就成了未来电网亟须解决的问题。

（3）电网运行需要满足负荷约束和安全运行约束

电网由于缺少经济可靠的储能措施，目前还无法大量存储电能，为了保障电网能安全稳定运行，发电机发出的功率扣除网损后必须与用户消耗的功率时刻保持平衡，所以传统电网中发电厂是完全被动地适应负荷需求的，电网也是按照全年峰值负荷时的需要建造的，因而电网资产的利用率低下。但是如前所述，用户系统中存在着大量能与电网友好合作的可平移负荷（如热水器、空调、电冰箱和电气车辆），在实时电价的激励下它们可能与电力公司互动，实现电网负荷的消峰填谷，帮助电网提高资产利用率和运行效率。

（4）智能电网通过使用监测、通信、控制和自动化技术，达到改善电力产生、分配和消费的目的

智能电网将能够分析、保护和优化其所有相互关联的组件（从发电、输电和配电网络到终端电力用户）的运行。智能电网将为电力客户提供他们需要的数据和工具，以便帮助他们科学地选择能源、高效地使用管理能源、做出满足他们个性化需求的最优投资决策和提高效率。智能电网将创造一个可持续发展和经济高效的电力系统，为电力供应商和用户提供一个充分合作的平台，实现全社会效益的最大化。

3.智能电网的总体设想

智能电网的总体设想是智能化、高效、包容、激励、机遇、重视质量、抗干扰能力（鲁棒性）强和环保等[29]，而不是单纯的智能化，或单纯的将智能化技术应用于电网。这些机能可以做如下简明解释。

（1）智能化

智能电网具有可遥感系统过载的能力和网络自动重构即"自愈"的能力，以防止或减轻潜在的停电；在系统需要做出人为无法实现的快速反应时，能根据电力公司、消费者和监管人员的要求，自主地工作。

（2）高效

在少增加乃至不增加基础设施的前提下，智能电网能最大化地满足日益增长的消费需求。

（3）包容

智能电网易于且能透明地接受任何种类的能源，包括太阳能和风能，能够集成各种已经得到市场证明并可以接入电网的优良技术，如成熟的储能技术。

（4）激励

智能电网使得消费者与电力公司之间能够实时地沟通，消费者从而可以根据个人偏好定制其电能消费。

（5）机遇

具有随时随地利用"即插即用"创新的能力，从而可创造新的机遇和市场。

（6）重视质量

能够提供数字化经济所需的可靠性和电能质量（如极小化电压的凹陷、尖峰、谐波、干扰和中断）。

（7）鲁棒

智能电网能自愈，更为分散，并采用了安全协议，因而系统能对恐怖袭

击、军事威胁、元件故障、自然灾害等扰动做出自愈的响应；是设想中的更
鲁棒电网，在紧急状态下能分片实现"自适应孤岛运行"，并且其后能够快
速恢复供电。

（8）环保

智能电网能减缓全球气候变化，提供可大幅度改善环境的切实有效的
途径。

因此，智能电网将像互联网那样改变人们的生活方式和工作方式，并激
励类似的变革。但由于其本身的复杂性且涉及广泛的利益相关者，智能电网
的实现需要漫长的过渡、持续的研发和多种技术的长期共存[27]。短期内，我
们可以着眼于实现一个较为智能的电网（smarter grid）。它利用已有的或不
久后就可配置的技术，使得目前的电网更有效；在提供优质电力的同时，也
创造相当大的社会效益。

4. 智能电网对智能城市发展的支撑作用

智能电网将为未来智能城市提供清洁、高效、可靠的能源基础，因此，
智能电网的建设能明显提高智能城市的效益，如电能的可靠性和电能质量提
高的收益；电力设备、人身和网络安全方面的收益——智能电网持续地进行
自我监测，及时找出可能危及其可靠性以及人身与设备安全的境况，为系统
和运行提供充分的安全保障；能源效率收益——城市智能电网的效率更高，
通过引导终端用户与电力公司互动进行需求侧管理，从而降低峰荷需求，减
少能源使用总量和能量损失；环境保护和可持续发展的收益——智能电网是
"绿色"的，通过支持分布式可再生能源的无缝接入以及鼓励电动车辆的推广
使用，可减少温室气体的排放，等等。总体来说，可以归结为以下几个方面。

（1）实现配电网的最优运行，达到经济高效

智能电网应用先进的监控技术，对运行状况进行实时监控并优化管理，
降低系统容载比，提高负荷率，使系统容量获得充分利用，从而可以延缓或
减少电网一次设备的投资。智能调度系统和灵活输电技术对智能站点的智能
控制以及与电力用户的实时双向交互，都可以优化系统的潮流分布，提高输
电网络的输送效率。同时，智能电网的建设将促进分布式能源的广泛应用，
在一定程度上降低电力远距离输送产生的网损，提高输电效率，推进低碳经
济发展，产生显著的经济效益和社会效益。如停电间隔和停电频率的大幅度
降低，少得多的电能质量扰动，有效地消除区域性大停电，大大地减轻对恐
怖主义和自然灾害的脆弱性，降低或缓解电价，为市场参与者提供新的选

择，更有效地运行和以很低的成本改善资产管理、网损电量和厂用电量的下降等。

（2）能够推动清洁能源的开发利用，促进环保与可持续发展

智能电网建设能够提高电网接纳绿色能源发电的能力，逐步由化石能源消耗为主转变到绿色清洁能源与化石能源并存的能源消耗结构调整，降低碳排放量，促进绿色经济发展。智能电网通过提升发电利用效率、输电效率和电能在终端用户的使用效率，以及推动水电、风能及太阳能等清洁能源开发利用，可以带来巨大的节能减排和化石能源替代效益，更充分地发挥电网在应对气候变化方面的重要作用。通过集成先进的信息、自动化、储能、运行控制和调度技术，能够对包括清洁能源在内的所有能源资源进行准确预测和优化调度，改善清洁能源发电的功率输出特性，解决大规模清洁能源接入带来的电网安全稳定运行问题，有效提高电网接纳清洁能源的能力，促进清洁能源的可持续开发和消纳。

（3）有利于推动电动汽车等环保型设备发展，增加终端电能消费，实现减排效益

智能电网为蓄电式交通工具和蓄电式农机的大规模使用提供了优化控制平台。从能源利用效率方面来讲，燃油为交通工具提供动力的能源转换效率很难再大幅度提升；而电能转换动能的效率可达 90%，加之蓄电池充电放电效率在 90%，所以从电到动力的效率超过 80%，因此，电动汽车较燃油汽车的能源转换效率可提高 1～2 倍以上。普通汽车 100 km 耗油 8 L 左右，而燃烧 8 升汽油将产生大约 19 kg 二氧化碳。根据电动汽车厂家提供的数据，考虑到充电过程中的损耗，与普通汽车相比，电动汽车 10 km 大约需要耗电 20 kW·h，造成 12 kg 的二氧化碳排放。电动汽车的普及可在相当大的程度上减少环境污染。

（二）智能电网中的电力大数据

1. 电力大数据的来源

高级量测体系（advanced metering infrastructure，AMI）的实施将为电网铺设最后一段双向通信，使电网从上到下处处可观测，如图 3-2-2 所示。

在以往的电网规划、建设、运行与维护过程中，借助 EMS 系统、在线运行监控系统、电力客服系统等，发电集团、电力公司、电力监管机构等组织积累了数量巨大的数据。同时，随着智能电网建设的实施和智能传感设备

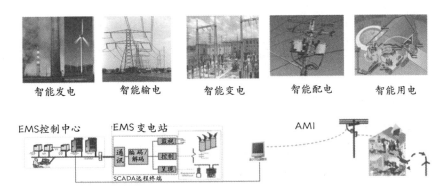

智能发电 智能输电 智能变电 智能配电 智能用电

图 3-2-2 智能电网中的高级量测体系

的大量安装使用，如 PMU/WAMS 装置、高级量测体系的普及，电力公司获取了史无前例的超大数量的数据，也即构成了智能电网背景下的电力大数据。这些纷繁复杂的数据来源于智能电表、配电自动化、数字保护装置、其他智能设备以及智能电网实施过程中产生的相关数据。图 3-2-3 所示为美国电科院预测的一个拥有一百万用户的电力公司随着智能电网实施的深入将伴随着的数据增长。由此可以看出，数据量大体是呈指数式增长的。

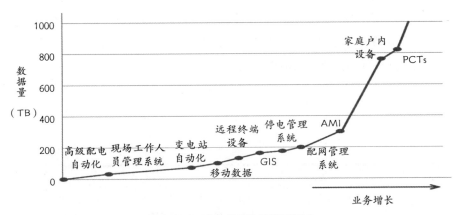

图 3-2-3 电力公司数据增长情况

以加拿大 BC Hydro 电力公司为例：该公司目前已安装了 178 万智能电表，相应的有 1650 个路由器。电表采集预先设定的每小时间隔量测值（如电量、平均电压等）、即时瞬间值（如瞬时电压、电流、有功和无功等）、事件及状态量产生的数据（在美国，智能电表的采样频率多为 15 分钟），则每块电表每天产生的数据量为 3.2 kB；与此相对应，数据中心每天将增加 11 GB 的数据，相当于 6 部以上的 720 P 电影。每年下来，BC Hydro 电力公司积累的数据量达到 4015 GB。

目前，我国已经广泛地推广智能电表的安装与应用。截至2015年，我国智能电表的安装量达到了3.2亿块左右。无疑这将使电力公司不得不面临海量的量测数据。

2. 电力大数据的特点

电力大数据具备大数据的一般特征。①体量大（volume），来源多：用电信息采集数据、客户服务中心数据、电力生产数据、设备运行监测数据。数据量巨大：用电信息采集数据，省年数据量为TB级。②类型多（variety），数据格式多样，包括结构化数据、半结构化数据、非结构化数据等，以及行业内外能源数据、天气数据等多类型的关联数据。③速度快（velocity），智能电网背景下，电力的生产应用、用户服务、统计分析等对实时性提出了更高的要求。

同时，依托于电力行业的特性，电力大数据还具备一些特殊的性质，如多时间尺度特性，即对于不同用途的应用或设备，其数据时间跨度或数据频度差别非常大，如图3-2-4所示。如，以发电和输电规划为目的的数据分析以年为时间度量，而设备故障数据需要以毫秒为单位进行分析和响应。某些数据分析应用还会有辅助的收益。例如，当电力公司向监管部门递交预算以更换过期设备时，电力公司可以提供详细的数据分析，说明哪些设备需要更换及在不更换的情况下其对电网造成的损害。

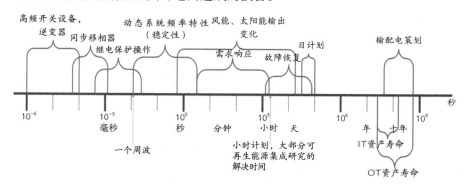

图 3-2-4　电力大数据多时间尺度特性

3. 电力大数据的分类

按照数据结构的不同，电力大数据可以分为：①结构化数据，即存储在关系数据库中的数据，目前电力系统中的大部分数据仍是这种形式，如电网拓扑数据、负荷数据、发电计划数据、检修计划数据、设备维护数据；②非结构化数据，即难以用数据库二维逻辑来便捷地描述的数据，在智能电网中，这类数据将占有很大的比重，如用户行为特性数据、远程监控系统获取的视频图像资料等；③半结构化数据，即介于上述两种数据类型之间的数据。

按照电网业务的不同，电力大数据可以分为：①电网运行监测数据，即表征电网运行状况的数据，如关键断面与骨干线路的实时潮流数据、系统的频率、发电厂的出力水平、关键变电站的负载状况、负荷中心的电压水平等；②电网运营数据或电力企业营销数据，如台账数据、直购电用户的购电数据、新能源发电的并网相关数据等；③电网管理数据或电力企业管理数据，如电力企业的资产数据、发展规划相关数据等；④其他数据，如与电网规划密切相关的地区经济发展数据、与新能源发电厂运行特性密切相关的气象数据等。

按照类型的不同，电力大数据可以分为：①描述性分析，即使用者分析历史数据、资产数据或电网数据进行模式识别，并分析、解释和还原系统或设备过去的状态或场景；②预测性分析，即提供前瞻性的分析，让使用者可以参与投资、资产维护或电网运行规划；③规范性分析，为使用者推荐关于最优运行策略、电网配置和在既定约束下线路路径选择的优化方案；④其他数据。

按照面向对象的不同，电力大数据可以分为：①用户数据分析，如电表数据分析、需求响应管理、用户分类等；②资产优化数据分析，如台区管理、变压器管理等；③电网优化数据分析，如电能质量管理、高级配电管理、停电管理、高级输电管理等；④其他数据。

（三）智能电网背景下电力大数据的价值、挑战与 R&D 机遇

电力大数据蕴藏了丰富的信息，未来的智能电网需要充分挖掘电力大数据的价值以优化电能的生产、传输、分配及消费的各个环节，实现智能电网的可靠、经济、高效、环保等愿景。

1. 与传统数据分析的区别与联系

数据分析方法并不是新的事物。电力公司多年前已经将数据分析方法学的方法用于多个领域，如用户分群和负荷预测。但是随着电力大数据的引入，这些工具的潜在规模、复杂度和应用场景均发生了变化。有时候，它反映在方法和技术的改进方面，例如对于负荷预测来说，这代表着更高的分辨

率和精确度。而在其他方面，数据分析方法是新应用的基础，例如智能电动汽车收费管理系统。新的数据分析元或分析工具也更可能利用通用的工程计算方法，使用预先设定的数学方法进行数据操作和分析。

与传统的数据分析相比，用于大数据分析的数据集合对象主要有三点区别。首先，传统模式多通过采样方式获得部分数据用于分析，大数据可以对收集到的所有海量数据进行分析，分析用的数据源由采样数据扩展至全部数据。在电力行业，这种数据源由采样数据扩展至全部数据，指用于分析的数据从传统的并不全面的数据，扩展至全系统全观测的数据，这主要是 AMI 在电力行业的广泛使用，使得传统电网中无法观测的数据通过 AMI 设备可以得到，进而用于分析。其次，分析用的数据源从传统单一领域的数据扩展到跨领域数据，大数据可以将不同领域的数据组合后进行分析。对于电力领域与其他领域的数据融合，最简单的例子即是将负荷历史数据与气象数据融合，进行负荷预测等数据分析。最后，传统数据分析更关心数据源与分析结果间的因果关系，大数据分析时数据源与分析结果间不再只是因果关系，基于有相关关系的数据源同样可以分析预测出正确的结果。用户的用电行为分析即可归为这一类，用户间的负荷数据不存在因果关系，但是其间必定存在关联，这时就可用大数据分析的方法得出结果。

过去，单一的数据或少量数据的组合能够说明一些问题，但是这远远不能揭示大数据下数据集合所蕴含的信息。如图 3-2-5 所示，单一的电力输配数据的价值随时间推移而减少，但对于不同时间范围数据的综合分析能够产生原本单一数据不具备或不反映的信息，其价值随时间推移而显著提高，这是大数据产生效益的基本原理之一。电力公司应根据需要，充分发挥数据在其生命周期内的价值。

2. 电力大数据价值的多维视角

对于不同的数据使用主体，电力大数据具备不同的潜在应用价值。如对于电力公司而言，电力大数据的充分利用可以为其提升生产管理、加强电网的运行监控、改善规划决策的科学性等提供有力的支撑；而对于电力用户而言，电力大数据具有改善其服务质量与体验的重要价值。

电力大数据涵盖了电力规划与运行所需的所有支撑性数据，因此，电力大数据的分析与信息挖掘对于实现未来智能电网中的科学合理规划与安全高效运行来说意义重大。如 3-2-6 所示，对于电力系统规划领域，电力大数据使得从全社会价值与全生命周期的视角管理智能电网的规划与投资决策变为可能；如图 3-2-7 所示，对于电力系统运行领域，电力大数据可以为电网运行人员有效地监控电网、科学地制定运行决策、合理地采取控制措施提供极具价值的参考。

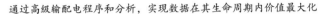

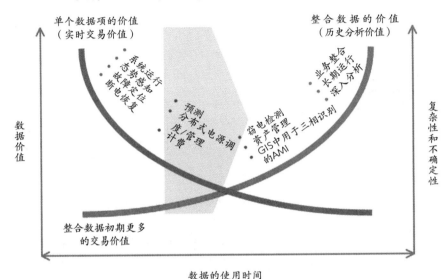

图 3-2-5　电力大数据的价值特性

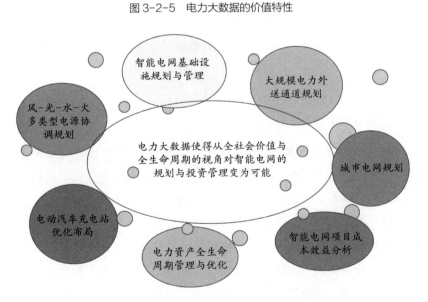

图 3-2-6　在电网规划与投资领域，电力大数据的价值

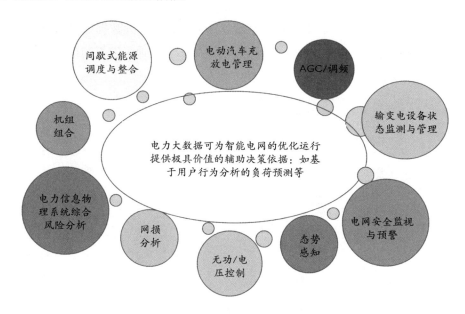

图 3-2-7　电力大数据在电网优化运行领域的价值

　　绿色科技媒体（Greentech Media Company）和 SAS 指出智能电网中应用大数据技术的十大推动力为：AMI 系统的投资回收，负荷侧管理与需求侧响应，资产管理，极端天气下的电网运行管理，窃电与非技术性网损，可再生能源与电动汽车接入，借助地理信息可视化展示电网运行状况，传统电网的智能模式，现有电网 IT 结构缺乏有效数据共享与交流的机制，其他。

　　埃森哲（Acentrue）对智能电网中的大数据价值进行了调研，给出了最具应用价值的分析领域，如图 3-2-8 所示。

　　3. 智能电网中电力大数据典型的应用实践

　　当前，电力大数据的开发与应用已经得到了世界各国的高度关注，涌现出一大批面向电力大数据分析与应用的研究机构与企业。这些机构与企业一般分为如下几类：一是电力大数据资源的拥有者，力争充分挖掘大数据的资源，以改善其服务、制定企业发展规划、创新商业模式等，如大部分电力企业，他们已拥有丰富的电力大数据资源，但缺乏足够的数据分析与挖掘能力，尚未充分利用电力大数据的价值；二是专注于为电力大数据拥有者提供数据存储、管理、分析与挖掘服务的公司，他们一般具有良好的数据分析技术与人才，如近年来涌现的美国 C3 公司等一大批新型企业；三是兼具电力大数据拥有者和电力大数据分析与服务提供商双重角色的企业。IBM、思科、IDC、Oracle、GTM Research、HP 等机构陆续发布了智能电网 / 电力大数

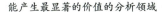

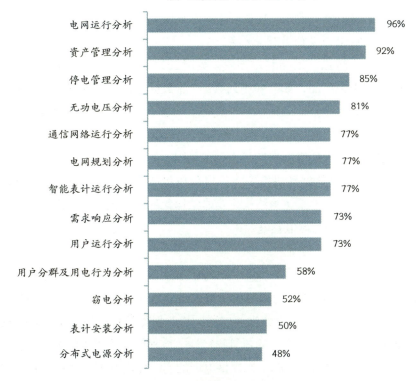

能产生最显著的价值的分析领域

分析领域	百分比
电网运行分析	96%
资产管理分析	92%
停电管理分析	85%
无功电压分析	81%
通信网络运行分析	77%
电网规划分析	77%
智能表计运行分析	77%
需求响应分析	73%
用户运行分析	73%
用户分群及用电行为分析	58%
窃电分析	52%
表计安装分析	50%
分布式电源分析	48%

图 3-2-8　电力大数据最具应用价值的研究领域

数据来源：Accenture's Digitally Enabled Grid Program，2013 Executive Survey

据白皮书。美国电科院 (EPRI) 已开展为期 5 年的电力大数据科研项目：输电网现代化示范项目（Transmission Modernization Demonstration，TMD）；配电网现代化示范项目（Distribution Modernization Demonstration，DMD）。中国电机工程学会于 2013 年发布了《中国电力大数据发展白皮书 (2013)》，中国电力科学研究院于 2014 年发布了《智能电网电力大数据白皮书》，系统总结了智能电网大数据国内外的研究与应用现状，归纳了智能电网大数据发展的驱动力和面临的挑战，制定了相应的电力大数据发展路线图，为我国科学的开展智能电网大数据的研究与开发提供有益的参考。

　　总体上，在电力大数据的开发与利用上，美国重点关注如何借助大数据来改善电网的可靠性、停电管理、配网运行的经济性等；而欧洲更关注如何有效接入大量的风电与光伏、管理电动汽车等新型负荷；我国已开展"智能配用电大数据应用关键技术"和"输电线路状态检测大数据应用关键技术""基于电网设备状态监测的大数据应用""基于营配贯通的大数据应

147

用""基于用电信息的大数据应用"等领域的研究。

接下来对电力大数据应用的若干典型案例进行介绍。

（1）IBM 电力大数据解决方案

在电力大数据开发与利用方面，美国 IBM 公司开发了一系列面向电力公司的数据服务产品，如时间序列数据 / 流数据分析、数据安全、数据仓库存储、数据挖掘等分析工具，并将其应用于基于大数据的机组组合优化、智能电表数据管理、负荷预测、配电网监控、电动汽车充放电管理等。

据报道，丹麦的维斯塔斯风力技术集团，通过在世界上最大的超级计算机上部署 IBM 大数据解决方案，得以分析包括 PB 量级气象报告、潮汐相位、地理空间、卫星图像等结构化及非结构化的海量数据，从而优化了风力涡轮机布局，提高了风电发电效率。

（2）美国 C3 公司案例

近年来，身兼电力大数据系统的维护者、监测者与数据分析服务提供商等多种角色的美国 C3 公司以提供付费软件和有偿数据服务为主要的盈利模式。该公司自主研发了 C3 数据集成器，基于此实现了电力公司的仪表数据、能耗数据等内部数据与用户的建筑物特性、地理信息等多种数据的整合；借助 C3 Energy Analytics Engine，提供电网的实时监测与即时数据分析等多种服务。

美国 C3 公司历时 5 年，开发了实时电力大数据分析系统，可实现电网分析与用户分析等多种数据服务。在电网分析中，该公司借助电力大数据与相应的分析引擎，重点关注的应用场景包括收益保护（如用户窃电管理）、用户可靠性与安全性的改善、用户细分 & 目标定位、无功优化、停电分析、预测 & 恢复、资产 & 系统风险分析、需求响应、AMI 运行、电压优化、变电站自动化等；在用户分析方面，可实现对企业用户、商业用户和居民用户的行为分析。

（3）中国电科院大数据平台

近年来，中国电科院开展了电力大数据与战略的相关研究，在面向大数据的能效分析与需求响应关键技术、基于大规模有源配电网大数据的基础计算与优化关键技术等领域展开探索。

（4）高知特（Cognizant）：智能电表量测事件数据开发与利用

大部分企业与研究机构已经充分认识到智能点量测数据的价值，并积极开展相关分析方法与工具的研究。然而，目前已有研究多集中于电能、电压与电流等量测数据的应用，较少关注智能电表量测事件数据的研究。为此，

Cognizant 公司对包括电表或装置状态事件、电能质量事件、电表或设别篡改标志事件、电表硬件信息等在内的数据进行分析与利用，以改善故障管理、电能质量，实现智能电表网络的运行与监视等。

（5）配电变压器故障预警和主动更换

美国的佛罗里达电力电灯公司（FPL Group）拥有 470 万电力用户，是美国较大的电力公司之一。基于 2009 年得到美国能源部的资助，开始实施 AMI。在之后的运营和数据分析中，FPL 发现了一个有趣的现象：在配电变压器故障报废停运前的一段持续时间里，处于相应变压器二次侧的用户智能电表都显示出异常高的电压水平。对变压器的故障机理深入剖析后发现，变压器的最终故障停运主要是其高压侧绕组损坏所致。由于高压绕组损坏而导致变压器变比发生变化，使得二次侧电压高于正常值。这属于渐进式的故障，从高压绕组最初的损坏到变压器完全故障停运通常可持续 2~3 个月。得到这一规律后，FPL 于 2012 年启动了试点项目，开发了专门的智能电表数据分析元，通过持续监察和分析智能电表的电压量测值，结合公司的地理信息系统（GIS），识别已有损坏但仍然带电运行的配电变压器，对其最终停运时间进行预测，并结合公司的运行维护计划，制定方案，有计划地对这些变压器在其停运前进行更新。项目开始的第一个月（2012 年 11 月），就发现了 372 台符合此条件的变压器（公司变压器总数在 87.9 万台左右）。截至 2013 年 1 月，也已更换 452 台配电变压器（以电压高于 252V 为判据，240V 为额定电压），它们大都是服务年限高于 15 年的老变压器。通过这一项目，FPL 在系统运营方面获得了显著的收益，包括变被动故障为主动的计划停运维护，变压器更新开支平均节省 25%，缩短了用户的停电时间（比故障停运情形减少 93 分钟），减少用户投诉并增加了用户满意度。加拿大的 BC Hydro 也正在部署类似的数据分析元。

（6）配电网拓扑校验

电力公司利用 GIS 系统记录配电网的资产及其在系统里的拓扑连接关系，包括用户与台区或配电变压器的关系，配变与馈线的关系。但是长久以来，由于种种原因，GIS 里的拓扑连接信息含有许多错误。这些错误对有效的资产管理、维护、故障响应、系统运行及现场人员的人身安全都有不良的影响。为了解决这些问题，电力公司通常是通过制定严格的流程，促使相关人员在进行操作后及时更新系统记录；也会定期组织专有的人力排查，以期减少这些错误信息。结果是花费很大，却难以达到预想的效果。主要是配电系统范围太大，新的操作每天也在不断地发生。

2012 年，加拿大的 BC Hydro 开发了智能电表数据分析元，用以识别和修正在 GIS 系统中的配网拓扑连接关系方面的错误，收效显著。

众所周知，在配电网中，由于各处负荷的不确定性，电压常常在变动。电气距离相近的负荷，其电压波动曲线比较接近（相关度高）；而电气距离较远的负荷，其电压波动曲线相似度则较低（相关度低）。同时，由于配电网是以辐射状拓扑运行，电压的幅值高低代表着用户节点在线路上的上下游位置关系。根据这两个特点，数据分析元针对 GIS 系统中同一台区变压器下用户和相邻台区变压器下的所有用户，利用其连续一段时间（两周）的智能电表每小时的序列电压量测值进行电压曲线相关度分析，再结合 GIS 现有的拓扑信息，判断其是否正确。

以上部分介绍电力大数据在国内外应用的一些典型案例，总体上而言，目前电力大数据在智能电网中应用的广度和深度仍有待于进一步开发。此外，笔者认为，电力大数据在如下领域应用值得重点关注。

（7）基于电力大数据的分布式发电电网平价前景分析

电网平价是指一种电力技术使其发电成本与现有电力成本持平的能力，获得这种能力本应促成清洁能源改变行业格局的时刻的到来。当太阳能电池板和风力涡轮机产生电力的价格跟煤电一样便宜时，市场的无形之手将把这些清洁能源技术从世界能源经济的边缘引向主流，政府也没必要补贴了。因此，有关分布式光伏等新能源发电与电网平价的研究，对于国家制定分布式光伏产业的相关引导政策、电力企业未来的发展规划等具有重要参考价值。为科学地分析电网平价到来的时刻，需要合理地计及清洁能源和传统火电的供电成本。

日益兴起的清洁能源是指对环境无污染或较少有污染的能源，其中包括水能、太阳能、风能、地热能、海洋能等可再生能源。清洁能源发电系统联网对于缓解传统电网供电压力，改变能源结构具有重要作用。清洁能源发电系统多以分布式发电的形式接入公用电网。而智能电网的一大特征就是能够接纳大量的分布式电源，即插即用。虽然清洁能源有诸多优点，但是目前清洁能源发电的设备成本还比较高，且以太阳能、风能、潮汐能为代表的大部分可再生能源具有不确定性、间歇性、多变性的特征，这些可再生能源的开发与利用高度依赖智能电网的建设。

需要注意的是，传统火力发电会产生大量的排放物，不仅包括二氧化硫、氮氧化合物等污染物，还包括大量的温室气体二氧化碳。其中，二氧化硫、氮氧化合物等污染物虽然可经过脱硫脱硝等方式进行治理，但是处理后仍然有 10%～30% 的污染物排放到环境中，这些污染物将对民众身体健康、农作物的产量、建筑物的使用年限等都产生严重影响；二氧化碳的排放是全球共同关注的问题，随着环保意识的增强和全球碳市场的发展，碳指标的价值日益凸显。这些在电网平价的研究中均需要计及。

此外，供电的可靠性是有价值的，即停电事故将给数字化社会里的电力用户带来巨大损失。美国劳伦斯伯克利国家实验室通过对全社会的调查发现，中等情境下单位缺供电量导致的损失将达到 100 美元 / 千瓦时。

综合上述因素可知，如果在电网平价的研究中，我们以全社会成本为计算标准，那么不但需要计及设备、网损、运维等传统费用，还要计及环境价值、可靠性价值等非直接成本。

然而，要比较准确地计算两种发电方式的成本需要大量的数据。例如，考虑到由于区域之间存在明显的差异，各地区的政策也会有明显的不同，因此电网平价的分析不仅需要传统火电机组的燃煤效率、污染物排放率等统计数据，还需要区域差异性的气象信息、各地区的政策策略、污染物对社会的危害数据、设备制造行业的成本预测数据、可靠性价值的调查数据，等等。这些不再是电力行业内的问题，也涉及环保技术、用户调查、环境经济学、政策偏好等各个方面。如果有大数据平台的支撑，找到各类数据之间的关联关系和各个行业之间的关联关系，必然可以使得电网平价的预测更加准确。

（8）基于负荷分解技术的电力大数据的应用

负荷分解技术是一种全新的电力负荷用电信息采集与分析技术。这种技术通过对电力负荷电气信息总量的测量和分析便可知晓总负荷内部每个或每类电气设备的用电状态信息和用电规律，而无须像传统监测技术那样为每个感兴趣的电气设备都配备带有数字通信功能的传感器。若把传统的监测方式称作"侵入式"电力负荷监测，那么负荷分解技术可被形象地称作"非侵入式"电力负荷监测。下面简述基于负荷分解技术的电力大数据应用。

1）积累优良的数据资产

负荷分解技术可以获得用户内部设备级的负荷用电状态信息。首先从精细程度上讲，这些信息是目前的电力负荷总量采集与监测技术（如智能电表量测）无法获取的，而且从技术方案实现的经济成本、操作成本，监测系统的可靠性、可覆盖范围、推广难易程度和信息系统的数据完整性上讲，负荷分解技术与侵入式电力负荷监测方案（如传统的分项计量方案）相比，更是具有无可比拟的优势。因此，负荷分解技术适合作为电力大数据应用的核心支撑技术之一，用于积累信息颗粒程度，数据获取及时性、完整性、一致性等方面优良的数据资产。

2）升级现有功能与业务

基于负荷分解技术积累的负荷用电细节信息提供了一个空前精细的关于用户电能消耗的巨大样本库，通过对这些信息的统计分析可以挖掘出关于用户用电更有价值的统计规律，而用电状态信息和用电统计规律可用于优化电网规划、运行和管理功能，以升级电力公司的相关业务。

①电网规划与运行管理：首先，利用一定规模（可能是大数据量级）的负荷用电细节信息，电力公司可以得到设备级或设备分类级的电力负荷用电统计规律，并据此更准确地预测出各种地理尺度（从微型小区到整座城市）和各种时间尺度（短期和中长期）的居民负荷空间密度分布图和居民负荷总量时间分布曲线，从而提高规划方案的科学性，保证电网的实时安全经济运行。其次，通过对负荷用电细节信息的统计分析，电力公司可以得到精度更高的负荷模型（负荷电压特性）并用于电力系统稳定性仿真，从而提高仿真所得稳定极限的精度，降低目前由于负荷模型的保守性所带来的（可能是巨大的）经济损失。电力负荷预测和分析的附加价值还在于：可以发现异常用电，查找电能损耗，同时电力公司也可以通过汇总用户能耗分项计量结果评估整个网络的节能降损潜力，并以此验证投资的有效程度，评估电力公司的能效项目，以帮助其更合理地分配资金。此外，近乎实时的电力负荷用电细节信息有助于停电故障的准确定位和快速修复。

②客户服务：客户服务包括（但不限于）客户细分、电费核算升级、用户能效增值服务这三项内容。电力公司利用负荷分解技术能够更加准确地了解用户侧的电能消耗的过程，从而可为用户提供更准确、更可信的分项电费核算账单，进而通过统计分析，电力公司能够科学地总结出更合理的客户分类（可以是多维度、多角度、多层次的），从而在完善电力客户服务体系与机制的基础上，为不同客户定制个性化的资费形式；而且，依据客户间分项能耗的纵向与横向对比结果，电力公司可以为客户其提供科学的节能咨询服务，包括分析与评估用户节电降耗潜力和有针对性地制定切实可行的节电改造或能效升级方案（或建议）等。这些服务与应用不仅能够刺激用户更高效地利用能源资源，提升用户体验，而且有助于提高电力企业信誉度。

③电力需求侧管理：首先，近实时的负荷用电细节信息和负荷用电设备级统计规律能够帮助电力公司更科学地制定动态电价与需求响应激励政策，或者开发相关应用程序和新的服务模式鼓励电力用户在不影响以往生活习惯的情况下与电网互动。在正常运行情况下，电力公司可以通过需求响应协议或动态电价，激励电力用户与电网公司友好互动，实现削峰填谷，从而提高

电力资产的利用率和电力系统运行的经济性与可靠性；在紧急情况下，可通过需求响应协议实现紧急甩负荷来达到提高稳定性和防止系统崩溃的目的。此外，负荷用电细节信息还可用于核实用户设备确实按照需求响应协议对电网需求做出了正确响应（甩负荷核实）。

其次，利用负荷分解技术，电力公司可以（在无须额外增加监测设备的情况下）检测不同类型分布式能源（包括电动汽车）的接入及其发受电状态，从而在分布式电源渗透率不断提高的大背景下，掌握分布式能源项目的并网信息和明确分布式电源接入为电网带来的安全性风险，为电网有效管理分布式能源（与电网互动）提供依据。需要提到的是，负荷分解技术监测到的光伏发电状态可以用于稽查光伏并网项目的骗补贴行为，降低相关经济损失。

最后，通过对大量负荷用电细节数据的统计分析，电力公司能够总结出居民用户、商业用户及工业用户等不同类型用户的用电特性，据此可以检测和辨识出目前广泛存在的违约用电和盗窃电行为，从而帮助改善和维护用电秩序，切实维护电力公司的经济利益。

这三方面的典型用例足以证明基于负荷分解技术的电力大数据分析能够有力地推动需求侧管理平台的建设，健全需求侧管理体系，拓展需求侧管理相关应用。

④拓展职能和业务范畴：除了完善和升级电力行业内部的典型功能和业务，涵盖用户用电细节信息的大数据积累能够极大地拓展电力公司的职能和业务范畴至诸多电力相关领域，从而带来广泛的社会效益，有望使电力公司成为举足轻重的能源数据（以电能为中心、兼顾水、油、气等能源形式）分析服务领域的引领者，帮助电力公司拓展出电动汽车、智能家居、楼宇系统自动化、能效综合管理等多种跨专业的创新型增值业务，从而实现以能源生产为主体向以服务用户为主体的时代转型。

4. 智能电网中大数据应用的挑战与 R&D 机遇

大数据具有巨大的价值，然而其开发与利用仍面临诸多的挑战。电力大数据价值的充分挖掘高度依赖于大数据的存储、处理、分析、应用等技术领域的进步。以下将探讨其中的一些关键性挑战以及潜在的 R&D 机遇。

Cognizant 公司认为智能电表量测数据应用的关键在于"如何开发系统，以不断地将数据转化为实用的信息，并根据信息决策确立相关模型"。为此，需要数据滤波、监测算法、相关分析、回归分析、关联范式、数据聚类与因素分析等关键逻辑 / 统计分析技术的进步。

GTM&SAS 指出 2012 至 2015 年间需重点开展的电力大数据分析技术包括：多元技术集中可视化的空间与形象分析技术，故障恢复，电网优化 & 电能质量，峰值负荷管理 & 能源投资分析，资产管理分析 & 资产预防维护，服务质量分析，收益保护（窃电 & 非技术性网损），用户行为分析，家庭用电管理，分时电价，可再生能源与储能分析等。

Accenture 公司针对开发利用大数据所面临的挑战进行了调查研究。其中，超过半数的企业认为数据的安全性是最主要的挑战，在参与调查的企业与个人中，有 41% 表示缺乏开发利用大数据的明确方向。

笔者认为，为了实现电力大数据价值的最大化，需要以下保障。

（1）大数据的共享与安全

电力大数据的安全和隐私保护以及信息访问（例如，数据访问权利）的不确定性都会阻碍一些智能电网解决方案的采用。

为了涵盖电网外部（如能源互联网、智能交通等）的系统，智能电网信息技术（IT）的范围必将扩大，这样在产生有益数据的同时，也将引发新的安全问题。

良好的基础设施必须确保数据安全、电网安全和智能电网技术的进步。

（2）信息的有效管理

数据的发生已经呈指数地扩大，而且这一趋势必将继续。借助于各装置之间的通信和即将配置的以数十亿计的先进传感器，将会获得巨量数据。这就产生了数据挖掘、分析、储存和管理大数据集方面的新挑战，以便能为电网最优化、负载平衡、业务计划和其他目的而抽取有意义的信息。在数据库的中央分享、数据使用信息和数据适用性逐年增加的同时，数据集的兼容性将会继续是一个问题。

（四）小结

面向 21 世纪的智能电网将是未来智能城市建设与发展的重要能源基础设施，其建设将使电力数据量急剧膨胀，构成极具应用价值的电力大数据。如何结合智能电网的特性，充分挖掘电力大数据的价值，为智能城市提供更为清洁、高效与可靠的电力供应，已成为国内外关注的焦点。

本部分从智能电网的驱动力与特性入手，介绍了智能电网的基本理念及其对于未来智能城市的重要意义，进而介绍了电力大数据的来源和特性，归纳了智能电网背景下电力大数据的典型应用案例。最后，总结了在电力大数据开发与利用中亟须解决的挑战性问题。

电力大数据价值的充分挖掘，依赖于电力、数学、信息、计算机等众多领域专家的共同努力！

三、钢铁产业大数据

（一）大数据时代钢铁产业面临的挑战

当前，我国经济已进入由高速增长向中高速增长转换的新常态，一是经济从高速增长转为中高速增长，二是经济结构不断优化升级，三是从要素驱动、投资驱动转向创新驱动，从高速增长转为中高速增长。在这一背景下钢铁行业也呈现出新的、长期的发展特点。新常态下我国钢铁消费已进入峰值弧顶区，消费的质量和个性化需求越来越高，钢铁行业由原来的依靠数量扩张和价格竞争逐步向依靠质量、差异化竞争转变。中国钢铁业的发展轨迹呈现"三低一高"，即低需求增长、低钢材价格、钢企低效益和行业高压力。新常态为钢铁行业产业转型发展提供了外部空间和发展动力，结构调整步伐将进一步加快。另外，国内钢铁行业产能严重过剩，而近几年低端产品的同质化竞争愈发严重，并逐渐向中高端转移。但值得注意的是，我国每年仍需大量进口高端钢材以弥补国内品种结构的不足。化解当前钢铁行业产能严重过剩的一个重点就是扩大内需消化，而消化的关键取决于我国钢铁行业不断提升自主技术创新能力和国际竞争力。随着下游制造业不断向高端发展，他们对钢铁等原料提出了更高的要求，为满足不断提升的下游需求，需要加快钢铁产品升级换代的步伐，进一步提高劳动生产率、降低成本、节能环保、稳定质量。

多年以来，以两化融合为标志的应用新一代信息技术对传统行业进行改造的进程一直在进行着。作为传统的流程制造业，钢铁行业的两化融合水平过去一直居于前列。但随着信息技术的发展，云计算、大数据、物联网等新兴技术的出现，以体现信息技术与制造技术深度融合的数字化、网络化、智能化制造正不断发展，未来钢铁等基础行业与互联网、云计算、大数据等结合将成为大势所趋。严峻的市场环境迫使钢铁行业必须按照"互联网＋"行动计划，大力发展以数据、信息和知识为核心的智能化冶金制造技术，打造以大数据为支撑的钢铁电商智能化全生态链，充分利用现有资源，推动信息化与工业化的融合，并在不断创新商业模式中发现新的商机，以推动钢铁工业技术创新和转型升级，实现可持续发展。

在中国经济转型升级的重大历史时期中，钢铁企业要想切实实现转型升级，就必须从发展方式上彻底转型，创新产业发展模式和商业发展模式。在世界经济的大数据时代，数据已成为最重要的经营资源，大数据无疑在企业转型升级中发挥巨大的推进与牵引作用。对于钢铁行业而言，主动拥抱大数据，将更好地在产业转型期占据先机，提升市场竞争力。牵手大数据，有利于构建一个基于大数据应用的钢铁行业发展生态产业链，在获取数据资产的同时，通过重构商业模式，实现数据资产向数据资本的转化，迎来钢铁的可持续性发展。有效利用和开发大数据的潜在商业价值，是钢铁企业走出同质化竞争迷局、摆脱全行业亏损困境的重要途径。

（二）产业宏观政策

1. 我国钢铁行业信息化现状

经过长期的信息化建设，钢铁行业工业化和信息化相互促进，融合程度不断加深。钢铁企业在工艺装备、流程优化、企业管理、市场营销和节能减排等方面的信息化水平大幅提升，并加速向集成应用转变。目前，基础自动化已在我国钢铁行业普及应用，重点钢铁企业已全面实施生产制造执行系统，主要钢铁企业实现了企业管理信息化，并逐步形成了多层次、多角度的信息化整体解决方案。主要体现在以下几方面：

● 钢铁企业逐渐对信息化建设加深重视：对信息化的资金投入提升，企业信息化的管理体系逐步确立，企业最高决策层逐渐领衔信息化。

● 钢铁企业信息基础设施建设逐步完善：信息网络建设快速发展，网络信息安全防范意识增强，信息队伍逐渐强大。

● 钢铁企业在各单项业务环节中的应用基本实现信息化：基础自动化控制系统和生产过程控制系统基本配置，车间级制造执行管理信息系统已普及，内部供应链管理信息系统已基本建成。

● 部分大中型企业基本实现了管控衔接、产销一体、业财无缝：部分重点大中型钢企基本实现了管控衔接，部分重点大中型钢铁企业实现了产销一体化，大中型重点钢铁企业基本实现了业务与财务的无缝衔接。

● 少数钢铁企业正向全面信息化的深度和广度发展：钢铁产品的全生命周期管控主要体现在对新品的研发、生产制造和客户服务方面；企业智能管控主要通过协同与创新实现公司业务在信息系统中全面贯通、整合；产业链集成主要体现在企业通过电子商务平台的建设建立与客户和供应商的综合集成。

2．"中国制造 2025"助推钢铁行业转型

"中国制造 2025"将成为我国从制造大国转向制造强国的纲领性文件。钢铁行业作为制造业的重要组成部分，有望借此东风促进行业的转型升级。"中国制造 2025"规划提出，立足国情，立足现实，力争通过"三步走"实现制造强国的战略目标：第一步，力争用 10 年时间，迈入制造强国行列；第二步，到 2035 年，我国制造业整体达到世界制造强国阵营中等水平；第三步，中华人民共和国成立 100 年时，制造业大国地位更加巩固，综合实力进入世界制造强国前列。"中国制造 2025"规划纲要的实施将对钢铁工业的转型升级，建设钢铁强国带来巨大机遇，对于包括钢铁在内的基础产业真正转型升级，成为国际一流的产业并健康壮大提供了良好的前景。客观地看，钢铁行业的两化融合虽然取得了一定的成果，但在智能制造方面仍然处于较为初级的阶段，离工业互联网的建立还有相当大的距离。在全球主要经济体都在推进新一轮产业变革的背景下，有实力的领军企业必然要向这个方向发展，从而带动整个行业的智能转型。未来钢铁等基础行业与互联网、云计算、大数据等结合也是大势所趋。

3．"互联网＋"时代钢铁行业面临新机遇

钢铁"互联网＋"的"＋"，意味着在整个钢铁业的制造、贸易等领域利用信息化技术、互联网技术进行"智慧整合"，不仅把企业内部的边界打破，而且将站在行业的高度，跨行业地打通和上游供应商、下游用户系统之间的边界。"互联网＋"将从 3 个层面重塑钢铁行业：①钢铁电商平台的兴起改变了过去钢铁流通单纯依靠"倒差价"盈利的生存方式，线上交易融资与线下仓储加工、物流的对接为钢贸提供多个盈利点；②电商平台的深度使用促使互联网向钢铁产销链条进行渗透，钢企可逐渐实现生产、仓储、加工和物流环节的智能化以及与电商平台的数据交换，在降本增收的同时，钢铁企业开始从钢铁制造企业向材料服务企业转变；③钢铁行业对互联网的深度理解和应用是解放生产力也是创造生产力的过程，行业互联网参与者将积累大量"互联网＋"运营经验及技术，部分钢企、钢材流通商和电商平台可借此优势向其他企业提供整体的"互联网＋"解决方案，使非钢产业逐渐成为公司的新支柱产业。

4．新一代信息技术风起云涌

以物联网、云计算和大数据为代表的新一代信息技术是钢铁行业转型

升级的助推器和有力支撑。新一代信息技术具有广泛应用的高渗透、低消耗高产出的高倍增、促进发展的高带动、资金智力的高投入、进步快速的高创新等基本特征。当前信息技术发生了日新月异的变化，信息技术创新内涵更加丰富，宽带、泛在、融合、安全的新一代信息网络发展正加速推进，物联网、云计算等新兴业态的技术创新和产业化方兴未艾，新兴服务模式不断涌现。信息技术的持续进步将不断推动产业融合发展。网络技术向宽带、无线、智能以及超高速系统、超大容量方向发展；软件技术加快向网络化、体系化、服务化、高可信方向发展；感知技术向智能化突破。物联网、云计算等新一代信息技术在钢铁企业信息化中的应用对传统的钢铁企业信息系统体系架构带来了冲击和挑战，物联网、云计算和大数据等新一代信息技术将迅速全面在钢铁企业信息化建设中推广应用。在产业变革和机遇面前，如何拓展新一代信息技术的应用空间，探索新一代信息技术在钢铁行业的全面渗透和深度集成，已成为推动钢铁行业转型升级、两化深度融合的重点。

（三）钢铁行业对大数据的需求

钢铁企业要越过"悬崖"攀上"峭壁"、跨过"生死门"，就必须实现转型升级，通过创新发展模式、创新商业模式，提升企业的市场竞争能力、技术创新能力、管理创新能力。以大数据为代表的新一代信息技术在钢铁企业的转型升级中应该担负起推进与牵引的使命。

互联网是企业之车的左轮，那么在互联网时代，大数据将成为企业之车的右轮，两者共同构成推动企业持续前进的核心竞争力，缺一不可。大数据应用，将和云计算、3D打印这些技术变革一样，颠覆既有规则，并成为先行企业的制胜关键。在企业内部，大数据可以为企业提供更科学的决策依据；在企业外部，大数据还收集客户信息，建立全角度客户视图，让企业实现精准化营销的工具。从表面看，大数据带来的是一种技术上的变革，它有效地提高了企业和社会的生产力，而在这种技术变革的背后是业务需求使然，是对提高效率的不断追求在推动这种变革的发生。通过对含有价值意义的众多数据进行系统而有序的专业化处理，就可把"大数据"变成具有更强的决策力、洞察发现力和流程优化能力的现实生产力。

1.大数据为钢铁电商的发展提供有力支撑

微利中越来越多钢铁企业和钢贸商，开始寄希望于拥抱电商走出困境。钢铁行业电子商务快速发展，具有从"星星之火"到"燎原之势"的发展势态，具备了从量变到质变的转型升级的条件，已成为 B2B 行业电商领头羊。国内的钢厂、钢贸、仓储物流、资讯网站等全产业链企业正在快速推进行业互联网化。由"钢厂、钢贸企业、物流仓储企业、资讯网站"等投资创立的钢铁行业第二方、第三方电商平台如雨后春笋般冒出。代表性的第三方电商见表 3-3-1。国内钢铁电商大概分为 4 类，如：钢铁企业自己打造的电商平台，如：宝钢股份的东方钢铁在线等；钢铁资讯平台转型而成的电商，如上海钢联等；外来资本投资的电商平台，如红杉资本投资找钢网；大型流通企业建设的电商平台，欧浦钢网与西本新干线等。钢铁电子商务平台借势"互联网 +"，极大地提升了交易的效率，解决了信息不对称的问题，降低了物流成本，提供了供应链金融解决方案，同时积累了越来越多的大数据信息。

表 3-3-1　代表性的第三方电商

平台	模式	平台类型	背景主体	主题类型	资产类型
找钢网	第三方	自营 + 撮合	上海钢富	互联网	较重资产
中国钢铁现货网	第三方	撮合	浙江钢为	互联网	轻资产
钢银	第三方	自营 + 托盘	上海钢联	资讯网站	重资产
欧浦钢网	第二方	自营 + 撮合	广东欧浦	物流仓储	重资产
东方钢铁在线	第二方	自营	宝钢	钢厂	重资产
中拓钢铁网	第二方	自营	物产中拓	钢贸商	重资产
荷钢网	第二方	自营	华菱集团	钢厂	重资产
兰格钢铁	第三方	自营 + 撮合	兰格集团	资讯网站	轻资产
玖隆电商	第二方	自营	沙钢	钢厂	重资产
中钢网	第三方	撮合	中国钢材网	资讯网站	轻资产
西本新干线	第二方	自营	西本 + 中物	钢贸流通商	较重资产
飞谷网	第三方	撮合	中地控股	互联网	轻资产
钢钢网	第三方	撮合	VC投资	资本创投	轻资产

钢铁电商能够在全国遍地开花，这与云计算、大数据等一系列互联网技术的成熟分不开。通过云计算和大数据技术，钢铁电商平台可以整合行业的资金流、物流、商流和信息流，将企业的零星活动转换成碎片化数据，通过数据集约后不断演进，成长为企业的战略，指导企业进行高效化管理和计划性经营。全流程一体化钢铁电商模式如图 3-3-1 所示。由云计算、大数据等

新兴互联网技术支撑的钢铁电商平台，可以通过架构"和谐供需关系"来解决产能过剩问题，有效分配和调节钢铁市场的供需矛盾问题。利用云计算、大数据等先进互联网技术来发展钢铁电商平台，根据客户的行为数据分析更好地服务客户，"数据化生存"是钢铁电商发展的必然趋势。

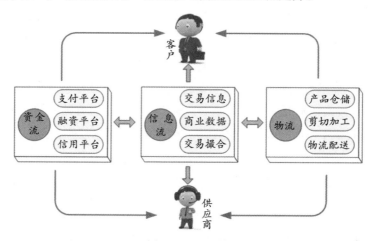

图 3-3-1 全流程一体化钢铁电商模式

2. 大数据为钢铁生产工艺和生产经营决策提供保障

现代钢铁工业生产过程是一个复杂而庞大的生产体系，最核心的生产工艺为炼铁、炼钢和轧钢 3 个步骤，所有其他工序都是围绕此 3 个关键工序进行的。钢铁生产工艺流程图如图 3-3-2 所示。

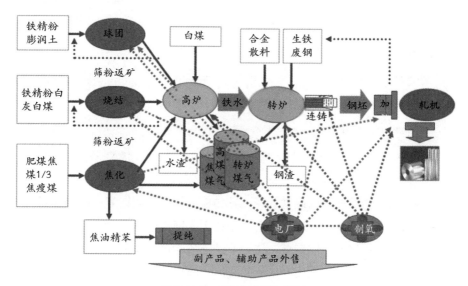

图 3-3-2 钢铁生产工艺流程

　　钢铁行业工艺环节多，炼钢全过程高温高压，时滞性比较强，流程管理层面比较缺乏。生产包含复杂的物理和化学过程，存在各种突变和不确定因素，对应急和意外处理要求高。为确保生产稳定运行，需要根据物料、能量和质量要求制订最优的生产作业计划进行动态调度。以高炉为例，目前国内的高炉管理系统存在不同层面的问题：以模糊数学为核心，难以精确管理；以推理机为核心，需要使用很多门槛值，门槛值设定很关键，目前主要依靠传统经验；以操作经验为核心，主观干扰较大。

　　据中国钢铁工业协会发布的《钢铁行业 2015—2025 年技术发展预测报告》指出，信息化、智能化的钢铁制造技术是未来 10 年钢铁行业技术发展的方向和重点之一。主要包括：大型装备的智能化嵌入式软件开发与应用，关键检测、检验技术装备及数据采集分析系统，基于物联网和云技术的钢铁生产信息化技术，钢铁生产复杂流程智能化自动控制系统，基于大数据技术的钢铁行业大数据库平台系统。如以大数据平台为基础，对大量高炉转炉进行数据提取、分析和挖掘，基于工业大数据开发出普适性的高炉转炉智能专家系统，对提升钢铁行业的科学化、数字化和智能化管理尤为重要。

　　另外，原料采购与钢材销售两大市场不可控因素越来越多，需要精细化管理提高管理效率。通过把生产经营各环节数据进行综合分析、整理、提炼，在市场行情瞬息万变的情况下，为领导决策提供快速、高效依据；同时，及时掌握市场动态，及早制定应对策略，实现企业生产经营的事前计划、事中监控报警、事后分析预测的过程管理，提升企业的精细化管理效率。最终通过大数据研究，企业切实通过对自身业务的分析与优化，将数据与信息转化为精准的洞察，并将洞察嵌入行动，科学决策，打造核心竞争力。

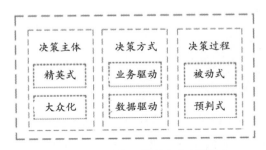

图 3-3-3　大数据对钢铁企业决策影响

3.大数据在钢铁行业中尚未充分发挥作用

　　1）多数企业在信息化建设中，没有意识到数据带来的巨大价值。对大数据技术的重要性认识不够，在企业管理上缺乏大数据应用，导致企业管理高成本、低效率的局面。

2）缺乏合适的数据处理技术，很多数据仅仅是存在硬盘中而没有经过分析和加工转化成为更有价值的信息，对数据的高效快速处理也成为企业信息化深度应用的一个瓶颈。

3）企业信息化的发展需要引入各种各样的系统，这些系统又需要服务器或存储资源，独占系统占有资源无法实现共享，给企业在信息化的投资、运维和能耗等方面带来巨大压力。

（四）钢铁大数据特性

1. 钢铁企业生产特点

1）钢铁行业一般规模较大，很多是集团性企业，组织架构复杂，员工数量多，运营过程中的物流、资金流和数据流巨大，多有投资集团参与资本运作。

2）严格的钢铁产品质量规范，产品要进行全过程的质量跟踪和严格的质量追溯，质量贯穿于生产全过程。产品品种多，工艺过程长，同时存在大量的副产品和联产品，成本构成复杂，核算难度大。

3）其他行业一般由众多零件组装成一个产品，生产信息处理过程大多由多到少，钢铁则相反，如一炉钢浇成多个胚，信息处理量呈不断膨胀趋势，针对这些信息的处理与挖掘分析对生产管理与经营决策，会起到重要参考作用。

4）企业经营方式由传统的以产定销模式，改变成按订单生产，如何最大限度满足用户特殊加工需求，如何把握合同进度，按期交货，成为争取客户的一个重要因素。

2. 钢铁大数据来源

据统计，在一些现代化工厂，因为缺乏有效的信息处理技术，已有的数据库中90%以上的数据多年无人问津。例如基础自动化层次，某企业中各类传感器每天产生的数据可在TB级。数据在钢铁企业内部经历了一个资料—资源—资产的发展历程，其作用也由小变大，如图3-3-4所示，由数据—信息—知识—智慧的层层演变，正在发挥着关键性作用。数据的生命周期，如图3-3-5所示，包括：数据产生、数据采集、数据传输、数据存储、数据处理、数据分析与数据展示和应用等各个环节，其中数据分析与数据应用的"含金量"最高。数据应用也由离散型应用开始实现连续性应用。钢铁流程要实现精细化管理与生产，都要靠数据来实现。通过对数据的处理、分析与应用，释放出数据背后的能量，发现其存在的潜在价值，以创造新的更大的财富。

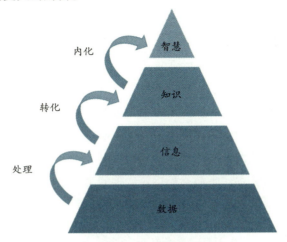

图 3-3-4　数据的演变

图 3-3-5　数据的生命周期

（1）钢铁企业数据来源——生产线信息

钢铁行业是工艺复杂的流程工业，由采矿、焦化、炼铁、铁水和废钢预处理、炼钢包括轧钢以及相应配套工艺构成的工业体系。钢铁企业具有生产工艺流程复杂及生产过程连续性极强的特点，所涉及的管控因素的风险系数及不可预料性也非常高，来自互联网、物联网、各种传感器的海量数据扑面而至，数据量迅速增长。如来自生产线过程检测数据、实时参数采集数据、生产设备监控数据和材料消耗监测，等等。

（2）钢铁企业数据来源——企业信息

企业信息：包括人员信息，供应链信息，物流信息，业务流信息，资金信息，财富信息等。

质量信息：包括材料信息、部件信息、检测信息、销售信息等。

（3）钢铁企业数据来源——外部信息

钢铁企业收集的外部信息主要包括如下方面。

● 重点钢企：将重点钢铁企业作为跟踪对象，如国内外竞争力较强的韩国浦项、日本新日铁住金、美国纽柯、印度钢铁管理局、印度塔塔等，中国宝钢、沙钢、鞍钢、武钢和马钢等。

● 上下游企业和产品：上游影响钢企成本的主要生产因素为铁矿石，中国钢企铁矿石多数为进口，影响最大的全球三大铁矿石生产商为巴西的淡水河谷、澳大利亚的必和必拓和力拓，持续收集三大铁矿石生产商的信息，对调整钢企原料储备和钢铁价格调整有着重要意义。而与钢铁冶金关系密切的下游行业包括汽车、建筑，以及近年来对钢铁要求越来越高的能源产品等，对钢企产品的研发和市场开拓都具有方向指导的意义。

网络媒介：通过国内外主流媒体，包括国家商务部、发改委，新闻财经、行业网站、行业报纸与杂志、政府网站、专业协会等，通过各种渠道满足企业对信息收集分析的需要。

3. 钢铁大数据特点

除传统大数据具备的 4V 特征外，钢铁大数据也具备自己的特点。钢铁行业一般规模较大，很多是集团性企业，组织架构复杂，员工数量多，运营过程中的物流、资金流和数据流巨大。钢铁生产工艺环节多、连续性强，生产包含复杂的物理和化学过程，存在各种突变和不确定因素，原燃料成分和生产技术条件经常波动。钢铁生产过程是一种极其复杂的大系统，生产机理复杂，各层次信息普遍存在多变量、非线性、高噪音的特征，并且数据量巨大。

（1）多变量

影响钢铁产品质量的因素相当多，例如原料成分、性能和各种生产工艺条件等。传统的通过建立数学模型进行生产管理和控制优化的方法很难有效地达到目的。

（2）非线性

影响产品质量的各因素，作用的方式、机理等，是复杂的，甚至是未知的。这些变量之间的关系，一般都不是线性的。

（3）高噪声

由于各种原因，这些数据可能包含较强的噪声，并且甚至难以判断什么是噪声，影响产品质量的因子太多，并且作用机理复杂。

由于钢铁数据的复杂性，大量的数据规律和知识还未被认知，生产过程中存在大量的可控参数即生产过程中存在极大的、可调的自由度，传统的通过建立数学模型进行生产管理和控制优化的方法很难有效地达到目的。但钢铁企业大数据特点也同时决定了在提高生产管理和控制效率方面，存在着极大的寻优空间。钢铁行业需要整合数据资源，支持管理决策。全面、准确、实时的数据是科学决策的基础。只有充分掌握企业内外部信息，企业才可能对外部市场的变化做出及时的反应，企业各项决策才有针对性。企业各项数据资源必须集成，不能形成数据孤岛。在此基础上，企业要通过各种分析技术和决策工具，建立决策支持系统，提高决策科学化和自动化水平。

（五）钢铁行业大数据平台

现今，大数据"4V"的特征已基本被认同，但"4V"虽准确描述了大数据的基本特点，却只是单摆浮搁，并没有从逻辑的角度将大数据应用的递进关系明确地展示出来。华为抛出了金字塔形"4V"理论，展现了从 volume 到 velocity 再到 variety，最终到 value 的层次化递进式的创造大数据价值的方法论，如图 3-3-6 所示。

步骤 1：企业需要建立一个能够高效处理海量数据的存储架构平台，它既能处理大量的小文件，也能处理单体较大的文件。

步骤 2：这个存储架构平台要具备极高的处理性能，因为大数据对实时处理的要求非常高。

步骤 3：这个存储架构平台要能处理多样化的数据，包括结构化数据和非结构化数据。只有通过前面三步打下基础，企业用户才能进入最后一步。

步骤 4：在一个高效的专门为大数据构建和优化的平台上进行数据分析和挖掘，并最终获得所需的价值。

大数据价值的实现过程是一个逐层深入的过程，但是建立高效的存储架构平台是前提，它是大数据落地的基础。

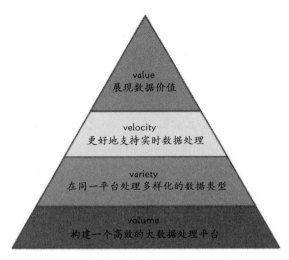

图 3-3-6　华为大数据平台

1. 钢铁大数据功能平台

整个钢铁企业生产链，大数据都将发挥作用。利用统一的平台采集钢铁厂的各类数据，选矿、烧结、焦化、炼铁、炼钢、连铸、轧钢环节工艺流程优化，生产优化调度，物流智慧调度，大数据营销，能源管理，设备监视等，实现物质流、信息流、能源流和资金流有效协同和有机融合。

基于大数据平台的生产调度和决策：通过采集各级自动化系统数据并获取现场设备的运行参数，实现工厂全景 3D 视图；通过建立生产事故分析系统，为质量控制、设备运行和故障处理等提供支撑手段。以生产运营绩效为核心，重点关注生产计划的执行跟踪，通过关键生产、运行的各类指标使管理人员能够全面动态地掌握公司的生产经营及运行情况。通过预置生产预案库、设备抢修指导规则、调度知识规则库以及调度数学模型等技术对生产调度人员的调度指挥提供辅助性的决策指导信息。

基于大数据平台的能源管控：数据采集涵盖可编程控制器（programmable logic controller，PLC）及所有能源数据仪表等设备。通过能源 3D 过程监控，实时监控能源介质和设备的运行状态。采用相关的数学模型、专家系统等方法为优化能源平衡和调整提供可行的解决方案，实现能源预测与优化调度。通过数据分析和数据挖掘技术，对能源管理的全局性指标进行分析，将分析结果作为能源决策的参考，实现能源的智能决策。通过协同能源和生产计划数据，将能源实绩与各工序能耗进行分析。通过能源历史数据分析，与国内外同行业数据进行能效比对分析，实现对不同维度下各项指标的对比分析。

基于大数据平台的协同管控：协同管控将能源管控、生产、物流管理、安防与设备监视等系统与企业资源计划（enterprise resource planning，ERP）、制造企业生产过程执行系统（manufacturing execution system，MES）等管理信息系统集成，通过采用运筹学的线性规划和动态规划方法，以基于规则的分型调度模型为基础构建协同调度。调度系统与其他系统之间有功能重叠时则由这些系统率先对生产阶段中的变动进行预处理，处理后的数据再通过数据共享的方式供 MES 生产调度管理系统使用。

通过多工序和多维度的大数据平台将钢铁企业物质流、信息流、能源流和资金流有效协同和有机融合，对钢铁企业的生产调度、工艺优化、物流调度、智能营销、能源管理、设备和安防等一体化智能管控，避免信息系统各自为战，通过数据分析和挖掘，实现科学决策。通过大数据平台的系统整合，在实现生产运营数据统一采集的同时，带来了数据的集中；通过大数据技术，形成数据仓库，进行数据挖掘，为生产指挥的智能化提供更加科学、直观、快速的决策参考。

2. 钢铁大数据系统处理平台

钢铁大数据系统处理平台如图 3-3-7 所示。

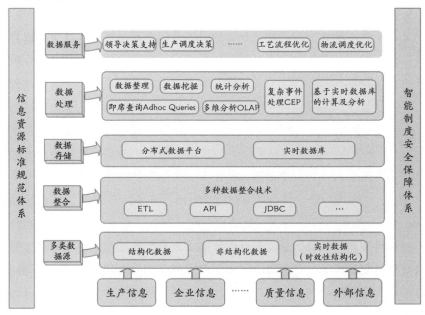

图 3-3-7　钢铁大数据系统处理平台

大数据系统处理平台对生产信息、企业信息、质量信息和外部信息等多元数据进行采集、梳理、整合、分类存储、挖掘、统计、分析，实现生产调度优化、工艺流程优化，物流调度优化和科学决策等。

多类型数据源综合接入管理：实现对结构化数据、非结构化数据和实时数据的集中管理和统一接入管理。

业务数据抽取与整合管理：通过多种数据抽取整合技术，对用户所需的底层业务数据进行抽取、梳理和整合，实现对海量业务数据的分类管理。

业务数据分类存储管理：通过分布式数据平台和实时数据库，对业务数据进行分类存储和管理，实现了业务数据的实时存储、优化存储，为提高后台数据库存储能力和检索效率奠定了良好的技术基础。

业务数据综合分析管理：通过平台提供的数据整理、数据挖掘、数据统计和分析、即席查询、多维分析、复杂事件处理、实时数据库计算和分析等功能，实现了业务数据的综合分析管理，为用户提供了全面、准确、便捷、高效的数据分析手段和工具。

用户服务：通过大数据分析和挖掘，为领导决策、生产调度决策、工艺流程优化和物流调度优化等提供参考。

3. 钢铁电商大数据平台

B2B 电商平台目前发展为第三代。第一代以信息撮合机制为主，通过互联网特性有效地汇聚买卖双方信息。第二代以在线交易为主，信息展现模式、在线交易工具、配套服务产品的发展使得各平台都在想方设法解决在线交易问题。第三代即资源集聚为主。所谓资源集聚正是突出两个核心要素：数据穿针引线和服务本质所需。在当前的主流第三方钢铁电商平台中，已经分化成两个阵营，"寄售（自营）＋撮合"模式（类似于京东模式）和"纯撮合"模式（类似于阿里）。

"自营＋撮合"的第三方平台，走的是泛行业中的"京东"模式，期望靠自营快速聚拢人气、占领市场，从而布局全国钢铁物流；其典型代表平台有"钢银、找钢网"等，平台自身参与实际钢贸业务，跟平台用户争抢市场。"纯撮合"式的平台，模仿的是泛行业中的"淘宝"模式，自身独立于市场之外，以科技化产品及服务，聚合传统的上下游钢铁用户，形成简单、明朗的网上钢材交易市场，其典型的代表平台有中国钢铁现货网、中钢网等；以撮合的形式帮助用户达成交易，平台本身并不参与到实体交易中去，只为供需双方搭建互通桥梁，该类平台需要解决的关键问题是真实有效的资源及打通广泛的终端用户资源，以品牌口碑为导向。

不管是何种类型的平台模式，目前尚且处于前期用户积累及模式进一步创新完善阶段，建立钢铁电商生态体系，整个钢铁电商平台的未来方向基本明确，必须有一个"开放、公平、自由"的独立第三方平台，把钢铁企业、供应商、用户、金融机构、技术服务机构、设计机构、贸易机构、物流配送机构等集中到此平台，扩大终端消费选择供应商和供应商选择市场的余地。

钢铁电商生态体系如图 3-3-8 所示。通过建立起线下数据的采集接口渠道，而不再仅仅依靠纯线上数据作为来源是一个关键环节。线上线下数据采集汇聚到数据中心，产生的分析型数据将会反哺线上，带来更精准的使用价值，解决钢厂拥有的大数据过于单一化、数据来源过于狭窄等问题。互联网电商平台的产品展现仍旧是电子化特性，但数据来源的落地化将是巨大促进。钢铁电商平台结构如图 3-3-9 所示，钢铁电商大数据处理流图如图 3-3-10 所示。

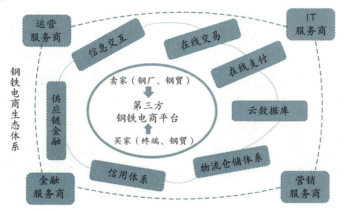

图 3-3-8　钢铁电商生态体系

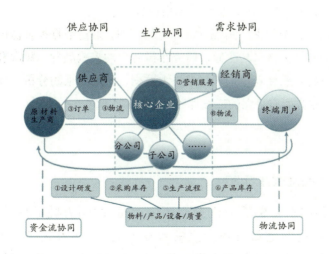

图 3-3-9　钢铁电商平台结构

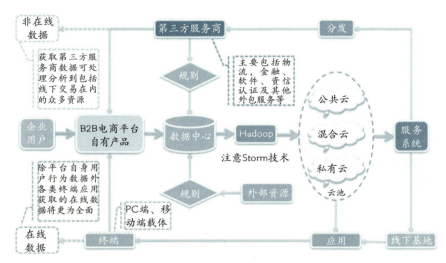

图 3-3-10 钢铁电商大数据处理流

大数据为平台服务提供了信息支持，而服务落地也有利于有效数据不断被采集，形成数据循环，即"雪球效应"。大数据不是钢铁电商平台的某一个产品组成或业务领域，大数据是整个钢铁电商未来发展的基础资源与优势体现。长期积累的贸易商、仓储物流、钢厂客户大数据是互联网载体电商的最大优势。通过增强在线数据、非在线数据的挖掘处理能力，整合第三方服务资源，构建服务数据体系，建立产业链数据库，为整个行业提供全方位的产销分析决策需要，为企业用户提供标准化、落地化、集约化的数据产品服务，帮助企业在销售、采购、管理、经营等环节实现成本降低及效率提高。同时基于真实交易积累大数据，与金融行业一起搭建互联网上的行业"征信"体系，基于交易大数据提供金融等增值服务。

大数据首先帮助钢厂实现订货和定价管理，通过数据整合协助钢厂制定不同区域的钢材价格；其次通过研究小微客户的采购品种、频次和吨数，确定下一阶段的采购计划；未来可通过大数据，做深入采购分析，反向帮助钢厂在生产计划方面有更强的连续性和针对性。

（六）案例

1. 德国 iProDICT 计划

每年德国萨尔钢铁为汽车产业生产超过 200 万吨的优质钢材，各种有电脑控制的电器设备产生的数据量超过 100 万亿字节（TB）。为了挖掘这些信息数据潜在价值，萨尔钢铁参与了德国联邦教育与科研部（Bundesministeriums für Bildung und Forschung，BMBF）支持的名为 "iProDICT（Intelligent Process Prediction Based on Big Data Analytics）" 的研究计划。

"iProDICT" 计划是开发一套具有自动优化能力的经营和生产工艺系统。"iProDICT" 的目标是借由萨尔钢铁的传感器网络将生产过程监控与企业运营联系起来。这能使萨尔钢铁每年在其总部生产的 250 万吨钢材及后续加工过程中可能存在的质量波动尽早被发现，并通过生产和企业运作的匹配尽早做出反应。在这样数字化的工业企业中可实现对最优企业运作的预期并且自动调整生产流程。针对产品的某些后续加工可能因此被整合到生产过程当中，"iProDICT" 将可以实现在生产能力范围内的满负荷运营。

2. 飞谷网钢铁电商平台

飞谷网，2013 年由中地控股集团旗下企业 "江苏易钢在线电子商务股份有限公司" 组建运营，面向钢铁等大宗商品行业提供现货在线交易、供应链融资和仓储物流等服务，整合了生产企业、贸易商、终端用户、仓储物流、银行、担保公司等全产业链各方主体，实时云端汇集资金流、信息流、物流，形成了资金流和物流的闭环管控，打造一个安全、高效的 "全产业链钢铁云服务平台"，为钢铁用户提供便捷增值服务的同时拓展新的赢利点，是中国首家全流程的第三方 B2B 大宗商品在线交易和在线融资平台。

飞谷网钢铁现货交易量增长势头迅猛，连创新高。2015 年 3 月 23 日当天飞谷网的交易量突破了 6 万吨，单日交易近 300 笔，实现交易金额超 1.7 亿元，达到年后单日交易新高峰，其中飞谷商城直营交易量突破 1 万吨。飞谷网与安全、诚信、专业的互联网金融平台 "付融宝" 开展供应链融资服务，为飞谷网优质客户提供货押融资、代采购融资、商票质押融资等金融业务，至今已累计为 230 多家客户实现融资额超 6 亿元。

飞谷网平台开发的全套软件系统，不仅支持大宗商品的现货买卖，还为交易商提供相关配套齐全的服务，买卖双方足不出户，上网点点鼠标就可以完成商品交易、仓储、质押融资、检验鉴定、交割和结算等。"飞谷网" 以钢铁现货交易为核心，注册会员既可以通过现货挂牌交易系统直接在网上交易，也可以在网站设立自己的品牌旗舰店，及时、海量、精准地进行现货资源信息的发布，获取更多关注，同时品牌旗舰店借助 "飞谷网" 平台优势尽展企业风采，会员客户通过品牌形象的打造抢占先机，在平台竞价排名获得优势，从而扩大销售规模，实现更多的利益。

为满足客户的需求，让大数据分析和云计算相结合，立足于打造"大交易平台、大金融平台、大物流平台、大数据平台"的综合型大宗商品电商平台，通过在钢铁现货交易、供应链金融、仓储物流上形成大数据分析，将所分析得出的数据信息录入平台交易管理系统，并充分运用到钢铁产业链中，为平台的钢铁生产企业、贸易企业和终端企业提供更全面、更及时、更有效的信息服务。

首先，钢铁电商业务模式与云计算技术有机结合，通过向上游产业延伸与生产系统集成，向下游产业链延伸与物流和终端管理系统集成，使得供应链中各个环节的信息在云中汇集、交互，让交易方式发生颠覆性的变化，钢铁电商的发展从中获得了肥沃的土壤。

其次，通过云计算和大数据技术，整合行业的资金流、物流、商流和信息流，实时对平台的数据进行监控和准确分析，及时、精准地对海量现货资源挂牌，并对交易的价格、数量、金额、品种、钢厂、地区等信息进行全面分析，可为钢厂实现有计划的生产提供依据，指导企业进行高效化管理和计划性经营，让会员客户从中受益。

最后，飞谷网帮平台会员分析大宗商品之间的关联度，并以之为依据制定相关的营销策略。在钢铁市场整日行情不景气的大环境下，飞谷网通过大数据整合的信息资源，根据买方市场的实际需求，精准地为买方找到最便宜、最适合的钢材资源，第一时间推荐给需要的客户，这在一定程度上为客户节省了大量的人力、物力和财力。利用大数据分析，对其供应链融资客户进行综合数据考评，对交易量大、诚信度高的优质客户优先提供供应链融资服务，助力其健康发展。据了解，基于大数据分析的基础上，飞谷网仅通过与互联网金融平台"付融宝"的战略合作，2014 年上半年已累计为 100 多家优质诚信会员企业提供供应链融资服务金额近 3 亿元。

数据分析对于钢铁电子商务的重要性可见一斑，故应通过积累数据和分析，做出准确的营销策略，使钢铁电子商务找到属于自己的一片蓝海。易钢在线"飞谷网"所倡导的大数据平台建设，学会"数据化"生存，利用云计算、大数据等先进互联网技术来发展钢铁电商平台，根据客户的行为数据分析更好地服务客户，"数据化生存"成为钢铁电商发展的必然趋势。

（七）相关建议

1.转变观念，高度重视大数据价值

钢铁行业是工艺复杂的流程工业，随着钢铁企业信息化进程的深入，数据量迅速增长。如物联网的应用，产生了海量多源异构数据。数据已成为最重要的资源，对这些数据进行智能处理，从中分析和挖掘出有价值的信息，成为钢铁企业寻求决策依据、提升竞争力的重要途径，也是企业走出同质化竞争迷局、摆脱行业亏损困境的重要途径。目前，钢铁企业大多对大数据技术的重要性认识不够，大部分内部数据的价值没有被充分挖掘，在企业管理经营上缺乏大数据有效应用。面对全球范围新一代信息技术发展的浪潮，需要转变发展观念，态度上由被动接受转为主动出击，加大信息化的投入，实现钢铁的智能制造、精细管理、智能决策和优化运营。

2.产学研结合，做好技术储备

云平台和大数据的应用对企业信息技术能力带来挑战，新技术的应用会对企业的信息技术人员提出更高的技能要求，建设云计算与大数据的应用钢铁企业必须做好 IT 技术准备。大数据领域每年都会涌现出大量新的技术，成为大数据获取、存储、处理分析或可视化的有效手段。应通过联合高等院校、科研院所和产业链骨干企业等多方力量，协同开展适宜技术的研发，不断储备大数据相关前沿技术，并适时推广成熟技术。

3.重视复合型人才培养

大数据建设的每个环节都需要依靠专业人员完成，目前国内钢厂的信息化发展大多仍处于初级阶段，信息化人力资源不足的情况较为凸显，原因有二：一方面是信息部门的编制不够规模，信息化人才有限；另一方面是人才流动性强，IT 人才流失严重，即使钢厂领导认识到重要性而加大了信息部门的编制也往往招不到足够的人才。大数据的应用需要多元的技术能力和人力资源来支撑。在企业层面，应与高校共同挖掘，联合培养钢铁大数据人才，尤其是既熟悉行业业务需求，又掌握大数据技术与管理的综合型人才；在政府层面，应组建由云计算＆大数据领域知名专家、教授及相关企业专业技术人员组成的专家库，为钢厂大数据项目的规划和建设提供专业指导和服务；在行业层面，应通过大数据应用培训、论坛和研讨会等多种方式推动大数据的应用。通过多方联动，培养一批既懂钢铁生产工艺又懂云计算和大数据的复合型人才，为大数据的应用提供人才保障。

4.加强全方位监管

（1）信用评级

对于"大数据"需要提前做好监管。构建宏观层面全方位的大数据信用评级体系，设定准入门槛，建立第三方监管制度，对钢铁行业的"大数据"企业进行相关的信用评级。

（2）数据采集的准确性和权威性

发展"大数据"，精力需要放在数据的积累和计算方面。对于有意发展"大数据"的企业而言，要做到行业自律，严格遵循尊重数据、尊重客观、科学求实的原则，确保数据的真实性和权威性。

（3）政府行为引导

"大数据"的采集是个庞大的系统工程，不是一家或者几家企业可以完成的，只有政府才有能力从全局的角度来引领大数据产业的发展。当前钢铁行业的大数据，多数为区域性的大数据，未来如何实现数据的区域性联通和交流值得关注。通盘考虑数据孤岛、数据安全、数据所有权等大数据发展所面临的问题，政府才有能力从全局出发统筹安排，引导产业健康快速发展。

（注：本章数据来自中国钢铁工业协会、国家统计局和工信部等。）

第4章

iCity

服务产业大数据

一、通信产业大数据

（一）通信产业大数据的需求与挑战

1.通信产业进入大数据时代

近几年随着通信产业快速发展，我国手机用户规模达到13亿，移动宽带用户规模达到5.1亿，固定宽带用户规模达到1.5亿。不管是海量的用户行为数据、运营商运维数据采集，还是对数据的存储、计算，都标示着通信产业已迈入大数据时代。

随着手机市场用户量逐渐达到饱和，宽带成为各大运营商的主要竞争市场。市场竞争进入白热化阶段后，各大运营商将主要的市场竞争力从价格转向用户感知，一方面着重优化网络，提升网络性能，降低网络障碍率，快速定位网络故障原因，强化网络安全质量，在网络运维中降低成本，提升用户满意度；另一方面采集和分析用户上网行为数据、对现有产品进行针对性优化、挖掘用户价值、增强用户黏度，在满足用户更多需求的过程中，为企业增加营收。

2.通信行业网络运营现状分析

（1）需求分析

随着用户量的增大，各大运营商网络运营管理面临巨大挑战，从市场角度，一方面希望能通过网络服务能力提升用户满意度和黏度，另一方面又面临网络运营投入成本较高、故障率较多等问题，从业务能力和服务管理上重点分析如下。

● 用户感知：用户量的急剧上升，用户每天产生的行为数据也呈爆炸式增长，如何对这些海量数据进行快速、有效的分析，找到用户体验薄弱的环节、及时优化网络，是提升运营商服务能力的关键。

● 网络故障：网络覆盖面逐年增加，网络维护的工作量也呈跳变趋势，如何快速定位问题、提供问题解决方法、提升网络维护效率、降低维护成本，是各大运营商关注的重点。

● 性能管理：运营商现有网络设备所涉及的厂商、型号众多，设备数量大且分布不一，如何高效地管理网络设备，提升网络设备的利用率、降低故障率，是降低运营商网络建设成本、提升盈利能力的关键。

（2）工作演进思路

从运营商的实际需求出发，我们想到了采集数据指标、分析关键数据和提供分析结果的传统数据统计分析方式。

● 数据采集：采集网络设备指标、采集用户行为数据、采集网络故障数据等。

● 数据分析：针对指标建模、寻找规律和定义关键数据。

● 提供分析结果：根据分析结果，提供关键指标阈值。

（3）面临的问题和挑战

当我们按照工作思路推进时，要满足运营商的需求，一部分是海量运算存储能力，一部分是数据建模算法。如果要采用传统的技术，则存在成本高、效率低且实现困难等问题，主要体现在以下几方面。

● 全量指标数据采集：由于运营商关注的重心更多是在市场营销、对网络运营自身的数据方面，如设备性能数据、故障数据、网络质量数据并未做到全量采集，因此建立数据采集机制是摆在我们面前的第一个问题。

● 技术架构：传统的技术架构不能满足当前海量数据的快速存储、读取和运算，同时随着采集到的数据格式多样化，存储能力面临非结构化数据与结构化数据共存，而传统存储方式不能满足等问题。

● 数据建模困难：传统数据建模指标少、数据少，较容易发现数据规律，提出数据预测参数；而海量数据，指标参数多、数据难以归类，数据建模后得出的分析结果不准确，同时数据模型的参数变化较快，不满足运营商对预测周期较长的需求。

从具体应用上来看，主要体现在以下几方面：

● 移动互联网流量井喷与用户行为分析。MBB[①] 流量井喷，每英寸点数（dots per inch，DPI）和信令监测，产生的大量事件给存储和用户通信行为分析的实时处理性能带来挑战。提升用户体验要求分析网络服务数据。移动互联网和个人消费领域业务扩展和 CEM 给海量数据的及时分析带来挑战。

● IT 系统集中化和数据价值分析挖掘。运营商一体化集中运营和透明管控，催生巨大的经营分析数据仓库，给大数据处理的存储、性能、开放带来挑战。

---

① MBB：麦肯锡（Mckinsey）、波士顿咨询（BCG）和贝恩咨询（Bain）被誉为全球顶级的三大战略咨询公司，在行业内部被称作"MBB"。

（二）通信产业大数据的建立

通信产业大数据，除了主要来自业务运营支撑系统、企业管理系统的传统数据外，还主要来源于互联网、移动互联网等，以非结构化为主，构成更全面的数据源，如上网行为数据、网上交易数据、位置数据、网管数据、信令数据、微博数据、即时通信数据、网页、传感器数据、音频数据、视频文件、图片、日志、实时监控视频等。

在上述的数据种类中，业务运营支撑数据，企业管理数据属于内部数据，而其他来自通信管道内的互联网数据都属于外部数据。内部数据主要通过企业内部系统接口和传统数据库来获取，而外部数据则主要通过对数据管道内的传输数据进行 DPI、DFI 来进行抓取。

在通信产业大数据应用中，内部数据主要用于网络及业务故障诊断、企业部门管理、业绩考核等用途；而外部数据则主要针对网络用户和互联网业务用户行为进行数据挖掘，从多维度分析用户行为，从而给用户标定标签，从不同维度将用户分类，并将分析结果应用于产品推广等方面。

通常，运营商数据中心中的大型业务支撑系统只是为了确保运营商能够对其用户所使用的服务计费。但是，在整合所有数据以及某些外部信息后，运营商确实将拥有每个用户的详细信息。

随着电信运营商的竞争格局不断变化，谷歌、Skype 等 OTT 服务提供商正在蚕食他们的收入。从他们的现有资产中获益并提供良好的用户体验正成为一个关键的成功因素。

（三）通信产业大数据分析技术

传统的通信产业只是作为信息或数据的传输管道，行业的赢利点在于为应用业务提供传输服务。然而，随着通信业的高速发展以及行业竞争的日益激烈，通信业不再满足于仅仅作为数据的传输管道，从目前的互联网应用中，通信企业已经从海量、繁杂的数据中嗅到了更为诱人的商机。在这些数据中，潜藏着拥有巨大价值的数据，当这些有价值的数据零散存在的时候可能不能提供实在并有效的价值，但是这些数据一旦关联起来，则可以为企业带来巨大的价值利益。而通信产业所处的位置是其他行业所不能比拟的，通信产业作为数据的通道，它可以在管道中任意获取全量的通信数据，这个优势是其他行业所不具备的。

在运营商获取到这些大量的数据后，需要通过大数据分析技术，将这些数据进行筛选、整合、集约，再有针对性地通过分析技术对其进行分析。

目前，电信运营商大数据分析管理总体系统框架模型主要分为四层，即物理层、数据层、模型层和应用层。其中，数据层是整个运营商大数据管理的核心部分，为上层应用提供数据支持。具体如图 4-1-1 所示。

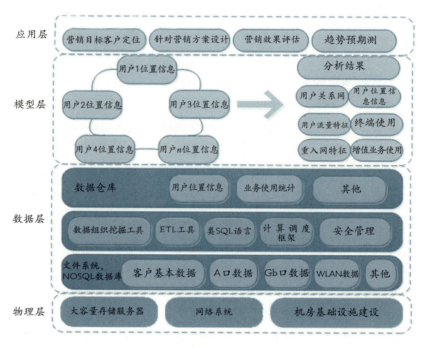

图 4-1-1　电信运营商大数据分析管理总体系统框架模型

在曾经的电信业数据分析过程中，由于数据种类相对单一、数据量相对较小，通常采用小型机作为基础资源，例如 P595，P570 等。在数据层主要采用 DB2、Oracle 等关系型数据库来作为存储和分析媒介。而在数据层以上则一般采用 Web 来呈现分析结果，并提供商业应用。传统数据管理模式的主要技术架构如图 4-1-2 所示。

上述传统数据处理架构已无法适应中国电信业发展所带来的大数据的冲击，主要表现在以下几个方面：

- 海量数据成本很高；
- 数据批量处理能力不足；
- 计算和存储扩展能力受限；
- 流式数据处理能力低下；
- 缺乏非结构化数据处理能力。

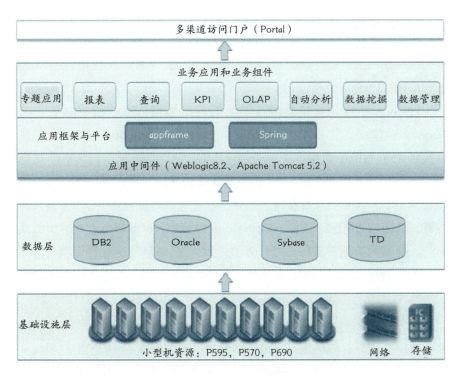

图 4-1-2　技术架构

当前数据分析模式如图 4-1-3 所示。

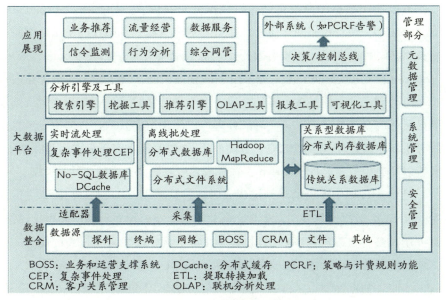

图 4-1-3　当前数据分析模式

面对海量的大数据，如何有效进行数据处理是需要解决的迫切问题，分布式并行处理是有效手段。传统关系型数据库多采用共享磁盘（sharing-disk）架构，当数据量达到一定程度，将面临处理的"瓶颈"以及扩展的困难，同时成本也偏高。当前有效的做法是采用分布式文件系统/分布式数据库结合做分布并行处理。

Hadoop 平台是业界采用较广泛的一个实现方案。核心思想是基于 Hadoop 分布式文件系统（Hadoop distributed file system，HDFS）存储文件或者基于 HBase 数据库（也是基于 HDFS），使用分布式并行计算框架 MapReduce 来并行执行分发 Map 操作以及 Reduce 归约操作。在 Hadoop 的计算模型中，计算节点与存储节点合一。存储数据的普通 PC 服务器可以执行 MapReduce 的任务。而在 sharing-disk 模型中，存储节点与计算节点是分离的，存储的数据需要传送到计算节点做计算。Hadoop 计算模型适合离线批处理的场景，比如 Log 日志分析、文档统计分析等。它是关系型数据库管理系统（relational database management system，RDBMS）的有益补充。

在私有技术上实现分布式存储和并行处理，在调用接口上与 Hadoop 兼容，这是一个可行的技术方案。这种方案可以避免上述 Hadoop 的缺点，同时在性能上做更多的优化。有效的手段包括增加数据本地性（data locality）特性，在多次迭代的计算过程减少数据在不同节点之间的传送；使用索引和缓存加快数据的处理速度。结合存储和计算硬件进行调优也是有效的手段，可以使用数据的分层存储，将数据分布在内存、固态硬盘（solid state disk，SSD）、硬盘等不同介质上，使得与计算资源达到很好的平衡。面对海量数据实时性的要求，比较有效的方式是采用复杂事件处理（complex event processing，CEP）。实时流处理采用事件触发机制，对于输入的事件在内存中及时处理，同时能将多个事件合成一个事件。实时流处理需要支持规则以满足灵活的事件处理要求。实时流处理可以使用分布式内存数据库、消息总线等机制来实现快速实时响应。目前商用的 CEP 产品有不少，但是在功能、性能以及适用范围上有较大差异，选择成熟度高以及合适的产品是关键。

针对大数据中大量的半结构化或者非结构数据，NoSQL 数据库应运而生。NoSQL 数据库放弃关系模型，弱化事务，支持海量存储、高可扩展性、高可用及高并发需求。NoSQL 数据库在特定应用场景下有很高的优势，是传统数据库的有益补充。按照数据模型，NoSQL 主要有四大类：键-值（key-value）型、列存储型、文档型、图型，它们对应不同的应用场景。比如键-值型适合简单键-值对的高效查询，而图型适合社交关系的存储和高效查询。

针对大数据挖掘分析、搜索以及机器自适应学习等技术在企业系统中逐步得到应用。相关的算法种类很多，当前需求较多的是分布式挖掘和分布式搜索。

由于数据类型以及数据处理方式的改变，传统 ETL 已经不适用。运营商需要根据应用场景做不同的规划。目前来说，由于运营商应用系统差别较大，尚未有一种统一的处理模式。比较可行的一种方法是依据数据的功用以及特性做分层处理，比如大量的数据源首先做初筛，初筛完之后有部分数据进入数据仓库或者 RDBMS 或者其他应用。初筛可以使用 Hadoop 或者 CEP 或者定制的方式来完成。

针对运营商的不同应用场景，需要采用不同的技术或者技术组合。比如用户实时详单查询，数据量巨大，但是它的数据类型简单，数据以读为主，不需要复杂的 Join 操作，数据的分布性好。相比传统的 RDBMS，使用 Hadoop 可以大大地提升查询性能，降低处理成本。

（四）通信产业大数据的应用

1. 基于通信产业运营商成本优化的应用

目前运营商网络设备，尤其是数据业务方面的设备所涉及的厂商、型号众多，设备数量大且分布不一。随着网络发展的需要，各级网络区域增设的设备呈几何速度增加，网管人员每日面对海量网络设备告警数据和维护日志，难以快速定位性能问题设备和原因，导致维护效率低、管理成本较高。

通过大数据技术架构，实现对网络设备的全数据实时采集；通过大数据分析平台，计算出网络设备的合理预警阈值，当设备出现问题时，系统准确告警，降低维护成本。

基于大数据的技术应用如图 4-1-4 所示。

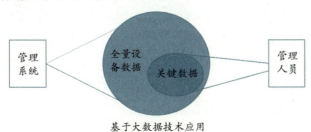

基于大数据技术应用

图 4-1-4　基于大数据的技术应用

运营商成本优化包括：

● 设备数据全量采集，实时刻画网络设备性能数据，快速发现设备因性能问题所致障碍，降低维护人员定位故障原因和故障设备成本。

● 通过大数据分析模型，降低管理人员日常管理数据指标数量，并通过业务模型分析，将之前面向网络设备的管理转向面向网络设备、面向业务、面向用户的管理模式。

2. 基于通信产业用户满意度提升和故障管理中的应用

对于运营商而言，面向用户提供的都是无形的服务，区别于生产制造行业，相对于生产制造业的具体产品，服务的指标难以刻画，用户在体验服务的过程中，满意与否，取决因素较多，数据难以采集，运营商迫切渴望通过大数据技术，分析网络设备故障原因，刻画用户感知，分析自身服务能力缺陷，降低网络设备故障发生率，提升用户满意度，提升自身服务能力和企业价值。

（五）通信产业大数据的应用案例

针对运营商网络运营面临的问题，我们采用大数据技术中 Hadoop 分布式系统基础架构，建立新的数据采集、存储机制，并通过机器学习方法建立数据分析模型。下面列举 2 个运营商实施案例并分析目前国内运营商通过大数据应用带来的用户价值、企业价值以及可延伸的产业路线。

1. 基于通信产业运营商成本优化的大数据案例

性能管理能为网络管理、维护人员提供一种监视手段，通过从被管对象中收集与网络性能有关的数据，分析和统计历史数据，建立性能分析的模型，预测网络性能的长期趋势，并根据分析和预测的结果，对网络拓扑结构、某些对象的配置和参数做出调整，逐步达到最佳运行状态。

运营商现有网络设备所涉及的厂商、型号众多，设备数量大且分布不一，每个厂商的网络管理系统独自管理，并且随着网络设备的不断增加，要全面监控网络性能，需要采集海量数据，并快速读取和分析。对传统的技术架构而言，需要采用大量的存储设备并消耗大量的运算性能，而采用大数据技术，如 Hadoop 架构，则可高效地解决上述问题。

（1）应用场景

1）案例：四川广电接入网网络管理系统

四川广电公司的接入网设备，尤其是数据业务方面的设备所涉及的厂商、型号众多，设备数量大且分布不一，而且尚未建设有统一的接入网专业网管对此类设备进行管理，所以在设备监控方面存在很大的障碍，导致维护效率低、成本较高，如 EPON 设备、EOC 设备、交换机。据不完全统计，需要管理的设备约 45 万台，涉及的设备厂家近 10 个，且不同厂商的 MIB 标准、采集数据格式与接口方式差异较大，难以通过系统化智能管理。采用传统的管理方式只能停留在发现问题再解决问题的"事后解决"的阶段，难以满足管理部门提出的故障发生之前智能预警的"事前管控"需求。

2）项目目标

建立全数据自动采集：建立接入网全网集中监控管理，能够提供全网监控、运维支撑能力，降低网络维护工作复杂度。

网络设备性能问题预测：使用智能化分析工具提高运维效率，通过大数据分析模型为网络设备预测性能问题及其影响范围，提升网络主动运营维护水平。

（2）采用的大数据技术

1）面临的问题

网络设备的数据传输协议标注不一致，需要建立标准化的数据采集接口；

网络设备每天产生的性能数据较大，传统架构不能满足海量数据快速存储和读取的要求。

2）解决办法

采用大数据平台架构，对于数据存储使用 RDBMS + HADOOP HBASE + HIVE + NOSQL 的方式。

（3）技术架构

接入网网络管理系统采用了多层的架构模式，在数据采集服务层实现了网络设备的全量性能指标采集。

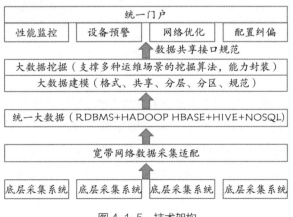

图 4-1-5　技术架构

（4）数据采集

首先，基本数据的采集模块通过动态接口引擎，通过对采集报告配置的模板的加载，实现对采集信息的统一分析配置。

然后，数据采集管理功能是网管系统的核心数据采集平台，主要功能包括：数据采集分析，包括数据采集、预处理、分类处理、告警综合处理、性能综合处理、配置综合处理等；操作通道管理，向下层网元下达指令，提取指令执行结果，对结果进行分析统计等。

最后，由数据处理中心对数据进行统一存储，提供数据调用服务，或可引入大数据和数据仓库技术，具备对海量数据的存储、分析和挖掘。

（5）数据处理

数据处理方式如图 4-1-6 所示。

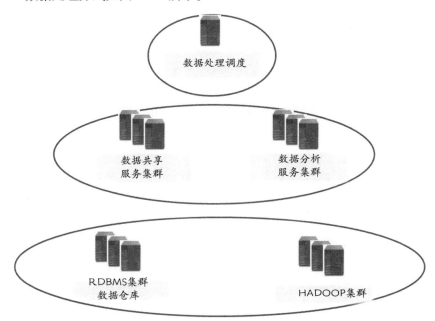

图 4-1-6　数据处理方式

（6）数据分析

通过数据采集后，对网络设备的性能分析包括：EPON 接口的 MPCP 帧统计、OAMPDU 统计、接收和发送的字节包数、发送 / 接收的各类帧长统计、PON 口及每个 ONU 接口的流量、EPON 设备 CUP 利用率、内存利用率、设备温度，以及 PON 模块发射光功率、接收光功率、供电电压、偏置电流。

对网络侧接口和用户侧接口的以太网业务性能参数的采集和监视：

不同长度的包统计、接收到的单播包数、接收到的组播包数、接收到的广播包数、发送的单播包数、发送的组播包数、发送的广播包数、接收到的"PAUSE"流控帧数、发送的"PAUSE"流控帧数、接收到的好包字节总数、发送的好包字节总数、接收到的坏包字节数、发送的坏包字节数、检测到的监视器丢弃数据包事件的次数、校验错误数、经过单次碰撞后正确发送的帧数、经过多次碰撞后正确发送的帧数等。

（7）项目收益

接入网网络管理系统支撑接入网设备的集中监控、集中管理和集中维护，提高用户服务质量和保障水平，该系统主要收益包括以下方面。

标准化数据采集：实现跨厂商、一站式、集中的接入网络的综合监管和测试分析，通过屏蔽厂家差异，自动诊断测试网络性能，降低运营商人员的教育学习成本；通过一键式智能排查，减少人工干预，提高维护精度的同时节省大量人力资源。

网络设备性能问题预测：通过对接入网设备和承载用户业务的集中监管和智能化、自动化运维作业，保障网络得到系统化的例行监控，通过数据分析，为网络设备设置性能预警阈值，快速发现网络性能裂化现象，配合运行数据的自动核查和优化，提升网络运行质量。

2. 基于通信产业用户满意度提升和故障管理的大数据案例

故障管理主要包含 3 个方面。①故障监测：主动探测或被动接收网络上的各种事件信息，并识别出其中与网络和系统故障相关的内容，对其中的关键部分保持跟踪，生成网络故障事件记录。②故障报警：接收故障监测模块传来的报警信息，根据报警策略驱动不同的报警程序，以报警窗口／振铃（通知一线网络管理人员）或电子邮件（通知决策管理人员）发出网络严重故障警报。③故障信息管理：依靠对事件记录的分析，定义网络故障并生成故障卡片，记录排除故障的步骤和与故障相关的值班员日志，构造排错行动记录，将事件—故障—日志构成逻辑上相互关联的整体，以反映故障产生、变化、消除的整个过程的方方面面。

影响网络故障管理成效最主要的因素是如何建立数据分析模型，通过数据模型从海量数据中快速、准确地定位故障原因。

同时，网络故障也影响着用户的上网感知，随着用户对服务的要求越来越高，感知降低造成用户离网、退网等事件的逐渐增多，运营商不得不加强对用户感知的关注度。

（1）应用场景

1）案例：用户健康档案管理系统

2011年，中国电信启动"光纤城市，光网中国"建设，随着用户爆发式增长，中国电信面临业务开通难、故障处理难、网络和资源管理难等问题，这些问题制约业务发展，影响用户感知。

四川省电信公司为快速提升网络服务能力，于2012年推动并建立了宽带及iTV端到端运营保障体系。用户健康档案管理系统是端到端服务质量保障体系中的一个重要子系统，主要研究宽带及iTV业务在网络交付、业务放装、运营保障、故障处理等各阶段、各个用户接触点上端到端运营服务支撑需求，通过管理创新、技术革新制定解决方案并组织实施。

2）项目目标

刻画用户感知模型：以电信宽带上网、iTV等互联网业务的质量分析和刻画，从用户入网开始，长期收集、记录、分析、刻画用户整个业务生命周期内的质量相关数据，进行指标数据挖掘与建模，将网络性能KPI与用户感知QoE实现关联，以用户感知为中心，实现网络感知用户，最终呈现出反映用户业务质量健康程度全景视图，达到"聚焦用户感知，提升网络质量"的目的。

（2）采用的大数据技术

面临的问题：由于网络质量数据具有高维性，数据结构复杂，数据量巨大，传统的统计分析方法难以采集和刻画用户感知。

解决办法：采用大数据技术，以机器学习建模方式，分析关键指标，寻找网络质量与用户感知相关性，建立可自动学习的数据分析模型，通过对关键指标的优化，提升网络质量和用户感知，提高用户黏度。

（3）技术架构

用户健康档案管理系统采用了大数据技术，从技术层次来看，用户健康档案库管理系统可以划分为数据存储层、采集服务层、质量分析与推断层（核心业务逻辑层）、视图展示及业务扩展层、系统管理控制层等5个层次。通过采用多层次混合架构开发和设计，将数据、业务、视图根据实际系统功能及应用需求有机分离，可实现系统内部松耦合，以灵活、快速地响应业务变化对系统的需求。具体技术层次架构如图4-1-7所示。

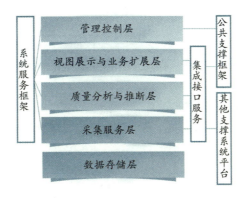

图 4-1-7　技术层次架构

（4）数据采集

数据采集主要基于规则配置和采集调度，分别从资源系统获取用户资源树信息，从 ODS 获取用户投诉及报障信息，从宽带端到端测试系统获取各类测试信息，从 DSL 优化测试系统获取业务质量数据，从终端网管系统获取终端运行质量数据，从 PON 测试系统获取 PON 业务质量数据，从用户感知测试系统获取用户自助测试信息，把用户相关指标数据保存在用户健康档案库，形成贯穿用户全生命周期的业务质量管理。

（5）数据分析

用户健康档案管理系统的主要功能包括健康档案、态势分析、预警管理、指标管理、统计报表、数据挖掘等。该系统的交付使用将会帮助四川电信客服、客调、装维、营销等岗位人员在故障排查、障碍调度、网络保障、市场拓展等方面起到强有力的支撑作用。

（6）数学建模

根据业务需要，主要从宽带业务、VoIP 业务、iTV 业务 3 个方面建立质量模型，根据故障类别建立网络故障推理模型（见图 4-1-8）。

1）宽带业务质量模型

在宽带业务质量指标中，用户敏感的指标包括掉线率、稳定可达带宽、实际上网网速等。其中，实际上网网速是争议较大的指标，分为下行网速和上传网速。"网速"是一个模糊的、面向应用的指标，与链路质量、用户使用的传输层协议、协议参数等均有关系，在技术上一般将其定义为"吞吐率"。

对吞吐率的预测和评估不仅仅关系到宽带网网速是否达标，还关系到一系列网络应用（如基于 RTSP 的 iTV 业务流）能否正常开通的问题，是能力就绪、业务放装、施工测试、运行监控等环节的关键因素。例如，若某个宽带用户的下行吞吐率不达标，则不应该允许开通高清 iTV 业务，否则必然会

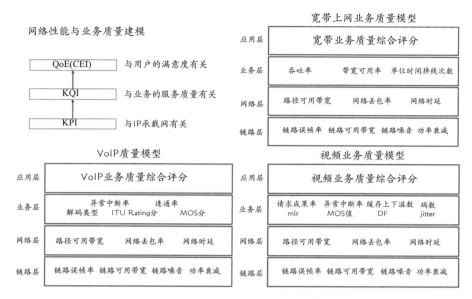

图 4-1-8　网络故障推理模型

造成质量投诉。

我们对宽带网质量分析具备长期而坚实的理论研究基础，并以 iTV 业务为示范应用，在四川电信现网环境下，对吞吐率进行了针对性实测和验证，建立了宽带业务吞吐率模型。

2）VoIP 业务质量模型

VoIP 通话质量可采用主观方法（如 MOS）和客观方法（如 ITU PSQM、PESQ、E-Model 等）来进行评估。前者作为一种人为评估方法，是广泛认同的语音质量标准，虽然评估结果能够反映大多数人的质量感受，但成本太高，费时太长；后者不需要人力成本，评估结果较为准确，因此得到更多的研究。在客观评价方法中，PSQM、PESQ 主要基于传统的电话网络，用于分析个别设备的问题，而不能反映诸如延时、抖动和丢包等数据网络特有的问题，没有考虑网络故障对用户感觉造成的影响，因此不太适合于 VoIP 语音质量评估。

基于 ITU-T G.107 的 E-Model 规范，提出了针对 VoIP 质量 Rating 值（R 分）和 MOS 分评估模型。该模型关注数据全面的网络损伤因素，与其他方法相比，更加适合于宽带网络中的语音质量评估。

3）iTV 业务质量模型

通过前期在端到端项目中的不懈努力，已经在四川电信 iTV 业务指标分析和建模工作中初步建立了针对 iTV 业务质量的指标模型，设计并验证 iTV

业务指标的理论分析方法。

经过实际测试和验证，iTV 业务质量与网络丢包率、mlr 关系密切，逐层指标间的影响关系如图 4-1-9 所示。

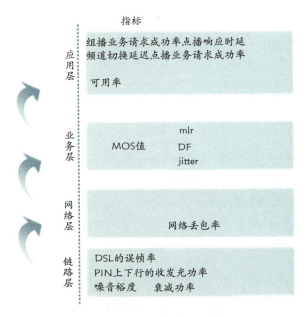

图 4-1-9　逐层指标间的影响关系

在上述指标分析的基础上，定义了 iTV 业务可用率指标，使用可用率、mlr 二维组合分析进行报障预警探索，并对成都 iTV 用户的业务质量进行了预警试验和回访验证，主要原理如图 4-1-10 所示。

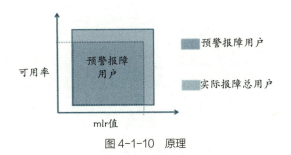

图 4-1-10　原理

同时，我们充分研究不同 iTV 业务类型、ARQ/FEC 等机制对 iTV 业务质量的影响，提出了各种机制情况下 iTV 业务质量的定量计算方法和模型公式。

4）网络故障推理模型

在现有的著名网络故障诊断研究和商业化系统中，绝大多数成果都集中于故障事件的关联分析和推理方法。常见的智能诊断故障诊断方法包括：基于规则的推理（rule-based reasoning, RBR），基于案例的推理（case-based reasoning, CBR），基于模型的推理（model-based reasoning, MBR），编码本（codebooks），神经网络（neural network），因果图模型（causality graph model），依赖关系图模型（dependency graph model），贝叶斯网络（bayesian network）等。其中,RBR 方法的典型案例有 HPECS，CBR 方法的典型案例是 CRITTER, MBR 的典型案例包括 IBM Yemaja, IMPACT, SPECTRUM 等。

通过对四川电信 FTTH/FTTB/ADSL/LAN 等不同接入方式的研究分析，初步建立符合电信特点的网络推理模型。推理模型以网络资源树为原始依托，以网元状态、链路状态、业务流向、业务流量模型为动态运行参数，通过对虚拟模型的推理实现对网络端到端质量的推断，以及对网络未知领域的状态推断，实现故障根因分析和故障定位。

基于网络推理模型，通过自行研制的推断算法，实现了网络状态推理和故障诊断。主要思想可通过图 4-1-11 展示。

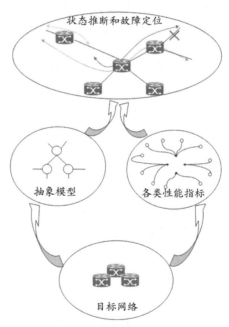

图 4-1-11　基于抽象模型的网络状态推断和故障定位机制

（7）项目收益

1）汇聚海量数据，挖掘信息价值

用户健康档案管理系统处于体系的质量管理范畴。体系中的资源类、网管类、测试类系统为用户健康档案管理系统提供了大量的设备运行、链路性能以及业务感知指标，如资源管理系统的用户资源树信息、端到端测试系统的业务质量测试数据、dsl 测试系统的铜缆线路性能数据、pon 测试系统的光网性能数据、itms 系统的用户终端性能数据以及 ods-o 的用户投诉报障信息，等等。经过细致、科学地筛选、重组，这些海量数据在不断深入的分析挖掘中释放出巨大的价值和作用。

2）创新指标模型，感知业务质量

用户健康档案管理系统拥有一套创新的多层次指标分析模型。依靠多年宽带上网和 iTV 业务研究的成果，经过无数次的尝试探索明确了影响用户业务质量感知的链路、网络、应用等层面的关键指标。运用这套指标模型可以直观地反映出用户使用业务的质量感知和满意程度。

3）刻画业务指标，丰富保障方法

用户健康档案管理系统对关键指标进行了科学归类和真实再现，并在理论研究和大量实验的基础上，创新性地提出业务可用率等关键 KQI 指标，依靠这些指标创建的方法和策略可以快速地诊断出业务质量状况并找出劣化原因和提出解决措施。

4）创建健康档案，描绘用户感知

用户健康档案管理系统核心功能之一的健康档案视图，是从用户视角呈现出用户业务全生命周期质量评价全景图。从新装入网到当前时刻，以入网竣工测试、新装 7 天、故障申告等系列重要事件作为业务时间链上的质量评估节点，在此基础上从 1 周、1 月、3 月等不同时间跨度对业务质量（如业务可用率）、链路质量（如噪声裕度）和接入设备质量（如业务不达标用户占比、链路不达标用户占比）特征进行细致刻画，从而完整地描绘出一份信息丰富的用户业务健康档案，反映出用户的业务体验感受和使用行为习惯。

5）大数据技术预测故障，降低服务风险

用户健康档案管理系统在准确刻画和展示单个用户 QoE 的基础上，结合网络资源树和网络虚拟模型，更深入地开展全局范围的态势分析，从用户、网络以及设备的不同角度对全网业务质量和网络质量予以及时分析、预警和故障区段定位，在帮助客服、客调、装维等岗位的人员提高服务感知、降低投诉总量、提升服务效率、提前发现并快速定位网络问题等方面起到重要的支撑保障作用，从而实现网络资源的优化配置，避免网络规划和优化过程的盲目性。

（六）小结

1. 大数据可扩展性应用研究

运营商对宽带网络运维和用户分析的大数据案例由于更多属于服务，所以我们可以抽象出大数据应用方法和产品，向其他类似网络如校园网、园区网、企业网等市场推广，形成网络相关的大数据应用产业。

2. 社会效益分析

运营商宽带网络大数据应用，主要体现在以下两个方面：
- 智慧化城市效益：用户价值（感知）提升。
- 企业价值提升：运营成本降低、网络建设成本降低，形成网络相关的大数据产业，推向其他共性需求的行业（如校园网、企业网、社区网等）。

二、电子商务大数据

2014年，我国电子商务市场交易规模达13.4万亿元，同比增长31.4%。其中，B2B电子商务市场交易额达10.0万亿元，同比增长21.9%。网络零售市场交易规模达2.8万亿元，同比增长49.7%。从市场结构来看，B2B仍然是电子商务市场的主体，但B2B占比在不断地减小，网络购物占比在不断增加，其主要原因为网络购物行业发展日益成熟。虽然目前网上零售市场中C2C占据更大的份额，但B2C市场的增长速度远大于C2C市场，所以B2C的占比将逐年扩大。

我国经济向"电子商务化"发展日趋明显，电子商务交易规模和应用屡创新高，电子商务的繁荣发展，对于中国经济的增长有着不可代替的助力作用。同时，电子商务已对传统IT市场和传统产业产生影响，促进了企业的业务模式和商业模式变革，对传统行业的转型升级起到重要的作用。

（一）电子商务大数据的需求与挑战

电子商务的发展面临以下3个问题：①大宗物品、消费品、国际贸易等领域交易模式单一，创新能力不足，导致低水平同质竞争现象严重；②消费者个性化需求日益增加，传统业务模式、产品难以满足其需求；③政府管理方式不适，掌控网络经济的能力不足，传统的分区分片管理方式、传统的统计渠道及统计方式难以适应大数据时代的需求。

电子商务产业全过程数字化，与大数据关联密切，二者相互促进，共同发展。电子商务的发展，促进了大数据的积累，各种客户端、网页产生的浏览、购买记录，以及以文字、图片、音频、视频等形式的搜索、分享、评价内容；而大数据的数据处理又促进了电子商务的发展。电子商务产业大数据有以下特点：①数据量膨胀迅速；②数据来源广泛，且具关联性；③数据价值具有一定的时效性；④数据深度分析的需求不断增加。

随着大数据技术的不断发展，大数据应用在价格、性能、灵活性等方面都得到了很好的改善，从而在电子商务上的应用也日益广泛。未来电子商务的核心竞争力来源于对数据的解读能力及其变化的快速反应能力。总体来讲，大数据为电子商务带来的收益可以简要地总结为：有助于电子商务产业创新发展，促进电子商务产业提质增效，保证电子商务产业健康发展。

1. 电子商务产业创新发展对大数据的需求

（1）创新的业务模式

电子商务应用产生了消费、生产、物流、金融等多方面的大数据。大数据技术的不断发展，将来自不同领域的数据进行融合，推动了新的业务模式形成。例如新兴的互联网金融业务，该业务依托于支付、云计算、社交网络以及搜索引擎等互联网工具，实现资金融通等业务。互联网金融具有成本低、效率高、覆盖广、发展快等特点，虽然目前互联网金融在管理上还不够完善且存在一定的风险，但随着监管力度不断加强以及相关法律政策的完善，互联网金融势必会发挥越来越大的作用。

大数据技术的发展正在改变传统的订单模式，大数据的收集和精准分析为企业提供了重要产品营销、购买的数据支撑，用数据说话，科学把握消费者需求，针对每一个个人喜好和需求来提供服务。例如网络视频公司爱奇艺，通过大数据分析类似题材、编剧、导演、演员的视频播放量，推测即将采购的电视剧可能产生的播放成绩，从而制定视频采购策略。

（2）创新的产品和服务

大数据为企业的创新产品和服务开辟了新渠道，企业通过提供个性化的产品或服务来提升自身竞争力。例如，"天猫定制"。天猫掌握了顾客需求的大数据，通过用户行为大数据的分析，可以快速生产出契合消费者需求的产品。据悉，2014 年天猫与家电品牌商尝试了"包销定制"合作模式，15 个品牌专门开辟 24 条生产线为天猫消费者量身定制产品。再如，《纸牌屋》通过分析影视剧网站 Netflix 每天产生的 3000 万次播放、400 万次评分、300 万次搜索等一系列大数据分析之后，发现如果由大卫·芬奇执导、凯文·史派西主演的政治惊悚剧将会很火。又如，亚马逊利用大数据预测顾客将要下单的商品。比如历史购物记录，商品搜索记录甚至是鼠标滑过商品的时间，然后将用户可能要购买的商品运出仓库，放到托运中心寄存，等用户真的下单时，就能直接送往用户家。

2.电子商务产业提质增效对大数据的需求

（1）精准化营销

每一个用户都有自己的偏好。例如，Google 发现用户在使用 Google 的众多免费软件时会有意无意地将个人信息发布到网络上，Google 对这些信息进行深度分析后可以获得用户的爱好及需求，为其投放精准的广告，精准的广告带来了更高的转化率，进而从广告中获得更高的收益。百分点通过分析全网消费偏好，为电子商务企业提供精准的营销服务，提高了电子商务网站的流量转化率和客单价。移动互联网大数据服务商 TalkingData 通过用户标签和用户画像工作，可以帮助企业利用手机 App 进行广告推送，做到千人千面，依据客户喜好来进行广告推送。这种精准广告推送具有成本低、转化率高的特点，在餐饮、服装、美容、零售等行业取得了良好的应用效果。

（2）精细化管理

大数据时代的数据整合能力不断加强，使得电子商务企业更容易、更方便与供应链上下游进行信息与资源共享，企业之间明显的过渡界限显得十分模糊，从而使得最终用户关注的焦点集中于企业如何关心并解决自己的问题之上。因此在产业价值链中，越接近最终用户，企业生存空间就越大。

美国通用电气的 SupportCenter，旨在将分布全球的机构打造成"一个GE"，以达到信息可交换，需求可被采集和发现，信息流动快的效果，将社交化的方式带到企业里来，真正实现平等、自由、协作、快速。

（3）智能化导购

目前，线上导购形式有达人推荐、蘑菇街导购、服务型导购（电话、电视导购）、App 导购四种。例如，"达人推荐"已经成为影响用户购物决策的关键因素，目前的主要应用领域为女性化妆品，在大数据技术的推动下，未来"达人推荐"势必会渗透到零售业的方方面面。企业首先会通过数据分析等手段获得用户的爱好、偶像、需求等信息，然后在合适的时间通过合适的达人为其推荐合适的商品，这样精准的个性化"达人推荐"会大大地提升转化率。未来，大数据应用将开启更多的、新的智能化导购模式。

3. 电子商务产业健康发展对大数据的需求

（1）信用保障

在大数据时代，买卖双方的信息、商品信息、服务信息都可以在网络上被检索到，这些信息的不断透明化增加了商务环境的透明度。商务环境的透明化，降低了买卖双方由于信息不对称而造成的代理人、道德风险以及逆向选择等问题发生的概率，促进电子商务向着更加健康的方向发展。

电子商务信用体系的难题在于信息采集难、辨伪难、评价难、跟踪难，随着大数据时代的到来，这些问题都可以迎刃而解。大数据通过对用户的信息（如学历、职业、住址、购买记录、交易次数＆金额、投资理财情况等）进行全面采集，分析其行为特征并做出评价，最重要的是对用户的相关信息进行长期跟踪，做到能够实时跟踪并预测用户的信用等级。例如，美国名为 Kreditech 的网站，其短期小额贷款业务不需要客户提供信用证明，而是通过大数据分析各种公开来源信息来判断借贷者欺诈、欠账与及时还款的可能性，整个判断过程只需数秒钟。

（2）质量保障

在大数据时代，企业可以通过众多渠道获得用户对商品或服务的评价，并根据用户的评价持续提升企业的产品或服务质量。例如大众点评网，汇聚了数千万用户购买、使用各类商品的数据，以此为基础对商品质量进行评价，效果良好。再如，PRADA 的旗舰店中每件衣服上都有 RFID 码，在采集被试穿衣服所在城市、旗舰店、被拿进试衣间时间、停留时间长度等信息后，根据数据分析结果对衣服进行相应修改，结果可能会使其成为一件非常流行的服装。

4. 电子商务大数据的问题和挑战

（1）缺乏真正的大数据

电子商务大数据是关于电子商务企业、商品／服务、用户、物流商的综合联系，是以用户最初获得商品信息为起点，到商品／服务被用户享用，以及售后、评价等信息被记录的过程。随着时间的推移，电子商务企业的数据积累一方面来源于新用户，另一方面来源于老用户不断增加的消费过程。在电子商务领域，像淘宝、京东、亚马逊这样的公司数量有限，大多数的电子商务企业还处于起步阶段，尚未完成原始数据的积累，没有形成真正的大数据。

（2）数据安全问题凸显

随着大数据技术的不断发展，数据的收集、整理变得愈加容易，各个渠道的打通使得电子商务汇集了消费者的全面信息，包括消费者基本信息、交易信息、偏好信息、社交信息和位置信息等。网络和数字化生活使得犯罪分子更容易获得关于人的信息，也有了更多不易被追踪和防范的犯罪手段。企业在为消费者提供个性化商品或服务的同时，使用户的隐私不受侵犯这个问题面临重大挑战。

（3）亟须建立相关法律法规和标准

对于个人隐私、数据主权、迁移、传输、安全、灾备等问题，缺乏权威和体系化的法律规制，缺少统一监管和行业自律，大数据安全体系技术薄弱。应建立面向不同主题、覆盖各个领域、不断动态更新的电子商务大数据法律法规和标准，为实现电子商务产业健康发展奠定基础。

（二）电子商务大数据资源形成的途径

1.建设电子商务基础信息基础设施

我国电子商务发展势头良好，具有一定的国际比较优势，存在引领全球电子商务发展方向、把握发展主导权的历史性机遇，但也存在一系列丧失机遇的风险与挑战：一是效率和质量不高。各电商平台耗费大量人力、物力各自重复采集、管理、维护同一企业、同一商品基础信息，其主要资源耗费在采集管理基础信息、打价格战、低水平同质竞争等方面，导致电商企业经营成本高、负担重、创新能力弱、赢利水平低。从宏观角度讲，造成整个网络市场运行成本高、效率低、质量差。二是国际形象不佳。网络市场中各电商平台对同一企业、商品的基础信息表达或描述不一，相关企业或消费者对其真实性、合法性难以辨别，存在大量未经许可的非法网站、非法企业、假冒伪劣商品；有效交易凭证（电子发票）缺失，刷单等虚假交易现象屡见不鲜；网络交易纠纷日趋增多，消费者维权难度大，在国际上"中国电商是假冒伪劣窝点"的宣传报道及相关案件时有发生。三是政府掌控能力不足。政府相关部门尚未采取有效的方法和手段采集、管理和维护网络市场中交易主体、交易客体、交易结果完整、准确、实时、动态的网络经济信息资源，无法进行适时、准确的统计分析工作，难以制定与出台针对性强的产业发展政策和宏观调控措施。

上述风险和挑战的根源是缺失全社会交换或共享的规范、真实、准确、唯一的企业、商品、订单或合同、发票、物流运单等电子商务基础信息及相应的采集、管理、维护的机制和设施，即电子商务基础信息设施。

电子商务基础信息设施由相关法规、标准规范及公共服务平台体系构成。其中，相关法规包括《电子商务基础信息可信服务管理办法》《电子发票管理办法》《跨境电子商务综合信息服务管理办法》。《电子商务基础信息可信服务管理办法》规定采集、管理、维护、共享电子商务市场主体、网络交易商品基础信息行为规范及相关方责任、义务、权利。《电子发票管理办法》规定电子发票开具、传输、管理、使用行为规范及相关方责任、义务、权利。《跨境电子商务综合信息服务管理办法》采集、管理、维护、共享跨境电子商务通关、商品检验检疫、结汇、退缴税必需的企业、商品、电子订单或合同、电子发票、物流运单等基础信息的行为规范及相关方责任、义务、权利。相关标准规范包括电子商务市场主体基础信息规范、网络交易商品基础信息规范、电子合同基础信息规范、电子发票基础信息规范、物流运单基础信息规范等。相关公共服务平台包括电子商务基础信息可信服务平台、电子发票信息管理与服务平台、跨境电子商务综合信息服务平台。

电子商务基础信息设施的主要作用是：①采集、管理、维护、监测与共享电子商务市场主体、网络交易商品规范化基础信息，降低各电商平台采集、管理、维护相关基础信息成本，提高电子商务市场运行效率。②为相关方提供开具、传输、管理、查询电子发票等服务，降低发票相关业务成本，提高发票相关业务效率，避免税收流失。③采集、管理、维护、共享跨境电子商务通关、商品检验检疫、结汇、退缴税必需的企业、商品、电子订单或合同、电子发票、物流运单等基础信息，降低跨境电子商务通关、商品检验检疫、结汇、退缴税等环节成本，提高效率。④监测电子商务市场各类非法违规、假冒伪劣信息及行为，为政府相关部门提供执法依据。⑤形成电子商务市场中交易主体、交易客体、交易过程完整、准确、实时、动态的网络经济信息资源，便于政府相关部门进行电子商务产业发展的统计分析，为政府相关部门制定与实施针对性强的电子商务产业发展政策提供决策依据，提高政府对网络经济信息资源的掌控能力。

建设电子商务基础信息设施不仅具有重要的现实意义，而且具有重大的战略意义。①建设电子商务基础信息设施不仅可以形成低成本、高效率的电子商务发展环境，更为重要的是可以在全球范围内树立我国电子商务市场可信形象，有利于增强全球消费者对中国企业及其商品的消费信心，吸引全球电子商务优势资源聚集我国，形成发展电子商务更大的比较优势，进一步提升我国电子商务在全球的影响力，在全球电子商务发展的竞争格局尚未形成的今天，其现实和战略意义尤为明显与重要。②建设电子商务基础信息设施，通过政府和市场相结合的方式，调动各类电子商务市场主体的积极性，共同营造电子商务良好发展环境，可以形成"主动管理、社会共治、精准巡查、协同执法"的网络市场治理新模式，该模式属全球首创，有望通过电子商务国际化途径逐步向其他国家辐射，使我国成为全球电子商务基础信息设施建设引领者，占据全球电子商务发展的制高点。③建设电子商务基础信息设施，可以形成真实、准确、规范、动态的电子商务市场主体、商品、有效交易结果等经济信息资源。该资源实际上是网络经济环境下最重要的战略性信息资源，利用该信息资源，一方面，有利于进行电子商务产业发展的统计分析工作；另一方面，可以进行电子商务大数据分析，为政府相关部门实施针对性强的电子商务产业发展政策及宏观调控措施提供决策依据，有效提高政府对电子商务发展的掌控能力。

政府主导、市场化运作是电子商务基础信息设施建设与运营的最佳方式，该方式既可以保证足够的公信力和权威性，又可以有效率、高质量地提供相关服务。

2. 建立大数据交易市场

建立大数据交易市场，对分散在各个领域的数据进行收集、加工、整理，将积累的丰富数据资源，通过统一的交易平台，在确保合理合规的基础上打破"数据孤岛"，盘活"数据资产"，为企业、政府、科研单位乃至个人提供数据交易和数据应用的平台，以推动数据资源开放、流通、应用为宗旨，构建地方乃至全国大数据流通、开发、应用的完整产业链。

建立大数据交易时常需解决的主要问题是：①建立大数据交易规范。根据相关法律法规，细化交易过程中的隐私保护、数据安全保护等方面要求，建立一套安全、可信、公平、透明的大数据交易规则体系。②制定大数据交易标准。定大数据分类、文件格式、传输协议、访问 API 等技术标准，推动标准实施，破除数据流通的技术障碍。③研究建立大数据定价机制。以交易实践为依托，研究制定大数据资源定价参考体系，探索建立大数据价格指数。

（三）电子商务大数据应用案例分析

1."百度迁徙"分析春运人口动态迁移

30 多年来，中国春运大军从 1979 年的 1 亿人次，飞速增长到 2013 年的 34 亿人次，传统方法难以对人口迁徙进行实时动态统计。百度利用基于位置服务（LBS）开放平台上的手机定位信息，绘制了手机用户的地理位置轨迹，能够实时、动态地展示春运人口迁移路径。

2.亚马逊"预测性物流"未下单先送货

亚马逊的"预测性物流"利用大量的数据去预测顾客要下单的商品。比如历史购物记录、商品搜索记录，甚至是鼠标滑过商品的时间，提前将这些商品运出仓库，放到托运中心寄存，等用户真的下单了，即刻装车送往用户家中。

3.百分点基于个人全网数据的精准推荐（见图 4-2-1）

百分点通过分析全网消费偏好，为电子商务企业提供精准的营销服务，提高电子商务网站的流量转化率、客单价，提升客户购买的品类数和多样性。百分点主要利用基于内容、用户行为以及社交关系网络三种方法，为用户推荐其喜欢的商品或内容。根据购物网站上每位顾客的浏览和访问历史挖掘其个性化兴趣偏好，从而向不同的顾客展示他们各自可能需要的商品。其消费偏好平台目前已经有超过 1.4 亿网购消费者的消费偏好，超过 200 亿个消费偏好标签。

图 4-2-1　百分点基于个人全网数据的精准推荐

4. Kreditech 基于全网信息的个人小额信贷

借贷通常需要提供信用证明，Kreditech 的短期小额贷款业务却不需要客户提供信用证明，而是通过访问用户的 eBay 主页、Facebook 主页等，了解其电子商务购物行为、手机的使用情况以及位置数据等，通过大数据分析各种公开来源的信息来判断借贷者欺诈、欠账与及时还款的可能性，整个判断过程只需数秒钟。

5. 大众点评基于用户评论的核心竞争力（见图 4-2-2）

大众点评网上的数据并不是传统统计意义上的公开数据，而是集合了千万用户感知的活的数据。这种极具参考价值的内容，不是任何网站、任何人都能轻易收集、复制出来的，是大众点评的核心竞争力所在。以商户"推荐菜"为例，大众点评上的商户"推荐菜"并不是商户提供的固定信息，而是从上百个可供选择的菜中，通过大众点评超过 4200 万活跃用户投票，用统计学的原理获得的十几个推荐菜，是该商户真正意义上的"推荐菜"。

图 4-2-2　大众点评基于用户评论的核心竞争力

三、保险行业大数据

保险行业是天然的数据相关行业，大数据的引入不仅将提升保险行业原本的数据采集、管理和应用水平，更将带来解决当前保险行业发展瓶颈的重要契机。

（一）保险行业的现状与挑战

保险业务通过集中多数个体或是组织的风险，使用预测和精确计算等手段，确定保险费率，建立保险基金，以补偿财产损失或对人身事件给付保险金，使少数不幸成员的损失分摊给所有成员，从而实现对灾害事故损失的分摊，为社会提供保障。中华人民共和国成立后由中国人民银行总行发起的中国人民保险公司是中国历史上第一家国有保险公司。

激烈的市场竞争对于风险意识的培养带动了人们保险意识的成长，而国民经济的发展则为保险行业的发展提供了客观条件，另外，保险行业也在不断完善适应发展要求的有关制度，最大限度上推动了市场经济的发展，使得国民经济保证持续快速稳定发展。然而，长期快速发展的保险行业却暴露出越来越多的问题，如寿险业趸缴业务占比过高、发展内生动力不强，经营成本攀升，产险业车险业务占比超七成，业务结构调整短期难以见效等；另外，随着云计算、物联网、大数据等概念的兴起和逐渐落地推广，逐渐兴起的互联网保险向传统的保险企业和保险销售、运营模式发起了挑战，保险行业需要直面当前的主要问题，以更加主动的态度拥抱新技术，实现新时代下的行业发展。

总体上来说，保险行业当前面临的问题和挑战可以分为以下几个方面：

1. 产品创新的步伐要求进一步加快

以用户中心的风潮正在逐渐影响所有的传统行业，谁能准确把握最新技术动向，最紧密地结合用户需求，不断开发和推出适应市场的险种，谁就能赢得机遇。传统保险企业需要舍弃陈旧的营销观念，化解产品与业务风险，建立高效的信息反馈机制，利用微信、微博等新兴平台，利用不同客户的个性需求，积极创新，及时扩大可保风险涉及面，及时推出新产品新服务。而这种服务并不能完全在虚拟的网络世界中生存，还应该积极调整网点布局和网点结构，将互联网保险营销同传统保险营销结合起来。

2. 完全依靠代理人数量制胜的营销手段需要改善

保险销售环节是整个保险公司的生命线，传统的营销过程中保险公司主要依靠保险代理人群体实现保险产品的销售，代理人成为保险公司与保险客户之间沟通的桥梁。当前来自世界各国的经验都表明，保险业的发展都离不开保险代理制度的运用与完善，由于保险人和投保人之间存在极强的市场交易障碍，双方信息不对称问题突出，因此保险代理人制度便成为保险市场中最普遍的营销方式。

然而，目前中国保险市场的发展环境不成熟，保险代理制度建设仍处于发展初期，制度缺陷问题较为突出。此外，由于保险代理门槛偏低导致代理人员职业素质不高、保险代理制度畸形导致约束激励机制设计不当等原因，保险行业当前的代理人营销手段成为影响用户对保险行业体验的重要桎梏。对于保险企业来说，对保险代理投入过量的资源也会导致保险企业前端离客户越来越远，无法直接向客户传达有效信息，而保险企业后端资源枯竭，因为沟通不顺畅将会导致服务能力和水平达不到客户需求。

3. 投资模式单一带来低收益及高风险

保险公司将扣除责任准备金以外的其他资金用于投资盈利的模式被称作保险投资。我国保险业近几年随同经济飞速增长，和其他金融行业一样也得到了长足的发展。而保险投资，又作为其运作、盈利必不可少的重要环节，已经成为现代保险业赖以生存的基石，占据着举足轻重的地位。

根据统计，现阶段保险公司仍将大笔资金作为银行存款放置在银行里，金融投资额稍显不足，随着新保险法的实施，保险公司的投机方式日益多样化，但大多数公司仍然趋向于投资风险较小，流动性较高的资产，而放弃了应得的资金收益率，这也使得现阶段中国保险公司的利润来源仍以保费收入为主，而投资收益只占很小的一块比重。同时，保险投资面过于狭窄，基本上投资于流动性较好的国债和金融债券，对权益类证券和贷款投资不足，使得投资组合过于单一，投资风险过大。单一的投资组合的缺陷是在利率发生较大变化时无法得到对冲和及时的资金补充，导致资金危机出现。另外，同样尤为重要的是，保险投资组合抗风险能力不足就会直接导致投资资产的安全性得不到保障，在巨大风险面前容易招致损失。

因此，对于保险企业来说，拓宽投资渠道，谋求多元化的组合，以更加科学的方式支持资产投资过程是进一步提升保险投资收益率、减少投资风险的必要过程。

4. 保险行业的客户服务水平需要提升

保险服务是保险产品开发、生产、销售和消费的一系列行为和过程，它是保险供给者向保险需求者提供的各种有形和无形要素的集合。保险公司在本质上就是为客户提供规避风险或风险投资的金融服务公司，服务水平的高低以及保险产品的设计是保险公司之间形成差异化的主要来源。

随着我国保险业的不断发展，行业整体服务水平、服务质量有了明显改善，但与国外较为成熟的保险业相比还有一定的差距。这些差距主要表现为：保险代理人素质不高、服务流程未进行标准化设定，并未对保险代理人进行培训，影响客户服务过程中的客户体验；保险企业服务体系不健全，服务链脱节现象严重，市场竞争秩序混乱，一些保险企业只重视两端，却忽视全程服务；服务整体水平及专业化程度不高，目前各保险公司的部门设置、保险产品、服务手段等内容大同小异，在服务创新方面亟须引入新的模式和方法，实现真正以客户为中心的标准化保险服务设计。

5. 保险企业经营管理模式有待改进

当前有些保险公司一味追求引领市场，在产品设计中忽视对客户需求的把握，一味求快求新，导致退出的产品与客户需求脱节，最终在当前的买方市场中难以取得竞争优势；而另一部分保险企业虽然意识到客户需求的重要性，但是不知应该如何开展用户需求的识别工作，由于传统的市场调研技术的整个流程周期较长，当对客户需求的收集过程完成后，得到的数据将存在较大的滞后性，而这些滞后性将导致企业无法及时把握最准确的客户需求进而影响企业的客户分析效果。

6. 互联网保险的发展带来其他行业的挑战

数据显示：从 2011 年开始，国内开展互联网保险业务的企业从最初的28 家到 2014 年的 76 家，增长了 171%；保费收入从 2011 年的 31.99 亿元到2013 年的 291.15 亿元，约占全年保险行业规模保费的 1.37%，3 年的增幅高达 810%，年平均增长率高达 201.68%。2014 年，前 3 季度互联网保险保费收入高达 622 亿元，已经远超 2013 年的全年水平；投保客户数量从 816 万增长到 5437 万，增幅达到 556%。

时下流行的许多网络保险都只是以噱头的方式吸引民众对保险公司及该公司其他产品的注意，或在推广保险的过程中更强调保险的理财分红功能，而忽略了保险的保障这一本质意义。我国互联网保险的发展相比于欧美发达国家，在互联网营销水平上仍有相当大的差距。随着保险公司对线上渠道和产品创新的重视、吸收网民保险创意的进一步研发，互联网保险势必成为保险公司业绩提升和发展的新增长点。

然而，此外，掌握着海量用户资源的互联网企业也在逐渐发起向其他领域的扩张，虽然当前因为保险牌照的管控问题，国家还未正式放开互联网企业在保险领域的独立行动，但是传统的保险企业也需要积极改变思维模式，在新的技术环境下深耕细作产品模式，以迎接未来可能的挑战。

7. 保险企业数据管理意识有待增强

保险行业已建成包括承保系统、批改系统和理赔系统等在内的一系列信息系统，并积累了大量的历史数据。然而，在当前的保险企业中，许多企业都存在数据管理不规范、数据库重叠、冗余严重的问题，在企业内部还没有完全实现规范、有序、合理的数据管理。此外，保险企业的传统数据库中主要保存客户的保单数据，如姓名、身份证号、年龄等，这些结构化的数据是客户基本特征的重要描述，然而，除了这些结构化的字段数据外，客户的照片、保单扫描件、签名、客户理赔走访视频等非结构化数据也是保险企业数据资产的重要组成部分，保险企业当前对于非结构化数据的管理还处于比较初级的阶段，需要进一步完善非结构化数据的管理模式，进行数据价值的充分挖掘。

（二）保险行业的宏观对策分析

目前，保险业正日益被呈几何级数增长的海量信息包围，它们包括业务数据、财务数据，以及保险网销、电销渠道积蓄的大量视频、语音、图片、网络日志信息等非结构性数据。在数据采集来源多元化，数据存储成本直线下降的背景下，保险企业对大数据的分析、掌控能力，成为支撑科学决策及服务创新，构建企业核心竞争力的关键。大数据分析与管理逐渐成为保险信息化建设进程中与核心业务系统建设、渠道建设和前置系统建设同等重要的领域之一。本节针对保险行业中数据管理和应用的趋势提出以下发展建议。

大数据时代数据成为核心竞争力，保险企业需要高度重视数据的管理，把形式、来源多种多样的数据规范、安全、有序地管理起来，完善数据分类管理制度，并从基础设施和数据库应用层面为大数据时代海量数据的管理做好准备，避免使海量数据的高效、高速、安全存储成为未来大数据应用的掣肘。

数字化的世界中，万事万物都以数字化的方式呈现，所有的数据都可以被收集；保险行业需要重视外部数据的收集、整理和利用，一方面结合客户核心数据模型加强内部数据的管理，另一方面基于客户价值模型梳理数据需求，结合外部数据源明确外部数据采集条目，充分拓展数据收集渠道，并逐渐形成成熟的结构化、非结构化、半结构化数据管理分析模式。

海量数据资源需要得到有效利用，保险企业亟须启动支持知识抽取、非结构/半结构化数据分析、海量数据处理的新一代数据中心的建设，基于数据中心构建完善的知识管理系统，打通从基础数据到价值创造的通路，使用数据中心支持保险行业中的管理创新，同时在管理模式上予以针对性的变革，真正实现企业内部管理基于数据的高效、准确、科学管理，实现从"拍脑袋""直觉式"的决策模式到真正基于数据的决策模式。

以数据收集及应用为核心，围绕具有数据资产的企业上下游将会形成完善的大数据产业链，分布于产业链上的企业有些具有数据资产，有些则针对数据资产提供专业化的服务。保险企业可以尝试完善内部的数据收集、利用机制，更应该在保险数据产业链中找准定位，与产业链中的其他企业从数据分享、技术外包等方面开展有效合作。

随着数据支持更加个性化的客户分析和整体倾向预测，保险公司需要进一步向"以客户为中心"的价值创造过程进行转变，新的 IT 架构和企业战略应该有效支持"以用户为中心"的服务提供；在现有客户分析模式的基础上充分利用客户数据，实现对客户群体的精细化分类，紧密把握客户需求，针对客户需求提供产品研发、产品营销、契约签订及保全、客户服务、客户理赔等全环节的精细化服务，实现客户满意度的提升。

数据公开、数据分享即将成为大数据时代的趋势。不论是政府、还是企业、个人都将不断创造越来越多的数据，这些数据体量之大，使得单个团体或者个人都无法充分发掘其中的价值。另外，数据关联分析成为大数据时代的重要特征，对多组来源不同的数据进行联合分析，可能将获得许多新的重要结论。因此，不同类型数据之间的分享、共享将成为社会层面数据价值挖掘的重要体现。

对于保险企业来说，既要关注外部数据共享，获取外部数据，也要抱有开放的数据分享态度，构建企业内部的数据分级分享体系，根据数据密级特征对企业数据资产进行分级评定，在企业数据共享平台上根据数据密级对数据资产进行分级公开，引入社会智慧、开展数据分析合作。企业数据共享平台构建如图 4-3-1 所示。

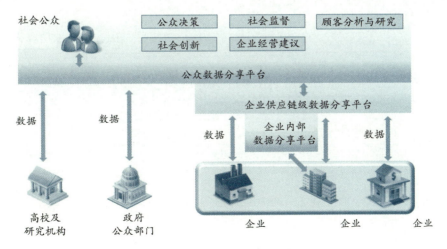

图 4-3-1　企业数据共享平台构建

207

大数据的引入对企业现有的信息化系统和业务流程提出了重大的挑战，许多行业的现有信息化体系在大数据面前都显得心有余而力不足，因为这些信息化体系大多只能满足基本的业务电子化需求。在下面一节中，我们结合人寿当前的信息架构，从应用的层面给出了未来大数据 IT 框架的设计方案。

物联网、云计算以及新的技术模式正在不断促进各产业的传统运营模式革新，保险企业需要以开放的心态主动了解新技术、寻找新的技术与保险行业业务模式的结合点，应用新技术提升企业运营效率。互联网新技术可改变传统保险行业依靠人海战术效率低下的销售模式，通过强大的数据采集技术，总结互联网出现的客户共同特征和购买规律，制定精准的销售策略。精准地寻找到潜在的消费者，实现精准的场景营销。打破时空限制，让消费者在线获得全流程承保和理赔的方便快捷的专业化服务。

（三）保险行业大数据应用框架

在保险行业的业务流程中，数据一直占据着核心地位，不论是产品的设计、风险的评估、保率的设定，还是欺诈预防、客户的管理，在大数据的助力下，这些业务环节也将得以进一步改良，为保险企业的战略规划、业务创新和服务改进创造更加巨大的价值。保险企业的组织模式和经营过程正在逐渐向着以客户为中心的价值链转变（见图 4-3-2）。因此，保险企业中的大数据应用也以客户生命周期为主线，并在客户生命周期主线下，沿着代表保险公司经营过程的价值链展开。

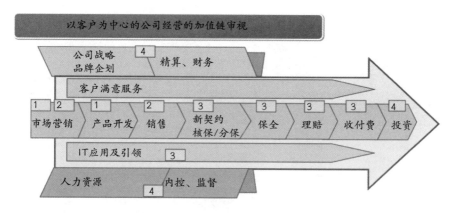

图 4-3-2　以客户为中心的保险公司经营过程价值链

表 4-3-1 按照客户生命周期，列出了保险行业大数据应用框架。具体来说，针对还处于潜在阶段的客户，保险公司重点开展品牌宣传、新产品研发以及市场营销等方面的工作；针对已经与保险公司进行接触的客户，重点开展产品销售工作；随着客户与保险公司签订契约，潜在阶段的客户正式成为产生交易关系的成熟客户，而该阶段的工作则包括保险行业价值链中的新契约、核保 / 分保、保全等工作；一旦客户所购保险进入理赔阶段，则需要针对理赔过程开展服务，并根据理赔核算的结果完成收付费工作。在完成收付费工作后，客户的价值可能会逐渐消退，如果不能开展有效的客户维系工作，客户在结束理赔阶段后则可能流失。针对用户信息库中已经完成保险业务全流程的客户，可以开展响应的客户关系维护工作，将现有非活跃客户重新开发为有价值的客户。此外，开展投资、扩展公司的盈利能力也是保险行业价值链中非常重要的环节，数据分析的支持能够为提升投资回报率、规避投资风险提供更多的保障。

表 4-3-1 保险行业大数据应用框架

客户生命周期	价值链对应阶段	大数据应用内容
潜在客户	品牌宣传及营销	客户关系管理、营销方案选择、销售渠道拓展
	新产品研发	产品研发支持、灾害建模、UBI产品、产品组合设计
客户接触	产品销售	销售效率提升、交叉销售、二次销售
客户成熟	新契约	
	核保/分保	核保支持、分保决策支持
	保全	保全过程支持
客户价值衰退	理赔	理赔及时性、欺诈检测、索赔管理（提升估价效率、识别诉讼倾向索赔）
	收付费	
客户流失	客户关系维护	流程改进、客户保持
其他	投资	投资组合决策
	客户服务	呼叫中心建设、客户服务反馈
	现金流管理	风险识别，包括再保险、代位追偿等
	代理人管理	代理人风险分析、代理人质量指标
	战略决策支持	企业运营分析

以下对保险行业各阶段中的大数据应用场景进行简单介绍。

（1）品牌宣传及市场营销

传统的保险公司品牌宣传模式包括电视媒体、平面媒体、户外媒体、网络媒体、电影植入广告等，通过充分利用数据资源，可以实现对客户的精细化分析，结合主要受众群体特征针对性地确定品牌宣传形式、内容和渠道，拟定品牌费用的最优使用方案。

（2）新产品研发

保险公司的新产品研发过程包括创意形成、创意优选、综合业务分析、产品技术设计、新产品实施、产品评估等环节，其中最关键的任务就是确定保险产品的费率，以达到既形成客户吸引力又能够实现公司盈利的效果，而这部分工作的完成极大地依赖着数据的支持。因此，数据技术的发展对于保险公司的新产品研发过程意义重大，海量数据的管理和分析技术使得保险企业能够及时掌握多角度的客户需求信息，针对性地开发出新的保险产品，而在充分了解客户群体需求的基础上，也可以结合需求对现有产品进行变更、革新，使得产品能够更加满足需求。此外，基于用户需求分析和购买分析，保险公司也能够设计更加受欢迎的保险产品组合，既能够有效锁定客户需求，为客户提供更精准的服务，也能够促进保险产品销售，更大程度地实现客户价值。

同时，数据分析技术能够有效增强保险公司的客户特征描述能力，结合客户的个体特征，在保费定价等层面进行更加个性化、人性化的设定，丰富产品的提供，提升客户满意度。

（3）产品销售

通过使用数据分析技术，保险销售人员可以对当前所有的客户信息进行分类，对客户的价值进行准确的评估。同时，还可以基于客户当前状态信息、已购买保险信息等数据进行客户交叉购买的预测，从客户中准确识别出最可能购买某些保险险种的客户，针对性地开展销售活动，提升销售效率。保险销售过程中，由于不同客户所能偏好的销售形式、渠道都可能不同，因此，根据客户信息推断客户的性格特征，从而以客户最偏好的方式进行销售，也有助于提升保险产品销售的成功率。这种方法不仅可以用于初次销售，也可以为成熟客户的交叉销售、二次销售提供支持。

（4）核保／分保

在新契约的签订过程中，保险公司需要对投保申请进行审核，评估保单风险，并决定是否承担这一风险，在接受承保风险的情况下，确定承保条件或者是否启动分保流程。在这个过程中，基于内部数据和外部数据而进行的数据建模和分析是核保 / 分保准确开展的最关键的决定因素，因此大数据分析技术将对这个阶段的风险控制产生直接的影响，以更高效、准确的方式为核保过程提供支持。

（5）保全

如果客户已经完成了协议的最终签订，在协议执行过程中，客户可能提出资料变更、内容变更等保全要求，保全过程包括客户申请、受理申请、初审扫描、审核及业务处理、出具批单、收付费等环节。保全是保险公司与客户进行互动的关键环节，客户对于保全过程的感受直接决定了客户对于保险公司的满意度，因此在该过程中需要准确识别客户需求并迅速提供客户最需要的服务，而这也是数据分析技术所能提供的。另外，该过程中涉及的保全请求审核环节也可以借助数据分析技术提升审核效率，最大限度地降低风险。

（6）理赔

理赔是寿险公司在被保险人发生约定保险事故后，根据保险合同有关条款的约定，承担保险责任，履行保险金给付义务的过程。

在大数据时代，保险公司可以实时获得客户的出险信息，并及时主动地向保险客户提供理赔等服务。例如，某保险公司客户在高速公路上驾车出险，只要该客户向交警报案，保险公司就能够及时获得报案信息，在客户没有向保险公司提出理赔申请之前，主动地向客户提供理赔服务，并根据客户的风险提供客户车险优化方案，真正做到贴心服务。

在理赔环节中，保险公司需要安排调查客户损失情况，并根据实际情况履行赔付义务或是拒绝理赔请求，通过异常点检测、分类器等方法，可以更好地识别出保险理赔请求中的欺诈行为，减少保险公司损失；同时，结合数据库中的历史诉讼数据，可以识别出具有诉讼倾向的客户，预先给予关注，减少因为诉讼过程而为企业带来的影响；而通过综合使用历史数据，还能够对审核过程中赔偿额度的确定给出建议，帮助工作人员更快速地完成理赔金额精算过程。

（7）客户关系维护

如果客户在完成了保险理赔过程后，不再选用公司的保险或者投资服务，则成为流失客户。针对流失客户，可以进行数据整合分析，识别出可能具有流失风险客户的关键特征，在此基础上，可以对可能会流失的客户进行预判，提前开展营销、客户关系维护等工作。而另一方面，针对已流失客户，可以进行营销特征分析，通过针对性强、准确率高的销售服务，重新把这部分客户吸收为活跃客户。

（8）投资

通过综合历史投资数据、行业趋势数据，投资部门可以做出更加科学准确的投资决策，减少决策风险，提升投资收益。

（9）客户服务

客户体验的好坏是保险公司运营过程的重要评价指标，而通过引入数据分析方法，可以有效地识别出不同客户的需求，提升呼叫中心的效率、规范呼叫中心流程，同时，可以有效地收集客户反馈，并基于客户反馈优化客户服务过程。

（10）现金流管理

保险公司运营过程中，还需要对现金流进行有效管理，通过数据分析技术，可以识别当前运营中的风险，包括再保险、代位追偿等，保证企业的稳定运营。

（11）代理人管理

保险代理人是现代保险市场上保险企业开发保险业务的主要形式和途径之一。保险企业对于保险代理人既有技能层面的要求，也有职业道德、素质等方面的要求。在选拔和雇用保险代理人的过程中，企业可以结合保险代理人历史绩效数据，为保险代理人的选拔提供支持，结合当前候选人的基本情况，对于保险代理人预期表现进行预测。而对于已经雇用的代理人，则可以设定关键绩效指标，对于这些代理人的表现进行管理，预防可能存在的代理人道德风险。

（12）战略决策支持

大数据不仅可以结合具体的业务场景，对保险公司业务的具体拓展提供支持，另一方面，在对公司业务数据进行充分分析的基础上，还可以形成对公司经营过程更加深刻的理解，对公司战略的制定和公司具体业务决策提供有力的支持。

利用大数据的分析能力，企业数据分析和支持部门能够提供给决策层的是一个覆盖了公司主要经营领域和关键业务部门的信息集合，结合以往的决策过程，数据分析系统还可能给出针对某些具体问题的决策建议，这些可以让公司领导层更准确地了解保险市场、客户以及自己的产品。

除此以外，大数据还能够提供保险行业发展趋势，缩短保险公司从创新到保险产品产生再到投入市场的过程。

（四）保险行业大数据应用效果分析

1. 保险行业大数据应用关键技术框架

从大数据信息技术能力而言，按照对大数据挖掘的深度与难度的不同以及对系统整体的智能需求的不同，大数据平台建设所涉及的技术可以分为以下4个层次：数据提取、存储与清洗，信息检索集合，知识发现，商业智慧（见图4-3-3）。

再加上最底层的数据来源，一共形成了五层技术能力架构：从数据来源到数据提取、存储与清洗，实现了数据的形成；从数据提取、存储与清洗到信息检索，实现了数据到信息的转化；从信息检索到知识发现阶段，实现了信息到知识的转化；从知识发现到商业智慧阶段，实现了知识到商业智慧的转化。

保险行业中大数据应用的关键技术包括开发、管理、安全、数据源处理、数据分析、数据操作、分布式计算、数据表示、数据存储、数据平台构建等多方面，除了图4-3-4中展示的通用技术外，车联网、物联网等新的技术也是保险行业大数据技术应用中的重要组成部分。

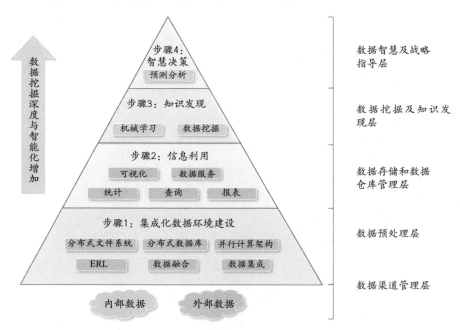

图4-3-3 保险公司大数据平台建设技术层级体系

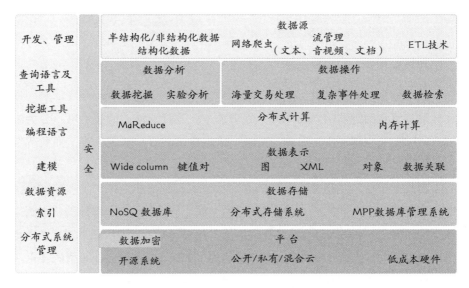

图 4-3-4　保险行业大数据应用关键技术

2. 保险行业大数据发展技术路线图

保险企业 IT 战略应用的实施以大数据应用框架为基础，结合企业数据使用从收集、获取到综合利用的层级，把企业数据应用方面的规划需求分拆综合到系统层级，结合企业的实际业务需求，可以以应用子系统为基本组成部分，从时间维度对企业的 IT 系统实施过程进行规划和分解。图 4-3-5 中给出了保险行业大数据发展路线。

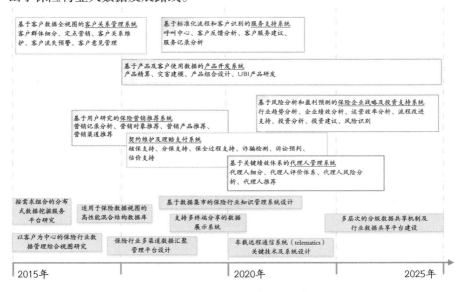

图 4-3-5　保险行业大数据发展路线

图 4-3-5 分为两个部分，上半部分企业需要在应用层级按照时间规划对若干系统的实施进行部署，因为这些系统是大数据背景下对企业当前系统的改进和重新规划，因此也不可避免地需要开展研究，所以，在图 4-3-5 的下半部分给出了企业实施完整的大数据战略规划所需要开展的探索性研究内容（这些研究内容也可以从全社会层面探索解决方案，而不仅仅限制于企业内部）。正是基于这些研究成果，才能够顺利地完成系统层面的实施。以下从企业应用系统的角度对各系统功能及依赖的关键技术进行介绍。

（1）基于客户数据全视图的客户关系管理系统

客户关系管理系统是保险企业对用户数据进行统一管理、分析的核心系统，该系统与数据仓库中所存储的客户信息发生交互，从客户信息数据仓库中提取出对应的客户数据模型，并基于客户数据进行用户研究。该系统能够进行客户群体细分，针对客户购买记录提出营销建议从而支持专门的营销推荐系统；能够针对客户当前状态给出客户关系维护建议，并对于可能会流失的客户进行提前预判和预警；能够对客户行为进行准确记录，并分析客户意见，提出企业运行的改进建议。

（2）基于用户研究的保险营销推荐系统

营销推荐系统用来帮助保险企业更高效地开展营销活动，该系统从数据仓库中抽取购买信息，从客户关系管理系统中获取客户特征，结合推荐系统的输入需求，进行针对性的营销推荐，从有效对象到营销方式等方面提出建议。主要功能包括营销记录分析、营销对象推荐、营销产品推荐和营销渠道推荐等。

（3）基于产品及客户使用数据的产品开发系统

产品开发系统从数据仓库中获取保险险种的产品相关数据，形成产品开发视图，对新产品的开发提供支持。其中包括基于大数据的产品精算系统，以及针对大型灾害保险的灾害数据建模分析系统；同时，也可以针对企业推出的多种产品进行产品的组合设计。而随着以车载远程通信系统为代表的物联网设备的逐渐推广，保险企业也需要重新利用用户数据采集和行为模式分析的便利，针对性地从车险到个人险，推出基于个人行为模式的个性化收费险种，而新的产品开发系统将成为这种个性化险种核算、推广的关键。

（4）契约维护及理赔支持系统

保险契约维护及理赔支持系统则是以客户所签订的保险契约为对象，从保险契约生命周期维度提供服务支持的系统。系统需要提供核保支持、分保支持、保全过程支持等支持功能，帮助业务人员更好地了解客户契约执行状态，识别可能的风险，以客户最舒服的方式推荐合适的代理人提供针对性的服务；而针对客户的保险理赔环节，该系统则需要能够基于异常点分析等手段提供欺诈检测功能，识别可能存在的保险欺诈；基于历史数据对当前理赔请求中可能会进行诉讼的用户进行识别，在提前预判的基础上避免诉讼发生或是做好诉讼准备。

（5）基于标准化流程和客户识别的服务支持系统

保险企业属于金融服务企业，因此，客户满意度成为评价企业信誉、决定企业品牌的关键指标。基于用户数据为保险企业构建服务支持系统，该系统可以从数据仓库中抽取用户交互信息，对客户的主要服务需求进行规划汇总，针对不同的需求构建标准化服务流程；从呼叫中心和柜面的培训支持入手，为每一个直接面对客户的服务人员提供客户画像，针对客户需求输入给出针对性的服务建议，从根本上提升保险企业的客户服务水平，从而高度保证客户满意度。

（6）基于关键绩效体系的代理人管理系统

保险企业的代理人是客户购买产品、了解企业形象的关键渠道，因此，对代理人队伍开展有效的管理也是企业的重要数据应用。通过代理人管理系统能够基于不同代理人的特征和过往工作记录进行代理人细分，通过代理人细分系统结合用户细分系统，可以针对每一次用户需求或是针对某一类用户、产品推荐最合适的代理人类别；而构建完整、科学的代理人评价体系则有助于对代理人进行绩效管理；对于有些代理人可能具有的诚信风险，系统可以根据代理人工作记录和用户意见反馈进行识别，提前预测可能存在的代理人风险并予以预防。

（7）基于风险和盈利预测的保险企业战略及投资支持系统

该系统从企业战略发展和企业投资的角度综合内外部经济、政治和行业关键信息，对企业当前战略实施情况进行分析，并对未来企业的战略执行模式及发展方向提出建议，具有行业趋势分析、企业绩效分析、运营效率分析、流程改进支持等功能。而对于企业当前的投资收益，也能够提供投资分析、投资建议和投资风险识别等功能，全方位地帮助保险企业实现科学的战略实施与投资规划。

3. 保险行业大数据应用预期效果

对于保险行业来说大数据时代的到来既是机遇也是挑战，如果保险行业能够放弃固有模式，以低姿态学习新技术、改变思维模式，积极引入新的管理方法，大数据也将给保险行业带来一场新革命。通过提升对数据管理的重视，挖掘数据价值，实现以客户为中心的经营过程改造，保险企业能够在产品研发、客户服务、营销模式、管理手段等方面取得发展。在保险行业中开展大数据应用将能够为保险行业带来如下预期收益。

（1）改变保险公司品牌宣传模式

在中国保险公司宣传模式比较同化的背景下，如果能够充分利用数据资源，以独特的方式向客户进行个性化的企业品牌和产品宣传，将能够帮助企业在顾客心中建立更加细致体贴的企业形象，取得更好的营销效果。

（2）拓展保险公司销售渠道

近年来，精准营销的理念逐渐被关注，把保险产品和服务直接推送给有需求的人，这是每一位保险销售人员追求的目标。大数据时代，保险公司可以利用开放的数据去了解顾客行为，并结合业务环境，进行客户需求的分析，从而在销售的针对性、即时性上迈出大大的一步。

另外，对于数据分析能力较强的企业而言，不仅可以针对顾客需求，对推荐的产品进行定向性的选择，还可以结合用户特征选择适合的拜访和推销方式，充分掌握用户喜好，以最合适的方式向用户卖出最合适的产品。

（3）促进保险公司产品创新

大数据时代，保险公司将逐渐从传统的以量取胜盈利模式进入到以质取胜的盈利模式。现在保险公司大多通过庞大的营销团队的业务拓展增加公司的盈利，这种盈利模式投入成本高、效率相对较低，这在保险业的发展初期是必须经历的阶段。

但随着保险市场趋于成熟，转变盈利模式已经成为必然趋势，大数据为及时掌握有效的需求客户信息，筛选优质客户，降低赔付率，提升盈利率提供了强有力的支撑。在充分了解客户群体需求的基础上，既可以结合客户整体的需求变更革新现有产品，使得产品能够更加符合客户的需求，同时，还可以在现有的均一化产品基础上，结合客户的特征，在保费定价等层面进行更加个性化、人性化的设定。

例如，如果保险机构通过提供车载信息服务的方式，在不涉及敏感信息泄露的前提下，在投保车辆中内置传感器和黑盒，更精准地掌握投保车辆的车速、车况、行驶里程等，这样保险机构对车主行为习惯和实际风险也了解得更为详细，那么基于不同风险范围而区分保险费率的可能性也会越大，可能达成投保用户和保险机构双赢的局面。

（4）提供及时的理赔服务

在大数据时代，保险公司可以实时获得客户的出险信息，并及时主动地向保险客户提供理赔等服务。例如，某保险公司客户在高速公路上驾车出险，只要该客户向交警报案，保险公司就能够及时获得报案信息，在客户没有向保险公司提出理赔申请之前，主动向客户提供理赔服务，并根据客户的风险提供客户车险优化方案，真正做到贴心服务。

总之，在未来，保险公司之间的竞争可能表现为产品、服务、渠道、营销等方面的竞争，而归根结底都是对数据、信息和知识掌握能力的竞争。渠道的改变只是保险业迈入"蓝海"的第一步，个性化的定制服务才是抢占市场的关键，而大数据的应用，则是其中最重要的一环。

我们可以用"大数据的微积分"来阐释这样的创新是如何实现的：在积分方面，保险公司可以通过对大数据的分析，发掘出消费者共性的需求，再通过产品创新和渠道优化加以满足；微分上，对于个体消费者的差异化需求，制造"颗粒化"甚至定制化的产品。

谁能够掌握保险消费者的心理、需求和保险市场的发展趋势，并且做出最快速、最准确的反应，谁就将赢得市场和未来。

（五）保险业大数据应用案例

全球保险集团（AEGON）是由荷兰两家著名的保险公司 AGO 与 Ennia 合并而成[44]，这两家公司名称的字首合并，便成为 AEGON 全球人寿名字的由来。AEGON 公司以坚实雄厚的财务实力、屡创佳绩的卓越绩效以及优质的企业声望名列全世界上市保险集团及保险业前十位。匈牙利 AEGON 通用保险公司是匈牙利最大的寿险、财险和养老险等产品提供商之一，拥有超过 200 万名客户以及 1200 名雇员。在公司战略方面，匈牙利 AEGON 公司遵循保守型的业务战略，力求运营和服务的过程高度透明，使得利益相关方的收益都能够得到稳定的保障。

在 2001 年之前，AEGON 公司使用各类分析软件分别执行不同的数据分析操作，然而随着数据体量的不断增加，AEGON 公司发现原有的分析模式只能处理一部分数据样本，无法对完整的数据进行分析。因此，AEGON 公司决定进行数据分析部分的革新。公司于 2005 年开始引入 IBM SPSS Statistics Base 分析软件，该软件可以执行基本的预测性数据分析操作，同时还加入了 SPSS Modeler 用于进行客户价值分析。

当前 AEGON 公司中共有 170 万 ~180 万份订单数据，通过将数据分析和客户、产品建模的手段应用到客户数据分析中，AEGON 公司建立了一套将客户的生命关键时刻与保险需求对应的创新的方法体系，使用这套方法体系，AEGON 公司的客户服务人员将原有的产品与客户的个性化的需求相匹配，适时提供最能符合客户需求的产品。在数据分析系统的帮助下，该公司开展了针对性的产品销售，而客户有效反馈率提升了 78%，客户的保险购买率则提升了 3%。

加拿大保险局（The Insurance Bureau of Canada，IBC）是加拿大的财险、汽车险和商业险官方联合会。在近年的工作中，加拿大保险局发现对于汽车保险欺诈的调查往往会耗费数年时间，为此他们的调查部门希望能够借助大数据技术加速保险欺诈调查的过程。

加拿大保险局和 IBM 公司合作，推出了一项概念验证计划（proof of concept，POC），这项计划在安大略省率先推行，在这项计划中，他们利用历史数据定义了关键的保险欺诈标志物，用以辅助保险调查人员进行欺诈预防。同时，该计划中还对客户关系、标志物关联、欺诈风险等关键要素进行了可视化展示，进一步提升了调查人员的工作效率。

在该计划中，共分析了 6 年时间内的 230,000 个理赔请求，最终发现涉及金额约为 4100 万加元的 2000 多个理赔请求存在欺诈嫌疑，IBM 和 IBC 估计，该计划最终能够为安大略省的汽车保险行业每年节省约 2 亿加元。

在美国，一家名为 Allstate Insurance Co. 的汽车保险公司发布了一款名为 Drivewise 的 App，它可通过智能手机或其传感设备来评测司机的驾驶行为，并将结果用于判断车主是否有资格享受保险折扣。该款 App 已在蒙大拿州、新罕布什尔州、内布拉斯加州 3 个州推行，并会陆续在美国其他州上市。Allstate 也因此成为美国首批利用 App 推出 UBI 的保险公司。Drivewise 的用户在前 6 个月内可享受 10% 的汽保折扣，之后的折扣额度视个人的驾驶行为而定。该 App 可与 iOS 和安卓系统兼容使用，主要通过智能手机或其传感器（如 GPS 等），收集汽车的速度、里程、加速等信息，然后综合分析这些数据，并为司机的驾驶表现打分。

当前已经推出 UBI 的公司多是利用车载系统收集和处理驾车相关的数据，比如通用的 OnStar 车载信息系统。通用多年前就已推出了 OnStar 车载系统，并利用该系统收集驾车里程数等信息供保险公司参考。OnStar 的发言人透露，用户通常可以根据驾驶里程数的多少享受到 11% ~ 15% 的保险折扣，少数甚至得到了 45% 的保费减免。

四、金融大数据

（一）金融大数据的需求与挑战

金融业是指经营金融商品的特殊行业，它包括银行业、保险业、信托业、证券业、租赁业、贵金属、外汇等。最主要的就是 3 个行业：银行、保险、证券。

在互联网时代，金融行业还需要包括第三方支付、个人与企业征信等。

1. 传统银行业的大数据应用需求

一方面，传统的金融行业，是一个数据强度非常高的行业。如图 4-4-1 所示，银行业的数据强度高于其他所有行业，每创造 100 万美元的收入，银行业产生的数据量是 820 GB，位居各个行业之首。另一方面，银行应用的数据大概只有 34%。比如，银行目前只用到一小部分与客户相关的数据，主要包括交易数据、客户提供的数据（出生日期、地址、婚姻状况等）、评分数据、渠道使用数据等。

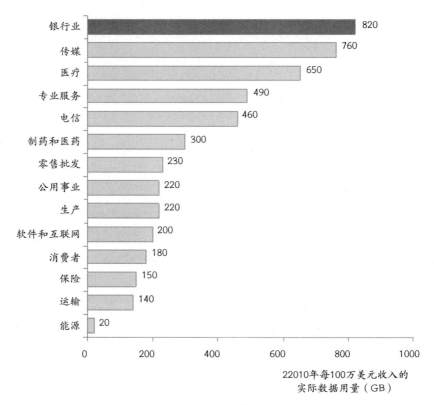

2 2010年每100万美元收入的
实际数据用量（GB）

图 4-4-1　大数据用量

　　还有许多可以利用的数据，有助于银行提升业务价值，包括但不限于移动银行业务用户的定位数据、社交媒体公号上的互动信息、银行网站互动信息（交易前）、网银使用行为信息、公开社交网络、呼叫中心录音、监控录像视频。

　　总的来说，银行业是一个数据密度很大的行业，也是一个数据应用大量荒废的行业。这也意味着很大的数据应用的潜力。银行业传统六大业务板块，零售、对公、资本市场、交易银行、资产管理、财富管理，这是几乎每一个全能银行必备的条件。基于过去的项目的经验和客户的各个方面的探讨，波士顿咨询总结出来 64 个潜在的应用。如图 4-4-2 所示，直观的感受是每一个业务板块其实都有，除了在业务板块里面，还有下面贯穿于各条业务线的风险管理方面的应用。

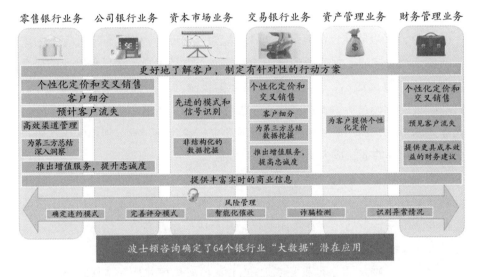

图 4-4-2　大数据应用

2. 保险行业的大数据应用需求

　　车险占到所有保险的一半以上。对于车险大数据，保险公司把你的所有数据拿过去建模分析，发现几个重要的事实：你开车主要只是上下班，南山到坂田这条线路是非繁华路线，红绿灯很少，这条路线过去一年统计的事故率很低；你的车况（车的使用年限、车型）好，此车型在全深圳也是车祸率较低的；你的驾驶习惯好，加油平均，临时刹车少，超车少，和周围车保持了应有的距离。最后结论是你车型好，车况好，驾驶习惯好，常走的线路事故率低，过去一年也没有出过车祸，因此可以给予更大幅度的优惠折扣。这样保险公司就完全重构了它的商业模式。

在没有大数据支撑之前，保险公司只将车险客户做了简单的分类，一共分为四类，第一类是连续两年没有出车祸的，第二类是过去一年没有出车祸，第三类是过去一年出了一次车祸，第四类是过去一年出了两次及以上车祸的。在大数据的支持下，保险公司可以真正以客户为中心，把客户分为成千上万种，每个客户都有个性化的解决方案，这样保险公司经营就完全不同，对于风险低的客户敢于大胆给予折扣，对于风险高的客户报高价甚至拒绝，一般的保险公司就完全难以和这样的保险公司竞争了。

拥有大数据并使用大数据的保险公司与传统公司相比，将拥有压倒性的竞争优势，大数据将成为保险公司最核心的竞争力，因为保险就是一个基于概率评估的生意，大数据对于准确评估概率毫无疑问是最有利的武器，而且可谓量身定做的武器。

另外，保险欺诈自保险诞生之日起就如影随形，一直是保险业存在的重大问题，严重妨碍了保险业的健康快速发展，也是民众不信任保险业的一个重要原因。数据显示，国际上的保险诈骗金额约占赔付总额的 10%~30%，某些险种的欺诈金额占比甚至高达 50%。在我国，当前车险业务占财产险公司业务的 70%，而车险领域违法犯罪活动也日益频繁，且呈现团伙化、专业化和职业化等特征，成为保险犯罪的高发区。

目前一些保险欺诈案件呈现出团伙化、专业化、流程化等特点，大陆车险欺诈案件还具有小额化、零散化的特点，整个保险欺诈案件的所有手续造假都非常缜密，背后已存在集团操作，并形成积累性欺诈，因此必须通过串并联方式才能被发现，传统反欺诈方式面临很多局限。

受人力、物力、原有业务模式和 IT 系统架构模式所限，保险公司通常是在从报案、查勘、定损、核赔到追偿残值的整个业务流程即将结束时才发现欺诈的可能性，一些保险公司甚至是在赔款支付后，通过对已赔案件的归纳梳理找到欺诈特征后才去调查，需要付出额外的成本去追回赔款。

此外，数据不足也是传统方式的一个局限。当前保险欺诈防范主要局限在单一公司内部，客户诚信体系的数据支撑还未真正建立。小公司数据量小，模型创建和高风险信息识别都有一定难度。同时，手工稽核的反欺诈方式已经无法处理呈爆发式增长的信息数据。

值得注意的是，互联网渠道反欺诈的关键环节不仅涵盖了传统保险公司、中介机构的自有网站、移动终端，而且还涉及第三方平台、网络和通信运营商以及信息服务提供方等，传统渠道的反欺诈思维已无法识别互联网欺诈的新特点。

最后，保险中的团险个做、地下保单、长险短做、犹豫期退保等洗钱方式一直很普遍，但是随着保险反洗钱力度的加强，该类洗钱得到了有效遏制。然而，保险欺诈又逐步成为保险洗钱的主要方式。目前，欧美发达国家的保险赔付总额中，有 15% 到 30% 是由保险欺诈形成。

在信息不对称的环境下，洗钱分子故意制造保险索赔案件，获取巨额赔款，但这并非等同于传统意义上的金融诈骗。洗钱分子通常于事前有计划地用"黑钱"置换投保标的，如投保的财产、相关责任或保证利益、人身生命与健康等；或变更合同关系人角色，受让保险利益。待出险时，可名正言顺地获偿赔款给付，达到洗钱目的。

从本质上讲，保险作为一种转移、分散风险机制，本身并不牵涉洗钱。但在一定程度上，保险业的内在特质属性仍为洗钱提供了便利条件。最为突出的是信息不对称引发的洗钱风险。保险市场属于信息不对称的典型模式，洗钱分子对保险标的掌握信息程度要优于保险机构，经对标的物实施诸如购置、转让、参股等事前处理，会产生以合法理赔达到非法目的的机会。而保险公司通常在办理保险业务时，侧重于投保财产价值、投保人和被保险人的健康、财务状况、已购买保险等方面信息，轻视客户身份识别信息，对投保人在投保单上填写的投保人、被保险人、受益人的姓名、身份证件号码、职业、住所、工作单位等个人信息的审核只是流于形式。这种信息不对称给保险欺诈提供了可乘之机。

3. 证券行业的大数据应用需求

目前，大部分券商的 App 由恒生、通达信、大智慧和同花顺等所提供，严重的同质化且体验不佳屡受诟病。而券商自身投入研发既不实际，经验又相对不足，因此开发炒股软件成为互联网公司进入证券业的突破口。

BAT 等互联网公司进军证券行业有着天然的优势：①技术优势。互联网公司作为技术的弄潮儿，对大数据和云计算技术比一般券商掌握的要强得多。②大数据优势，BAT 的任何一家，都掌握着上亿规模的用户行为数据。基于这些用户数据，能够深刻了解、刻画用户特征，各种精准营销服务都不在话下。③渠道优势：互联网渠道边际成本低，能够快速接触海量级用户。

比如，早在 2014 年，百度宣布开放的"百度股市通"App，是国内首款应用大数据引擎技术智能分析股市行情热点的股票 App，选股原理即是基于百度每日实时抓取的数百万新闻资讯和数亿次的股票、政经相关搜索大数据，通过技术建模、人工智能等方式，帮助用户快速获知全网关注的投资热点，并掌握这些热点背后的驱动事件及相关个股。

百度掌握了6亿网民的互联网入口，手握海量股民搜索数据和全网新闻资讯，以海量数据选股不无道理。国外的一份权威研究发现，以谷歌搜索的股票搜索量能够准确反映股票的吸引力。广发证券针对互联网大数据挖掘投资机会系列推出多个研究报告并指出，非结构化文本信息往往能够反映当前市场上投资者对股市的投资情绪，以此可制定策略洞察大盘走势。

而阿里巴巴则具有3亿实名支付宝注册用户，8亿淘宝用户的规模，掌握了更有价值的数据资源，外加"余额宝"，以及大数据产品"花呗"和"芝麻信用"，完整构建资金流体系和信用体系，倘若阿里巴巴也申请取得网络券商资质，将掀起传统券商界的一场惊涛骇浪。有专家提出，蚂蚁金服研发炒股软件，未来可以将股市沉淀资金与余额宝产品对接，也可以通过芝麻信用对接资金账户，替代券商所提供的融资服务，甚至能以此为平台开展资管业务。

4. 大数据的价值体现

大数据在互联网金融领域的核心作用在于提高金融机构的风险定价能力，提供全面、动态的定价体系，推动金融体系发生变革，业务层面主要体现在社会征信体系构建和金融产品设计两个层次。

（1）大数据构建征信体系

征信是互联网金融发展的基石。我国征信体系发展比较滞后，一直都缺乏充分的数据来源和有效的技术手段。直到2004年，央行才开始建成全国统一的个人信用信息基础数据库，2005年，原有的银行信贷登记咨询系统升级为企业信用信息基础数据库。目前，央行征信数据库有大约8亿个人和将近2000万家企业的征信数据。但是，央行的征信数据是来自商业银行、社会，存在信息量少、准确率低等缺点，尤其是个人用户和小微企业，无法真正有效识别其征信情况。因此，商业银行在实际业务开展过程中，一般采用一刀切的模式，很少为小微企业、个人用户提供信贷等金融服务。

互联网海量数据和大数据技术助力建立全社会征信图谱：

对于个人用户而言，用户在互联网上的行为被系统所记录，其中包含大量的有价值信息，如电商类数据、社交类数据、生活服务类数据、支付类数据等，这些数据将成为描绘个人征信情况的基础信息，通过大数据建模得出信用评级；对于企业用户而言，大量的小微企业开始使用云服务，其经营情况和现金流情况可被记录，这些数据可以通过构建模型成为小微企业信用评级的依据。

全社会征信体系构建将为普惠金融打下基础。大数据技术助力社会征信体系构建后，将显著提高金融业务的广度和深度，帮助金融机构低成本、高效地服务低收入人群和小微企业，主要体现为消费金融业务和小微企业贷款业务。

消费金融：商业银行可以与个人征信公司合作，识别个人用户的信用风险，扩大个人消费信贷业务。美国消费金融市场规模将近 3 万亿美元，我国消费金融尚处于起步阶段，未来还有很大的挖掘空间。

小微企业贷款：商业银行可以与第三方公司合作，由拥有数据优势的第三方公司通过建模识别小微企业的违约风险，为商业银行小微企业信贷提供信用验证。以汉得信息的供应链金融业务为例，通过云的形式为小微企业提供低成本的信息化服务，获得小微企业的流水数据，包括采购、销售、存货、总账、报表等各项数据，掌握企业的经营信息和征信情况，为企业贷款提供数据验证，解决银行与小微企业信息不对称这一核心问题，基于此与银行合作有针对性的开拓小微企业金融业务。

（2）金融产品设计更加合理，提高产品价值

大数据可以帮助金融机构设计差异化的金融产品和实现精准营销。金融机构可以充分利用大数据技术对用户进行全方位的评估，并以此为依据为用户提供个性化的金融产品，使金融产品的设计更为科学，提升产品价值，实现超额收益。

例如，大数据技术可以使保险产品的设计更加精准。

第一，可以实现差异化定价。传统的线下保险产品设计是基于固化的经验数据，建立一套模型来做精算；而互联网保险的数据是实时、动态的关联数据，用户的消费数据、行为习惯、忠诚度以及信用水平都可以成为可供挖掘的大数据，因此在保险产品设计和定价上都可以更为灵活，提高保险理赔准确性和及时性，传统的精算模型正在被颠覆。

以淘宝退货运费险为例，保险公司可以根据每个买家的购买运费之后的历史理赔成功次数与投保成功次数的比值来决定其保费水平，实现差异化定价，解决高退货率买家倾向于购买退货险的问题。

第二，产品设计以用户体验为中心，做到个性化定制。产品的用户体验将取代原有的保险机构精算成为第一要素，有针对性的解决不同场景下的特定风险，在保险标的、责任范围、保费费率等层面都可以实现量身定制。

（二）金融生态圈

如图 4-4-1 所示，金融生态圈的第一环，是商业生态圈。整个金融的发展史，就是满足商业需求的历史。最早的银行在意大利、荷兰产生，因为它们跟东方的贸易也最早，最早的银行是为商业服务的。中国的山西票号是因为支持贩盐贸易产生的。阿里巴巴做的是网上的贸易，所以需要网上的金融支持它，所以有支付宝。商业跟金融的关系的逻辑一直是这样，从来没有被改变过。然后是金融机构。

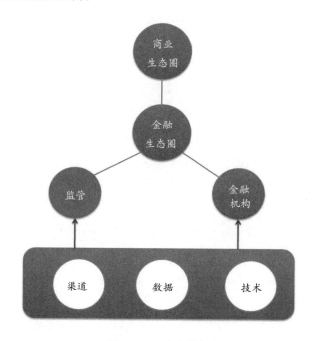

图 4-4-1　金融生态圈

金融机构的本质是渠道、数据和技术。

第一是渠道。为什么说渠道呢？金融机构叫金融中介，实际上是搭桥梁，是搭投融资的双方，能够有多广的渠道是非常重要的。

第二是数据。一个很好的例子是消费者信贷，比如信用卡。人类几千年来就是典当式的信贷，因为我们彼此非常不信任。信用卡是一个没有担保的小贷，其实非常难做，一定要有征信的基础。如果在七八十年以前，人手一张信用卡，银行肯定会疯掉。它的产生，首先因为有了消费者信贷的需求，中产阶级上来，需要很多消费，但是怎么去看你的风险，又没有办法量化。在这样的背景下，1956 年 FICO 创立，它的个人消费评分到现在也还是最权威的评分。在这个基础上，到了1958年第一张银行信用卡才产生。信用卡的真正普及是20世纪60年代后期，这时计算机已经被很多机构使用，搜集信息和处理信息的能力大大提高，信用卡清算系统才真正发展起来。所以，信用卡是一个由于商业需求、科技进步推动金融创新的非常好的案例。

第三是技术。比如支付技术，今天支付宝的技术已经可以做到每笔支付的成本是2分多钱，以后可以做到1分钱，甚至远远低于1分钱。技术带来成本的下降，对微金融的普及是一个非常必要的前提。所以，金融机构核心竞争力在于渠道、数据、数据搜集和处理的能力。

互联网意味着什么？我们说互联网就是在线、互动、联网，未来所有的人和物在任何时间、地点都是连线。用马云讲的话，我们从IT时代进入了DT时代（数据时代）。

这个时代由于技术的进步，互联网金融跟传统金融的区别是渠道改变了，用户在中间，可以随时随地通过各种渠道获得金融服务。传统金融对大企业已经有个性化的服务，与500强企业借钱已经非常容易。传统金融对中端的企业和个人是一个标准化的产品，而最小的微企业和个人是不覆盖的，因为成本太高了。互联网时代，因为技术的进步，对中端和低端的用户也能够覆盖，无论是高端、中端还是低端，都能提供个性化的服务。

金融原来是跟消费、社交分开的，现在很多金融服务跟生活、消费的场景、社交的场景结合起来。比如，余额宝就是一个消费和金融结合得很好的产品；微信支付，是社交场景再加上支付。所以，金融跟很多场景的结合变得非常重要，金融的边界变得比较模糊，这个生态圈的物种变得越来越多样。

传统金融里，很多情况下数据是通过人工方式搜集的，成本比较高，而且像一个个孤岛一样。现在互联网金融，在商业和生活场景中自动获取数据，数据不知不觉积累起来，成本非常低，而且是流动的，是活数据。这个时代金融体系的透明度得到了大大的提高。

互联网金融到底做什么？互联网金融并不会颠覆传统的金融。传统的金融对大客户已经是很个性化的服务，互联网金融利用其渠道、数据和技术的优势，更好地为长尾用户提供普惠金融的服务。这种服务不仅是技术本身的改变，也是一个思维方式的改变，就是所谓的互联网思维，以客户为中心。不仅是技术改变，而且做事情的方式也改变，这是非常重要的。

接着来说平台。先说渠道的平台。众筹就是筹资金、筹资源，把大家的力量筹在一起，其本质是一个渠道的平台。渠道的平台再加上数据的处理能力，比较好的代表是P2P。渠道把借贷双方接起来，但只是接起来，没有克服金融的另一个挑战，即风险的挑战。所以，只是把借贷双方接起来是不够的，要对资产端的风险有评估和定价的能力。比较典型的例子是 Lending Club，它通过渠道融资，以现有的征信为基础，在数据风险评级基础上发放贷款，但不提供担保。现在因为数据很多，各个渠道的数据不一样，把数据合起来，发挥数据最大的价值，蚂蚁金服称之为数据共创，可以产生新的金融产品。举一个例子，淘宝上买东西有一个运费险，很便宜，几毛钱，这个险很重要，提高了用户体验。这个险一开始请保险公司做，它是精算，亏了不少钱，后来大数据团队介入，把蚂蚁金服的数据和保险公司的数据接起来，通过数据共创的分析，非常精准地把风险找清楚。为什么互联网公司能够去做金融，因为它有它的强项——数据分析能力。蚂蚁金服希望有这样一个平台跟大家分享数据，在尊重用户和合作伙伴权益的前提下，一起去做数据共创开发性的产品。最后是技术的平台。现在支付宝的处理能力，整个云计算、大数据的处理能力，处于世界最一流的水平。论其风险，支付宝的风险跟陨石掉下来的概率接近，大概是十万分之一，现在支付宝是互联网金融安全的标杆，代表着世界领先的水平。

金融的本质是渠道、数据、技术，这些都可以去做平台。可以做渠道的平台，搭一个平台，大家上来买东西、卖东西，像理财的产品；可以做数据的平台，可以做数据共创，大家把数据加进来，做好隐私保护，加起来产生新的金融产品；可以做技术的平台，不是每一个金融机构都需要自己去做 IT。

云计算、大数据加上金融，就是所有金融的前途。当我们讲互联网金融的时候，其实各个机构相对的长处是不一样的。有的相对是互联网强，有的相对是金融强。所以，也许你可以让别人去做技术，你做金融，或者合起来去做，我做你的底层，一起开发金融，定位是不一样的，会有各式各样的平台。

为什么要做平台？因为在 DT 时代，在数据的时代，利他主义、体验、透明是它的精神，而平台最能体会这样的精神，平台首先是为合作伙伴创造价值，以透明、高效、降低成本、用户体验好、让消费者满足为目的。这个平台正好符合了这个时代精神，也正好是这个时代有意思的商业模式之一。

谁可以做平台？你在数据、渠道、技术上有优势，各自的优势不一样。为什么现在会有这么多互联网公司做金融？因为他们就是天然的平台，他们已经有很多商业场景，在做它的商业，已经有渠道了，已经有数据了，再把金融加进去就是很自然的东西。因此，金融的本质是渠道、数据、技术。有这方面的优势就可以做这方面的平台。

（三）金融大数据的技术挑战

1. 信息共享

信息共享机制的建立是为了打破信息壁垒，数据在集合形成合力后才能发挥重大作用。以欧洲保险及再保险联盟建立的"理赔与承保交换网"（CUE）为例，该网络通过在投保和理赔两个环节进行审查，发现并制止恶意投保、确认诚实保户，建立理赔的历史档案以防范潜在的欺诈者。

2. 关系数据挖掘

数据挖掘的新思路：数据关系。

大数据挑战的主要原因，除了数据体量巨大、数据格式复杂多样化，最具有挑战性的是挖掘不同类型数据之间的数据关系，找到它们之间的联系，并挖掘出价值，这才是 DT 时代最应该做的事情。

而数据之间的联系，可以归结为显性数据和隐性数据。只关心显性数据的做法已经落后，对于隐性数据的合理化使用才是如今大数据时代的根基。特别是隐性的关系挖掘，能够有效探求数据之间的潜藏关联含义。

在数十亿实体和数百亿的关系网中，进行关系挖掘、路径推演、全文检索、时空分析等手段，并通过强大灵活的交互方式，达到完全可控、可操作的数据分析新模式。

用大数据分析找出数据间隐藏的关联性——这是一种新的数据分析模式。这种模式，其高度、强度完全可控、可操作。

3. 可视化关联分析技术

可视化关联分析技术即用图形图像手段来构建、传达和表示复杂统计数据关联，使脉络更清晰，极大地降低了成本，从而提高反欺诈工作的效率。

比如，通联数据国内首创了以大数据为依托的知识图谱，包含了中国 A 股所有上市公司相关的产品、高管、持股人、主题概念、关联交易公司等重要信息，展示这些信息包括新闻和数据每天的动态变化，并通过这些信息关联其他的上市公司。例如，你近期一直在关注的某只股票价格忽然大涨，你就可以进入通联智能研报产品，搜索这家公司。在知识图谱中，你可能会看到这家公司相关的几个产品所对应的公司普遍上涨，那么就可以推测该公司的股价变化是由于其产品的利好消息。而通过点击产品，可以在知识图谱右侧看到该产品近期的相关新闻。

知识图谱将影响上市公司股价变化的重要因素集中放在一起，让投资者和分析师可以一目了然地把握影响上市公司股价的重要信息，发现隐藏的线索，抓住转瞬即逝的投资机会。

（四）基于大数据的风控

风险控制分为两个方面，一个是反欺诈，一个是信用评估，也就是征信。

1. 基于大数据的反欺诈

风控，也就是风险控制，在金融行业占据非常关键的地位。金融企业如果没有良好的风控，在巨大收益的同时也面临着巨大的风险。

大数据风控的利器之一，即"大数据反欺诈功能"，其实质是通过对大数据的采集和分析，找出欺诈者留下的蛛丝马迹，从而预防欺诈行为的发生。其现实意义在于提升坏人的欺诈成本，在欺诈行为发生之前就将其制止，进而净化诚信体系。

所谓互联网金融风控，其实就是对数据的分析，这些数据越精准，风控能力就越强。而从数据推导出适合投资者的产品，美国对此已经有了很多成熟的技术，国内相关公司都可以借鉴。

哪些互联网金融的大数据可以用来做风控？在业内人士看来，可被用于助力互联网金融风险控制的数据存在多个来源，比如电商大数据、信用卡大数据、社交网站大数据、小额贷款大数据、第三方支付大数据以及生活服务类大数据等。

以阿里巴巴旗下蚂蚁金服为例，它已利用电商大数据建立了相对完善的风控数据挖掘系统，并通过旗下阿里巴巴、淘宝、天猫、支付宝等积累的大量交易数据作为基本原料，将数值输入网络行为评分模型，进行信用评级。

风控中的欺诈分析技术，简言之就是模型、统计技术在反欺诈领域的应用。全美反保险欺诈办公署运用预测技术，建立统计分析模型，识别数据中所隐含的索赔人复杂的行为方式，还开发了索赔评级系统，根据索赔人的年龄、事故类型、涉及的交通工具类型以及医疗处理频率等评级，依据评级得分高低来确认该索赔是否有欺诈成分。

传统风控模型具有很多局限性，如图 4-4-2 所示。

传统风控模型的局限性

- ☐ 使用的特征和数据量小
- ☐ 使用有解释性的特征
- ☐ 使用稳定的特征
- ☐ 人工组合特征
- ☐ 模型更新慢
- ☐ 必须和人工风控相配合

- ☐ 贷款流程
  - ☐ 研究贷款攻略
  - ☐ 准备资料
  - ☐ 排队
  - ☐ 提交资料
  - ☐ 排队
  - ☐ 补交资料
  - ☐ 提交申请额度
  - ☐ 不批准（GOTO2）否则成功

图 4-4-2　传统风控模型的局限性

大数据风控的优势则非常明显，如图 4-4-3 所示。

大数据风控

- ☐ 使用大量的数据源
- ☐ 使用大量的弱特征
- ☐ 不放弃只在短期有效的特征
- ☐ 快速的更新模型
- ☐ 人工+自动组合特征
- ☐ 在线实时授信

- ☐ 贷款流程
  - ☐ 用户授权数据
  - ☐ 返回额度
  - ☐ 选择额度
  - ☐ 成交

图 4-4-3　大数据风控的优势

　　IBM 的 i2 是在关系数据挖掘、可视化关联分析方面做得非常不错的一款软件。i2 系列产品是一款专门为调查、分析、办案人员设计的可视化数据分析软件，可以将结构化、半结构化和非结构化数据转化为图形，为分析员提供一个直观的实体关系图，并提供了丰富的可视化分析算法和分析工具，帮助分析人员快速找到破案线索和有价值的情报，提高工作效率并帮助识别、预测和阻止犯罪、恐怖主义、洗钱和欺诈等活动。图 4-4-4 展示了用 IBM i2 Analyst's Notebook® 层次布局功能制作的《红楼梦》中宁国府和荣国府的家谱图。

　　IBM i2 还提供了大量的可视化分析算法和分析工具，包括链接分析、路径分析、群集分析、社会网络分析等，帮助分析人员进一步分析图形中数据之间显式的和隐含的关联关系、时间关系和空间关系，找到可以指导下一步行动的线索和情报。图 4-4-5 展示了使用 Analyst's Notebook 路径分析功能找到贾惜春和贾探春之间的 4 代血缘关系。

目前，IBM i2 主要应用在公安、国防、安全、银行、保险、纪检委、海关、工商税务等组织机构，为案件分析、反洗钱、反欺诈、反腐反贪、关联交易等调查分析提供有力支持。

i2 中涉及的可视化算法有：

（1）多层链接分析算法

从某一实体出发，按照实体—关联定义，查找和此实体相关的链接和关联，算法实现采用了结合图形化展现的优化深度遍历和广度遍历算法。

（2）路径分析算法

在大量图表对象中寻找特定实体间可能存在的关联或路径；可以设定查找路径的方向和按照属性值进行查找。比如，查找两个可疑账户之间的交易路径及资金流向。算法实现采用了优化的最短路径、最佳路径和自适应路径分析算法。

（3）群集分析算法

在大量图表对象中寻找可能存在的关联度较高的群集；用户可以自己设定群集的绑定强度、链接权重、链接属性等；比如，在大量通话记录或航班信息中定位潜在的通信网络或潜在犯罪团伙信息。算法实现综合采用了聚类及 Web-Graph 分析算法。

（4）时间序列分析算法

将图表对象以时间序列的方式进行展现，以发现规律和趋势性线索。例如，反洗钱或金融犯罪中得到可疑账户之间明确的交易关系、资金流向、交易路径、交易规律及趋势等。

2. 基于大数据的征信

作为未来征信新模式，大数据征信利用先进 IT 技术，打破了信用强相关、以信贷数据为主要指标的传统征信模式，引入了大量的社交网络、行为习惯、非结构化数据等信用弱相关数据，这是互联网大数据时代征信的新机遇。

（1）什么是大数据征信

随着征信市场化的步伐加快，大数据征信成为热门话题，受到互联网金融和资本市场的追捧。征信和大数据有着基因层面的密切关系。首先，征信数据是天然的大数据，理论上与消费者和企业相关的数据都可以用来做征信；其次，征信其实就是将分散在不同信贷机构、碎片化的局部信息，加工

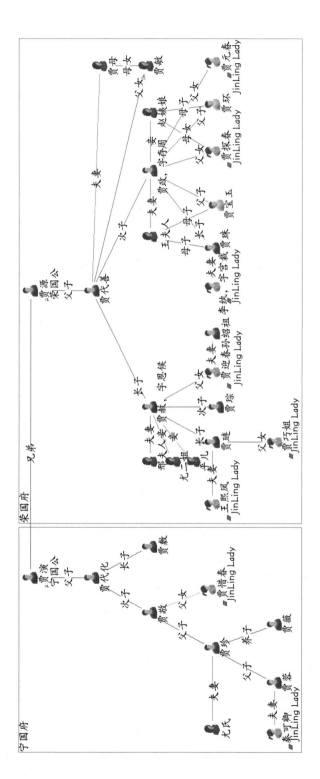

图 4-4-4　宁国府和荣国府家谱

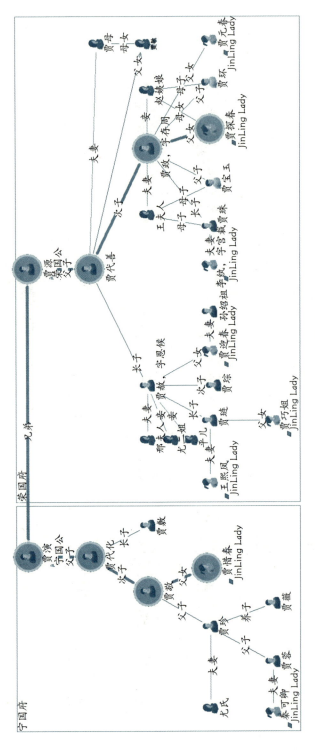

图4-4-5 贾惜春和贾探春血缘路径分析

234

融合成为具有完整视图效果的全局信息，从中挖掘出风险信息，解决交易过程中的信息不对称的问题。而大数据技术的优势就在于能够更好地利用 IT 先进技术，将支离破碎的数据整合起来，形成真正有用的信息。所以对把数据作为核心资产的征信机构而言，大数据对传统征信业务模式的影响将是变革性的，甚至是颠覆性的。

大数据征信可以简单理解为将大数据技术嵌入传统征信的 3 个基本环节中：对海量的信用相关数据进行采集和分布式存储，对这些数据进行深入的加工和挖掘，提供更加个性化、更好客户体验的征信信息服务。

大数据征信的出现主要有两种力量在推动：①大数据技术本身，以大数据为代表的先进 IT 技术使得征信大数据海量采集和深入挖掘信用信息成为可能，驱动了征信新模式的出现；②征信服务的商业需求，以个人征信为例，国内外的征信系统都面临一个问题：不能实现对个人消费者的全覆盖。美国三大个人征信机构的覆盖率达到 80%。国内的央行征信系统仅收录了3.2 亿人的信用记录。对于这些征信记录缺失的人群，如何进行信用风险管理？这是实现普惠金融的关键问题，尤其是在国内互联网金融野蛮生长的环境下，这种需求越来越迫切。

于是大数据征信应运而生，纵观国内外大数据征信的动态，就信息采集和处理而言，互联网公司提供了很好的经验，技术方面不成问题；大数据的分析和挖掘（例如信用评估），目前也取得了一些不错的效果；在征信服务方面（例如个性化的服务、界面友好的可视化等），还处于摸索阶段。2015年 1 月 5 日，央行通知 8 家征信机构做好个人征信服务准备，其中芝麻信用和腾讯征信都有着丰富的与个人消费者密切关联的大数据，具备了开展大数据征信的基本条件。央行的态度也是希望大数据征信能够丰富征信业的现有模式，激发市场活力。

（2）国内外大数据征信比较

在欧美和国内的征信市场，大数据已经掀起风暴。所有的征信机构都号称自己是大数据公司。传统的征信机构对于大数据征信的态度比较谨慎，以研发为主，逐步推进；而新兴的征信公司则比较激进，基本上直接利用大数据技术替代传统征信技术进行信用风险评估。

在传统征信机构方面，全球最大的个人征信机构 Experian（益博睿）已开发出跨渠道身份识别引擎，连接客户消费接触点。早在多年前，就投入研发社交关系数据，并探究互联网大数据对征信的影响。全球第二大征信机构 Equifax（艾克飞）通过构建自己的数据创新团队和收购中小型 IT 高科技公司来为大数据产品和服务的研发布局。征信数据挖掘公司 FICO（费埃哲）公司的研究表明，将社交媒体和电商网站拥有的在线数据、移动运营商的手机使用数据与传统征信数据结合用于风险建模，提高了模型对客户的区分度，在降低拒贷率的同时，提高了风险预测能力。FICO 目前在与少数金融机构合作，在小范围内使用这种模型。

与此同时，一些创新型的金融科技企业直接开玩大数据征信，例如美国信用审批公司 ZestFinance 利用大数据技术为缺乏征信数据而只能接受高利贷的人群进行信用评估服务，采集了海量跟消费者信用弱相关的数据变量，利用基于机器学习的大数据分析模型进行信用评估，取得不错的实效，将信贷的成本降低了 25%。另外一家公司 Kabbage 则使用商业规模、从业时间、交易量、社交媒体活跃程度以及卖方的信用评分，通过整合多元化的数据利用大数据重构信用评估体系，从而服务于小微企业。

（3）未来大数据征信的市场新机遇

在未来，大数据技术对征信业务的渗透性将会越来越强。在大数据时代，征信领域有更多维度的数据和不同层次的数据都可以用来挖掘和分析。随着社会信用体系建设，以及互联网和移动终端的广泛应用，数据量会从个人消费者数量和相关信用描述数据项维度两个方面飞速增加。结合国际经验，征信数据的实时处理将是未来的趋势。未来，复杂的数据（例如非结构化和关系数据）也将成为征信系统的新数据源，大数据技术将会深入征信领域的每一个细节。

大数据征信给征信业带来了活力，产生了更多的商业模式。征信业属于信息技术和金融高度融合的一个专业领域，每一次技术的进步都会促进征信业的腾飞，从数据库技术到基于数据挖掘的信用评分，同样集现代信息技术之大成的大数据技术将推动征信业走向新的飞跃。

（4）大数据征信的冷思考

大数据征信还需要深入的研究。目前已经应用的大数据信用评估技术只是对特定的人群和特定的服务有效，更宽泛的推广还有待深入研究。开展大数据征信，不仅需要储备大数据技术人才（例如数据科学家），还需要对中国征信的土壤，即中国的经济环境和金融环境以及消费者和企业的行为有深入的理解。

第5章

i City

产业大数据
创新发展案例

一、阿里巴巴的大数据应用案例

（一）电子商务的大数据应用

1.搜索中的大数据应用

淘宝平台上的商品搜索服务，和 Google 的搜索一样，都是典型的大数据运用。根据客户输入的查询关键词组，淘宝从几十亿级别的商品集合中找出用户最可能购买的商品。同样，Google 是实时从全球海量的数字信息中快速找出最可能的答案。

进一步地，需要在搜索过程中融入个性化元素。因为，从用户角度来讲，每个人的喜好不一样，体现在网络购物上，就是不同人喜欢的商品不一样。这种偏好可以反映在很多方面，有价格偏好、类目偏好、地域偏好、使用偏好、品质偏好，等等。尤其是不同的购买能力会导致用户对不同客单价或者品牌产生偏好。

对于卖家来说，个性化搜索有助于提高流量的价值。原本消费者进入淘宝页面后，搜索相同关键词，展示的搜索结果页面是相同的。一方面，消费者不能很快找到自己最想购买的产品；另一方面，对于商家商品来说，被搜索到并展示给买家的机会是非常小的。

如果搜索是个性化的，就形成了千人千面的搜索结果展示，那么客户可以看到更多与自己的预期相符合的产品，店铺也有了更多的展示机会，也就从整体上提高了流量的价值。

所以个性化搜索，最重要的目的就是根据不同人群以往的购买偏好，为客户提供与之类似的商品，用更加精准的定位、匹配契合度更高的搜索结果，提高产品的点击率以及店铺的转化率。个性化搜索的原理如图 5-1-1 所示。

2.达磨盘——阿里妈妈营销利器

不论商家规模大小，都可以通过达摩盘中的人群标签进行自主的人群投放，通过自身的数据和营销规划的结合，达到精准营销的效果，以往高深莫测的大数据真正实现了简单易用。

个性化搜索原理

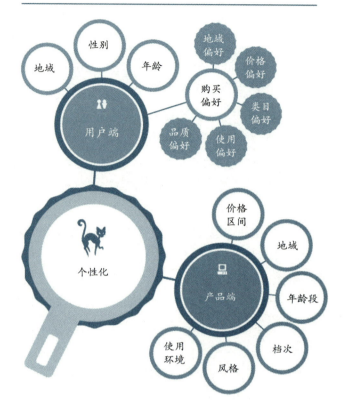

图 5-1-1 个性化搜索原理

大数据要实现商用化，最重要在于，要让数据像现金一样在各个商业环节中流动起来，而不仅仅是存储在不同公司甚至不同部门的硬盘上。

要形成数据流，需要几个必要条件：首先，要有海量的、多元化的数据源；其次，要有基于分布式数据中心等基础设施而形成的"云+端+数据市场（data market，DM）"的数据流通环境。

简单来说，只有建立在海量数据基础上的数据市场，才能真正让数据在交易体系中流通并产生价值。数据作为生产力有一个特征——数据的交互和流通会带来更多的数据。

为了更好地促进数据流通，阿里妈妈搭建了一个大数据管理平台（data management platform，DMP）。DMP 有一个颇具中国特色的名字：达摩盘。DMP 补上了数据交易最后也是最重要的一块砖，让以消费者为核心的营销闭环成为可能：一是使可执行的 C2B 成为可能，二是具有构建全域全网营销的能力，三是通过数据流通构建了一个以 DMP 为核心的数据生态圈。

具体而言，DMP 中实现了自定义的人群标签。在达磨盘中基于标签的组合使用，商家能够找到适合自己的自定义人群，并且制定定制化的营销方案。自定义标签与机器算法投放的差别主要体现在商家对投放效果的控制力上：自定义标签使得商家可以更精准地找到自己的目标用户，不必进行一些试错性质的广告投放；机器算法做定向广告投放时，定向条件难免会有局限性，很多情况下商家想自定义一些目标人群时无法实现。

另外，因为不同类目的营销方式有很大差别——单价不一样的商品，在营销需求上差别很大。高单价商品，需要找特别精准的人群去投放，而低的则是希望投放到更大的人群范围。

因此，达摩盘构建了一个 Lookalike 模型。其逻辑是，达摩盘先帮商家找到对其店铺或品牌最忠实的那批用户，这些用户被称为种子用户，然后通过 Lookalike 模型找到与这些种子用户相似的人，进行爆炸式的拓展。在这个过程中，模型帮助在规模和效果之间找到一个平衡点。

例如，一个商家有 10 万种子用户，他的 ROI 是 3，但是他觉得 10 万人远远达不到他对销售规模的预期，因此，他通过 Lookalike 模型把这个人群规模扩展到 10 倍、20 倍或者 30 倍，在规模扩大的时候会出现 ROI 指标衰减的可能性，此时他可以选择能够接受的 ROI 范围。这样的模型可以让商家去平衡精准性和规模，找到其可以承受的平衡点。

3. 阿里巴巴向政府开放电商经济大数据

阿里巴巴在 2015 年 3 月 2 日宣布推出国内首个面向政府开放的大数据产品。各级政府可以申请并开通进入阿里经济云图的权限，然后自助查询当地多维度的电子商务经济数据，为政府实现互联网经济分析与决策提供支持。

阿里经济云图将分阶段逐步推出地方经济总览、全景分析、数据监测以及知识服务等功能，数据覆盖全国 34 个省级行政区、300 多个地级市、2000 多个县级行政单位，数据可以细化到区县一级，历史数据最长可以追溯到 2013 年。无论是电子商务交易额、买家卖家区域分布，还是寄收包裹量，数据曲线直观反映发展趋势，政府官员都能一目了然，而借助经济云图中的数据分析功能，官员则可对地域分布、行业分布、商品类别、卖家群体、买家群体等多个维度间实现交叉对比，对当地电子商务的结构特征进行全面描绘。

阿里经济云图显示，截至 2014 年年末，阿里巴巴集团网络零售平台的交易额（2.30 万亿元）已经相当于我国社会消费品零售总额（26.2 万亿元）的 8.5%，产生了超过 850 万活跃卖家，创造了超过 1000 万个就业机会。

那么浙江省的相关数据如何？在阿里巴巴零售电商平台商品交易统计比增速这一项统计上，浙江以 49.1% 的速度排在全国第 12 位，排在前三的分别是江西（340.6%）、新疆（211.2%）和澳门（99.4%）。而以下三组数据或许会让小伙伴们感兴趣，同样截至 2014 年第四季度，浙江省各地市卖得最火的是什么？杭州卖得最火的是毛呢外套、羽绒服、棉衣，宁波卖得最好的则是洗衣机、暖风机、烟灶消套餐，温州是靴子、低帮鞋、高帮鞋，嘉兴是皮草和皮衣，丽水则是靴子、低帮鞋、简易衣柜。

同样的，浙江省各地市的小伙伴们，最喜欢买些什么？产品类别高度统一。杭州、宁波、温州三地的统计都为手机、毛呢外套、靴子，嘉兴和丽水有些许差别，分别是手机、靴子、羽绒服和手机、毛呢外套、羽绒服。（见图 5-1-2）

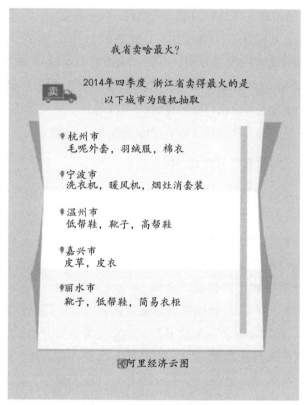

图 5-1-2　浙江各地卖啥最火

（二）互联网金融的大数据应用

技术与数据正在拓展金融的边界，互联网的核心能力大数据、云计算、平台，将成为金融行业的基本要素和生产工具。

1. 股票证券——利用电商大数据选股

用大数据指导投资策略，一直是很多投资者的梦想。

2015 年 4 月 9 日，阿里关联企业蚂蚁金服发布了全球第一个电商大数据指数——中证淘金大数据 100 指数（简称淘金 100 指数）。基于淘金 100 指数开发的公募基金产品——保本基金和指数基金，也在当年 4 月中下旬推向市场。淘金 100 指数利用蚂蚁金服的大数据，帮助基金公司去了解哪些行业是热门行业，通过科学计算，在这些行业中选出优质的 100 只股票，最终形成投资组合。

淘金 100 指数用互联网电商交易大数据来预期一个行业未来盈利状况，预判一个行业繁荣程度，衡量整个中国消费力的景气走势。

目前，中国电子商务的交易总额已经占到社会消费品零售总额的 10% 左右，相比以往金融机构通过调研获取的数据，基于电商数据能更直观、快速地反映市场动态、行业趋势。因此，淘金 100 指数可以将样本股调整周期缩短至一个月。而大部分的传统指数，比如沪深 300 指数，是每半年调整一次指数成分股。

淘金 100 指数的股票具体怎么选择呢？

第一步，蚂蚁金服对掌握的海量电商数据进行处理，包括买卖家、商品、销量等一系列数据，形成一个数据池。

第二步，恒生聚源把线下数据补充进来，主要包括行情数据、行业资讯等。然后，蚂蚁金服和恒生聚源一起进行建模分析，得出一个"行业景气指数"打分因子，该指数涉及 6000 个电商类目，对应到 35 个股票行业、1740 个股票，大致占据 A 股股票总数的 70%。

"行业景气指数"不是一个简单的分数，里面有供需指数（代表供求关系，比较适用于互联网上相对成熟的行业，如纺织品）；活力指数（代表行业的成长性，适用于互联网的成长性行业，如医疗）；价格指数（适用于价格弹性较大的行业，如白酒）等。

第三步，博时基金利用其在投资领域的经验和优势，对个股的基本面以及市场交易情况进行评价，生成另外两个打分因子：综合财务因子和市场驱动因子。最终，根据这 3 个打分因子，给 1740 只个股打分，得出分数最高的 100 只个股，采用等权重方式进行投资。

第四步，中证指数作为指数公司，接受淘金 100 指数的报备、审批和创立。

用大数据来选股投资，淘金 100 指数是一个很好的尝试，当然现实环境异常复杂，还需要进行长期探索和研究。

2. 信用评分

2015 年 1 月，蚂蚁金服下属的独立信用评估及信用管理机构"芝麻信用"开始公测芝麻信用分（简称芝麻分）。

芝麻信用，目标是解决陌生人之间及商业交易场景中最基本的身份可信性问题，同时帮助识别风险与商机。

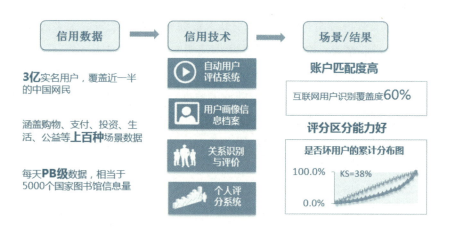

图 5-1-3　信用评分

芝麻分参考了国际上主流的个人信用评分模式，分值区间设定为 350~950。分数的背后是芝麻信用对海量信息数据的综合处理和评估，主要包含了信用历史、行为偏好、履约能力、身份特质、人脉关系 5 个维度。分数越高代表信用程度越好，违约可能性越低。

芝麻信用本质上是一家大数据公司，特色就是利用大数据做征信。与以往的征信方式相比，以芝麻信用为代表的互联网征信机构的突出特点就是数据来源更广、数据种类更丰富、数据时效性更强。除传统的信贷相关数据如信用卡还款等之外，芝麻信用还充分考虑用户在网络消费、支付、转账、理财、公共事业缴费、购票、订酒店等能反映信用特征方面的行为数据，同时也将考虑 IP、电脑设备指纹等能反映用户行为稳定性的网络相关数据。

芝麻信用每天获取 PB 级别的海量用户行为数据，这些来自互联网的信息能实时反映用户的行为特征，确保数据质量的可靠性和数据内容的新鲜度。

芝麻信用的数据来源除阿里巴巴电商数据和蚂蚁金服互联网金融数据以外，还与众多公共机构以及合作伙伴建立了广泛的数据合作关系，允许用户主动提交相关数据信息。互联网上的相当多网民，没有信用卡、没有银行账户、没有信贷记录的人群，传统征信机构难以覆盖到他们。而借助互联网的大数据推断出这些人的信用水平，可以提升整个征信体系的覆盖率。

3. 大数据在小微贷业务中的应用

大数据金融是将传统金融的抵押贷款模式转化为信用贷款模式。凭借互联网开放平台的渠道优势和数据处理技术，大数据金融突破了传统信贷所负担的信息与成本限制，不仅提高了金融效率，而且促进了其他行业的跨界整合，进而实现金融市场格局的变革。

阿里小贷依托阿里巴巴、淘宝、支付宝、阿里云四大电子商务平台，利用客户积累的数据，向无法在传统金融渠道获得贷款的群体，发放 50 万元以下的"金额小、期限短、随借随还"的纯信用小额贷款服务。这个群体，目前主要是在阿里巴巴及淘宝平台上的微小企业和自主创业者。阿里巴巴的优势，主要是 3 个方面：平台优势、成本优势和数据优势。其中数据优势尤为突出。

因为阿里巴巴、淘宝、支付宝底层数据打通后，全国上千万小微企业的现金流、交易状况、仓储周转和投诉纠纷情况等百余项指标信息都在贷款评估系统中计算分析，通过定性定量分析，形成贷款的评价标准。同时也引入了一些外部数据，比如海关、税务、电力等方面的数据，从而形成了一套风控标准，建立起以数据为基础的定量化的贷款模型。

（1）贷前风险评估

阿里小贷利用其自营电商平台，不断积累客户信用数据及行为数据，建立起初步信用等级评价体系，然后在引入数据模型和资信调查的基础上，通过交叉检验技术验证并确认客户信息的真实性，进行评级模型组合定量处理，从而形成企业和个人的信用评价结果，并相应地给予一定的授信额度。

（2）贷中风险监控

首先，阿里小贷将贷款申请人限于中国供应商和诚信通会员、淘宝和天猫的个体工商户和企业，减少贷款对象的不确定性；其次，阿里小贷对贷款流向及客户行为进行实时监控，任何风险迹象可迅速被识别评估；最后，对比于线下小贷公司以固定资产或其替代品作为贷款抵押，阿里小贷创新性地寻找新型抵押品，例如网店的未来收益。

（3）贷后风险解决

对于逾期贷款，阿里小贷在其网上平台上设置了"欠贷企业曝光"黑名单，详细披露违约企业的具体情况，给其商誉以警示和打击；对于已违约的企业，还会"封杀"其在阿里平台上的网店，加大借款者的违约成本。

根据有关资料显示，蚂蚁金服已经为 70 多万小微企业提供了贷款，其单笔信贷的成本为 2.3 元、客户 3 分钟获贷、不良率低于 1%，这些指标都远远低于传统的银行。

（三）安全领域的大数据应用

1. 案件宝——情报分析利器

在介绍案件宝这款大数据产品之前，麻烦大家花 5 秒钟做一道脑筋急转弯：张柏芝前夫是谢霆锋，谢霆锋打算复合的前女友是王菲，王菲前夫是李亚鹏，李亚鹏前女友是瞿颖，瞿颖前男友是张亚东，张亚东前妻是窦颖，窦颖堂哥是窦唯，窦唯是王菲第一任老公，窦唯堂弟是窦鹏，窦鹏前女友是周迅，周迅前男友是李亚鹏……请问张柏芝和李亚鹏是什么关系？

如果不是娱乐圈八卦重度爱好者，怕是没几个人能够回答这个难题。但如果你拥有了案件宝这款神器，这个问题就会变得很容易。要知道，案件宝的核心卖点之一就是分析历史大数据后，将结果进行一个可视化的清晰呈现。

当然，如果仅仅将案件宝用于分析明星绯闻，就大材小用了。实际上，案件宝是基于风险数据，结合阿里大数据以及云计算平台，对案件因子进行智能反查和相关性分析，最后利用智能图形界面展示的分析利器。

支付宝的用户越来越多，资金流通越来越频繁，为了更好地保障用户的账户与资金安全，大安全内的各个业务团队，对串并案、线下打击、反洗钱、串并审理、隐案识别、案件还原、账户分析的需求越来越多，甚至常常需要对案件的各种关系及账户事件进行深入梳理。因此，基于表格的方式已经严重影响到大家的工作效率，而传统的商业智能分析仍停留在报表、指标、多位分析等层面，在关系、群集、空间、时序等大数据维度上的分析非常有限。随着 DT 时代（数据时代）的到来，分布式计算、云计算基础设施的完善，大规模关系网络分析的技术支持已然成熟。

2014 年，支付宝工作人员借助案件宝产品协助警方破获了一起涉嫌盗用国际伪卡案件。在使用案件宝之前，串并案一直是手工劳作。没有案件库，更不要说什么案件编号，用人眼人脑手工分析海量案件，哪怕三头六臂的哪吨转世也忙不过来。转变发生在用上案件宝之后。通过数据模型，将淘宝上和国际卡相关的案件进行智能分类打标，再通过关系分析、关联案件等工作，"大约过去一周的工作，现在一天就能搞定"。

2. 反洗钱

洗钱犯罪已经有从传统支付工具向信息化支付工具转移的趋势。

全球有反洗钱联盟，各个国家和地区都有自己的反洗钱条例或者法案，中国也在 2006 年颁布《反洗钱法》，规定了洗钱犯罪及其上游犯罪的七宗罪。蚂蚁金服到任何一个地方开疆辟土，先得按照人家的反洗钱规矩仔细评估，否则，法国巴黎银行（BNP Paribas, SA）就会成为前车之鉴。2014 年 6 月最后一天，美国司法部给这家银行开出一张反洗钱史上最高罚单，89.7 亿美元，就是因为其被查出为虎作伥，成为洗黑钱的工具。

蚂蚁金服反洗钱中心有一个反洗钱业务处理平台（见图 5-1-4），就是 DT 时代（数据时代）反洗钱的一项新尝试。这个平台首先基于大数据对海量交易进行智能排查，再对其中有疑点的案例（case）逐个分析、鉴别。

建立客户洗钱风险等级模型，识别高风险客户和交易行为。

模型Ⅰ期：

级别	分数段	占比
低风险	[1,3)	46.40%
中低风险	[30,35)	43.70%
中风险	[35,45)	9.70%
中高风险	[40,45)	0.16%
高风险	[45,100)	0.04%
总计	[0,100)	100%

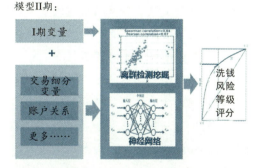

模型Ⅱ期：

● 更多维度变量　● 更智能的方法　● 更准确的结果

图 5-1-4　蚂蚁金服反洗钱

当大家都在发愁用户提供虚假信息、隐藏身份关系的问题时，蚂蚁金服已经在使用大数据破开掩饰，综合用户资金、非资金关联关系、电子商务等动态信息分析用户真实身份，透过重重迷雾洞悉团伙作案。

举一个简单的例子，用户注册账户时主动"交代"居住地在贵州某山城，但是用户在电子商务平台上的收货地址都指向上海某住宅楼，而且 IP 地址、手机号码无不透露出用户在上海的事实。更有证据显示经常与其在同一台设备上登录的异性用户的地址也是该住宅楼，两人之间的"亲密"关系"昭然若揭"。例子虽然简单，却尽显大数据在反洗钱领域的奇妙应用。

借助现代科学技术，特别是大数据、云计算的应用，使预防、打击洗钱和恐怖组织犯罪的工作更精准。

二、奇瑞汽车的大数据应用案例

（一）企业大数据的需求与挑战

汽车产业是国民经济重要的支柱产业，产业链长、关联度高、就业面广、消费拉动大，在国民经济和社会发展中发挥着重要作用。我国汽车产业经过几十年的发展，已涌现出一大批拥有自主知识产权的汽车品牌。特别是进入21世纪以来，我国自主知识产权汽车产业高速发展，形成了多品种、全系列的各类整车和零部件生产及配套体系，产品技术水平明显提升。但是与世界先进水平相比，我国自主知识产权汽车产业仍存在较大差距，主要表现有：自主开发能力薄弱，关键技术领域缺乏自主知识产权，研发、销售、制造等管理水平不高，自主品牌整体上缺乏知名度、美誉度、忠诚度等。

互联网与大数据技术的高速发展带来了汽车产业的深刻变革。世界一流汽车企业高度关注互联网与大数据技术对汽车产业的影响，并及时将互联网与大数据技术应用到汽车产品、制造过程及其管理中，提高企业竞争力，抢占汽车产业价值链的高端位置。在汽车产品技术方面，互联网与大数据技术不断融入产品中，能够增加产品的技术含量，提高产品的智能化水平，提升产品的使用效能，拓展产品的应用范围。在汽车产品研发和制造方面，互联网与大数据技术深度渗透到产品研发和制造过程中，能够提高产品的质量，缩短产品的制造周期，减少产品的制造成本，降低产品的制造过程风险。在汽车制造过程管理方面，互联网与大数据技术广泛应用到产品的策划、设计与开发、生产和营销过程中，使汽车企业能够更快地发现市场需求，更好地在全球范围内组织制造资源，极大地促进自主汽车品牌建设，并显著提高汽车制造的绿色化和智能化水平。因此，互联网与大数据技术为我国自主知识产权汽车产业发展提供了十分难得的历史性机遇。

在产品结构和技术方面，奇瑞汽车基本掌握了汽车关键零部件和整车研发技术，形成了比较完整的产品自主开发能力。在产品研发和制造过程方面，奇瑞汽车也已初步形成了比较完善的产品开发流程、供应链管理和制造体系。但是，尽管当前奇瑞汽车的产品在质量上已经可与合资品牌汽车相媲美，价格也仅为同档次合资品牌汽车的60%左右，而市场占有率却远不如合资品牌汽车。

面对汽车产业国内外竞争的新格局，以及互联网与大数据技术为我国自主知识产权汽车产业发展带来的机遇，奇瑞加强管理创新，开展了一系列互联网和大数据技术的探索工作，提高在汽车整车制造价值链上的核心竞争力。

（二）奇瑞汽车的大数据战略

1. 产品智能化战略

（1）凯翼汽车背景

汽车智能化的快速发展，以及互联网技术对汽车产品属性、使用以及制造方式带来重大变革。在此背景下，奇瑞汽车对市场、产品、消费者以及整个行业的价值链和生态链进行重新审视和思考，实施产品智能化战略，成立了凯翼汽车。

图 5-2-1　凯翼汽车

凯翼汽车本着契合年轻的网上一代的喜好和生活方式的宗旨，致力于打造年轻人喜爱的智能互联汽车。通过互联网思维，以客户需求为中心，整合全球优势资源，轻资产运营。

（2）智能互联汽车

凯翼汽车依据根据年轻人的特性推出其自主研发的智能互联平台，以汽车为载体，整合音视频、计算、传感、控制等多项先进技术，构建全方位高效的汽车安全管控系统。通过汽车安全管控系统，用户不仅可以实时感知车内车外的各种状况如疲劳驾驶、车道偏移等，还能根据当时的实际情况迅速做出适当的干预和反应，全面提升汽车驾驶的安全性和便利性。

为了让该智能互联平台更为丰满，达到更好的用户体验，凯翼汽车更是以自身资源整合行业领先制造商，与多家知名 IT 企业达成战略合作，开发出一整套对应的车载互联应用系统，在网络、娱乐、导航、控制方面让用户随时处于"全时在线"状态，汽车将不再是单纯的交通工具，而是一个移动的办公室，一个移动的游乐园，让科技为凯翼汽车用户带来更为便捷多彩的智能用车生活。

（3）菱形开发流程

凯翼汽车遵循菱形开发流程（见图 5-2-2），确保企业造车真正做到从市场出发，生产出的产品可以切实满足消费者需求，并以此来实现公司的战略目标。同时，凯翼汽车以互联网思维为创新发轫点，以集成大数据、云平台、汇聚众智的新型"众包"模式为主要研发手段，以智能互联为产品核心，利用大数据平台实现汽车产品微创新，广集创意，以实现新车的互动式共同研发制造。

图 5-2-2　凯翼汽车菱形开发流程

（4）凯翼众包

互联网与大数据技术带来了消费形态的变革，消费者从之前的被动接受者转变为需求的主动提出者，颠覆了原有的汽车产业运行模式。同时，互联网技术使得企业能够有效整合企业内部、供应商、科研机构、政府等各个创新要素以及创新要素在系统内的无障碍流动，从而实现汽车产业协同和开放创新。

在此背景下，凯翼汽车发起根据目标人群需求的凯翼众包项目，通过互联网思维，以客户需求为中心，激发广众的创意和灵感而打造的一场"众包造车"行动。以互联网和跨媒体渠道及形式多样的活动为沟通工具，以凯翼建立的"菱形开发流程"为品质保障，打造年轻人喜爱的"智能互联汽车"。

通过众包项目，凯翼汽车打造的凯翼量产车型特征主要包括以下几方面。
● 外形设计：更懂得年轻网上一代审美取向的中国元素化设计。
● 空间内饰设计：更懂得年轻网上一代实际出行需求的空间内饰设计。
● UI 设计：更懂得年轻网上一代使用习惯的 UI 设计布局。
● 智能互联设计：更懂得中国网络时代随时移动互联需求的智能化设计。

2. 产品形态服务化战略

智能互联汽车能够允许汽车企业与客户进行互联，不断创造收入。产品成为提供洞察和服务的载体。基于大数据技术汽车制造企业能够提供一系列创造价值的全新服务战略，进而实现实时监控、远程控制、数据分析与预测、自主学习及操作、持续服务及迭代升级等更丰富的服务创新。

在此背景下，奇瑞汽车推出了观致逸云车载信息娱乐系统（见图 5-2-3）。该系统是观致汽车团队依据智能手机车主使用习惯，自行研发设计的一套车联网系统。该系统利用互联网与大数据技术，主推云导航、云管家、云分享三大领域体验，通过在 8 英寸电容式触摸屏上的操作和显示，以及全球 8 个信息中心和 1 个内容发布网络（content delivery network，CDN），来实现包括多功能导航、车管家服务、安全及保险服务以及增值服务在内的四大功能。

图 5-2-3　观致逸云车载信息娱乐系统

云导航服务能够提前通过手机、电脑等移动设备规划行程，到达车内时再将线路通过云端同步至车内的显示屏上进行导航，同时也可根据系统的日程规划，给手机发送出发提醒、停车点到目的地的步行路线等信息，或依据路况更改路径。此外，系统还提供兴趣点的选择，如喜欢的餐厅种类、酒店星级等，并自动在路线上提示符合偏好设置的兴趣点（point of interest，POI）信息，打造个性化的旅程。

云管家服务能够根据维修保养状况，提供预约保养服务。此外，云管家服务还能提供胎压，设置电子围栏，全球定位系统（GPS）紧急救援定位和了解车主驾驶习惯并收集分析、查看瞬时油耗等功能。在车辆状态页面，诸如车门未关、胎压监测都能直观地通过图标或是数据显示。

3. 人才结构多元化战略

在智能互联时代，企业必须重新思考其技能组合以及如何部署才能开发和管理智能互联产品。要建立并支持这样的技能组合，企业需要大量投资并获取新的能力。通过资本结构的多元化，实现智能互联时代的多元化人才和多元化技术需求，成为企业的关键选择之一。

奇瑞汽车通过围绕着智能汽车产品和大数据分析，分别以内部培训、人才招聘和与其他行业结合的方式，实施人才结构多元化战略。

4. 产业生态系统优化战略

智能互联产品扩大了产品和品牌生态系统的范围，要求企业更加重视企业的"互补性"和"生态系统"竞争优势。行业环境的快速变化，已经不给企业"单打独斗"来完成一件事的时间。随着智能产品的成熟，企业所面临的战略选择主要是从打造特定的产品演变为打造整个智能互联产品生态系统。

在此背景下，奇瑞汽车与互联网企业以及电商企业开展了一系列战略合作，如在大数据分析、数字营销和服务创新等方面的合作，以构建汽车产品生态系统。

（1）与京东合作，涉足汽车移动电商

奇瑞与京东的合作以互联网思维为主导，以消费者需求为中心，在"互联网＋汽车＋N"项目上开展深入合作，涵盖奇瑞汽车全系车型销售、用户数据挖掘和分析及新模式创新，多维度探索移动端营销方式。在合作对接技术层面，奇瑞将通过电商服务合作伙伴上海网商对接京东拍拍，进行统一运营。

（2）与易到用车和博泰成立合资公司，打造互联网智能共享电动汽车

奇瑞汽车与智能用车服务平台易到用车、中国最大的车联网解决方案提供商博泰公司共同出资成立合资公司"易奇泰行"。该合资公司中，易到处于控股地位，为该项目主导方；奇瑞为车型平台提供方及制造商；博泰为车联网系统集成商。而此次与奇瑞汽车和博泰的合作，将依托易到用车在互联网、移动互联网领域以及在搭建共享平台方面的优势和资源，加之奇瑞汽车在车辆研发和制造方面的优势，以及博瑞在车联网系统领域的经验，三方合作后或将在智能出行领域实现进一步深耕。

合资公司计划在未来2年内推出首款"互联网智能共享电动汽车"。同时，合资公司还会通过车联网的大数据分析技术，提供汽车智能化和智能交通解决方案。

通过合作，奇瑞汽车可以深度认识互联网思维，并通过大数据了解用户需求是什么，怎么满足用户需求，甚至创造用户需求。

三、三一重工的大数据应用案例

三一重工是跻身全球前五的工程机械企业，同时在新能源、产业链金融、军工、智慧城市等领域均有强势发展及骄人业绩，是唯一上榜FT全球市值500强的中国工程机械企业，海外业务收入占集团收入的近50%，是全球化发展走在前列的民族企业之一。

三一重工实现了全球范围内超过23万台工程机械数据的接入，积累了

1000 多亿条工程机械工业大数据,从而使三一重工的服务成为装备制造业难以企及的神话:"故障维修 2 小时内到现场,24 小时内完成;易损件备件呆滞库存低于同行业 40% 以上,每年为下游经销商降低备件库存超过 3 亿元……"可以认为,就是工业互联网大数据平台,有力地支撑了三一重工的研发、制造、服务等核心竞争力。[①]

作为国内装备制造领域领军企业的三一重工,在持续保持对行业发展趋势高度警觉的同时,致力于打造中国最早、最前沿的工业互联网平台,先后投入超过 10 亿元发力大数据产业布局。树根互联技术有限公司正是基于三一重工多年互联网积淀升级而成的全新工业互联网平台。其由三一重工物联网团队创业组建,是一家独立、开放的第三方高科技企业,具有开放的股权结构。[②]

走进三一重工的 18 号数字化工厂,仿佛进入了科幻乐园。鲜花与喷泉环绕间,数台混凝土泵车、挖掘机、起重机正在装配。几辆 AGV 小车从立体仓库将配件运载至相应位置,"嘀"一声扫描后,显示屏便出现了图纸和操作指南。

经过智能改造后,不仅打通了全流程的生产环节,还将上下游以及社会资源都连接在一起。客户可以通过手机随时了解自己设备的情况,并进行锁机、故障诊断等操作。[③]

(一)工程机械大数据

大数据应用到工程机械可以实现如下两大功能:

利用大数据,实现工程机械智能化识别、定位、跟踪、监控等功能,使厂家、代理商、客户、操作手、服务人员可对设备进行全天候的远程、动态管理。物联网技术、GPS 技术在工程机械上的使用,厂家将能实现设备的远程检测和诊断,监控设备的运行状态;用户则可随时通过网络查找和发布售后、配件等信息。工厂机械厂家收到需求后,第一时间通过网络远程指导客户维修机器,快速排除故障;在不久的将来,物联网可做到对设备的虚拟操作或无人驾驶,设备完全无须置身危险的工况,无须手动操作,安全连贯的操控,全天候作业,不受外界环境影响,进一步减轻劳动压力,将人从枯燥、重复、危险的工况模式中解放出来。

① 瞬雨 . 中国制造智能升级:树根互联打造中国的 Predix[Z/OL]. 百度百家,2016-12-30.
② Jack. "树根互联"诞生在即 三一深度布局工业互联网 [EB/OL]. e-works,2016-12-08.
③ 张春保,姜琳,李思远 . 智能制造推动工业领域绿色化 [EB/OL]. (2016-12-12)
　[2018-06-08]http://hbj.wuxi.gov.cn/doc/2016/12/12/1 196507.shtml .

通过大数据分析，工程厂家可以通过设备的开工率判断市场行情走势，对自身的商务采购、生产制造提前规划。当国家的有关部门在汇总行业各个厂家的相关用户信息后，可以根据大数据分析的情况，有效地进行决策，匹配整条产业链的资源，规范行业发展。

（二）企业发展战略与大数据

作为工程机械的龙头企业，三一重工在大数据应用方面的工作有[①]：

1. 智能机械与大数据

2009 年 11 月，三一重工出资成立了"三一智能"公司，该公司致力于为行业提供智能控制综合解决方案。当时，三一重工高层认为，面对国外传统工程机械巨头，在关键技术受制于人的情况下，要想建立自己的创新路径，并实现超越，智能化是实现这一"弯道超车"的最佳策略。

近几年围绕"智能机器"，三一重工通过自主研发，研制出了应用于工程机械装备中的传感、控制、显示、驱动全系列的核心部件，形成了具有完全自主知识产权的产业链。特别是 SYMC 控制器，作为行业内第一款具备自主知识产权的控制器，在三一重工的各类产品中得以广泛应用。

同时，为了实现与被控对象的深度融合，三一重工研制了适用于工程机械的传感器，这种传感器深入执行部件的内部，从而实现了关键核心执行部件的在线调整和设备状态的在线感知，可以获得大数据。以泵车为例，除了位置外，通过企业控制中心（enterprise command center，ECC）系统能查看到液压、转塔、排量、换向、发动机转速等信息，也可掌握设备实时施工动态。设备一旦出现异常，客户将第一时间得知。

以三一重工的挖掘机为例，需要采集位置、油温、油位、压力、温度、工作时长等超过 5000 多个参数。[②]

2. 智能管理平台与大数据

从 2007 年开始，三一重工便先人一步，自主研发了 ECC 系统，该系统集成了大数据与物联网技术，目前累计接入设备超过 20 万台。这些设备遍布全球各地，它们通过安装在自己身上的各类传感器、控制器，适时向 ECC 回传数据。比如每台设备交付客户使用后，系统内都会自动产生保养订单。根据出

---

① "搭车"工业 4.0 三一玩转大数据 [EB/OL]. [2018-06-08]. http://www.jixielianmeng.com/a/13870.
② 王聪. 树根互联：打造属于中国的工业互联网平台 [EB/OL]. e-works，2017-01-13.

厂日期，订单会设置保养周期，一旦到期，系统就会自动派单给服务工程师。更为重要的应用是，三一设备回传的数据还能为客户及国家决策提供支持。

在 ECC 系统里，除了设备每月的工作时长一目了然外，还能查看机群作业概览。如果客户拥有多种三一设备，便能通过分类查看每一种设备在每月或每年的总工作时间与总方量、平均工作时间与平均方量，并以此数据为客户的经营决策提供支持。

（三）企业大数据的数据源及应用模式

1.工程机械远程监控系统的组成及功能

工程机械远程监控系统主要由车载终端、监控中心和用户接口三大部分组成。其系统架构如图 5-3-1 所示。[①]

图 5-3-1 远程监控系统结构框架

---

① 彭细，张盼，许野.基于大数据的工程机械远程监控系统研究 [J].物联网技术，2014,(1):23-26,29

2. 状态监测大数据管理框架

（1）工程大数据特点（见图 5-3-2）

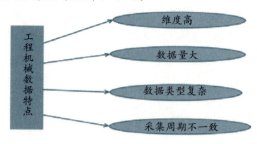

图 5-3-2　工程大数据的特点

1）维度高

不同工况数据为分析设备状态提供了不同的视角，即维度，因此维度高指一台设备的工况种类繁多。例如，一台五十铃三桥 46 米泵车有 270 多个工况采集点，采集到的工况数据共同反映了该泵车的整体运行状态。

2）数据量大

由于设备种类和数量多，每种设备的工况种类多，且监测系统按周期回传工况数据，使得一定时间内累积的设备工况数据量大。例如某工程机械制造企业生产的设备在线 8 万台，每日存储工况数据可达 2 亿条记录。

3）数据类型复杂

不同工况数据的表现形式不同，包含布尔量、模拟量等各种类型，如紧急停止、高压启动等为布尔量；发动机转速、分动箱转速等为模拟量。

4）采集周期不一致

采集周期为设备监测系统回传工况数据的周期。由于工况数据特点和用户关注度的不同，不同工况数据设置的采集周期也不同。例如紧急停止工况数据采集周期不固定，当泵车紧急停止按钮按下时开始采集回传，而分动箱转速工况数据的采集周期则设置为固定的 1 小时。此外，由于一些客观原因导致某些工况数据采集稀疏，数据质量较差，例如发动机转速工况数据每时每刻都会变化，但其采集周期为每小时一次，采集时间间隔久，丢失了很多时间序列信息。

（2）大数据存储处理框架

工程机械状态监测实时流数据处理框架如图 5-3-3 所示，包括监测数据层、运行层、模型层、工具层和应用层五层架构，以及二次开发辅助工具和实时运行监控等功能模块。该框架可以支持多种上层应用与用户集成使用。①

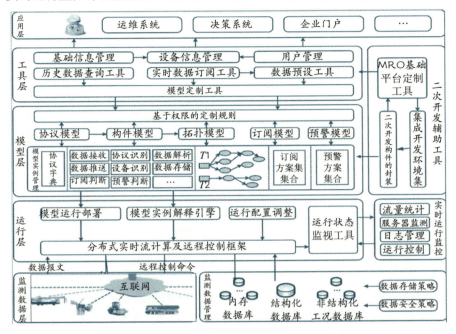

图 5-3-3 工程机械状态监测实时流数据处理框架

3. 大数据的异常监测分析

图 5-3-4 为异常检测原理图，其中包括图中间的异常检测原理示意部分和图外围的模块涉及的数据流部分。异常检测原理主要包括数据预处理、特征提取、正常特征空间分布建模、异常检测和人工验证五大模块。其中异常检测模块又由异常检测和异常结果处理两个子模块构成。②

（四）大数据应用

三一重工的 ECC 成为三一对外的宣传窗口。事实上，这套系统研发出来，更重要的目标是为客户创造更多价值。进入工业 4.0 时代，三一重工将数据通过系统运算，打造出专属的三一指数。③

---

① 庄雪吟，张力，翁晓奇，等. 复杂装备状态监测实时流数据处理框架 [J]. 计算机集成制造系统，2013,(12):2929-2939.
② 姚欣歆，刘英博，赵炯，等. 面向设备群体的工况数据异常检测方法 [J]. 计算机集成制造系统，2013,(12):2993-3001.
③ 工业 4.0 时代 大数据打造三一指数 [N/OL]. [2018-06-08] http://news.lmjx.net/2014/201411/2014110410124808.shtm.

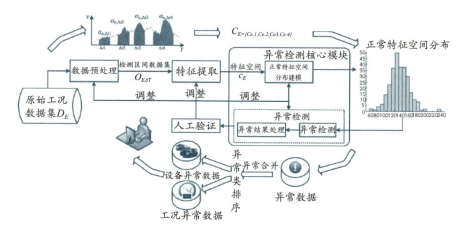

图 5-3-4　异常检测原理

1.设备运行指数

从 2007 年开始，三一客户就先人一步，摆脱了设备故障只能求助现场服务工程师的传统模式。三一重工自主研发的 ECC 系统运用强大的信息化手段让客户享受最便捷的服务。打开全球客户门户系统（GCP），系统提供的信息十分详尽，设备本身的信息、最新位置、设备状态、工作时长等信息都能在屏幕上展现。以泵车为例，除了位置，还能查看到液压、转塔、排量、换向、发动机转速等，点击支腿、臂架等信息，就能看到设备此时的样子。当设备一旦出现异常，客户将第一时间得知。如果选择了手机订阅，并预定好订阅时间，那么设备的相关信息及保养提醒短信还能发送至手机。庞大的数据资源不仅为客户设备管理和服务请求提供了方便，还通过对大量工况数量的分析挖掘，从研发、服务等产品生命周期的各环节为客户创造更大价值。

广西一位客户购买了 10 多台三一起重机，但使用快一年的时候，客户反映说起重机臂架开裂。三一重工重起事业部立马派遣工程师到现场，同时在 ECC 系统中调出客户设备的历史工况。最后发现这些设备使用频率是别人的一二十倍。原因是这些设备主要用于在钢材市场装卸货物，虽然每次吊起的重量不大，但是速度非常快，因此出现臂架疲劳。后来，通过专项研发，加入高强度设计，解决了这一问题。现在的新品研发中，也经常用到 ECC 数据。在新品研发的顶层设计中，通过分析 ECC 数据所反映的客户需求，可以让产品研发更有针对性。

2. 设备保养指数

定期进行设备保养是延长其使用寿命的重要操作，每台设备交付客户使用后，系统内都会自动产生保养订单。根据出厂日期，订单会设置保养周期，一旦到期，系统就会自动派单给服务工程师。这样一来，无须客户提醒，服务工程师就会主动上门服务。

现在，服务工程师每天上班的第一件事就是查看系统里自动下达的保养订单。以往都是客户打电话追着跑，现在变成了他们主动出击，这样可以避免不必要的故障发生造成客户损失。例如，一位客户的设备使用了两年，达到 2500 小时保养节点，幸好服务工程师到了工地上查看设备，发现臂架出现异响。经过仔细检查，发现是由于平常保养时加了劣质黄油造成的，幸亏发现得早，如果再晚一点，臂架没有黄油干磨造成臂架损坏就严重了。

3. 决策支持指数

三一设备回传的数据除了能让客户了解设备工况及触发主动服务，还能为客户及国家在决策上提供支持。系统页面的上方通常都会出现一条由红、黄、绿、灰四色组成的显示内容。据介绍，这就是设备工作忙碌情况的最直接显示。红色代表忙碌，设备每天往往工作 2.5 小时以上；黄色代表一般，工作时间为 1.5 至 2.5 小时；绿色代表闲，工作时长在 1.5 小时以下；而灰色则表示当天未开工。四色代表四种状态，按天显示，这样一来，设备每月的工作时长便能一目了然。

现在，除了能够查看单台设备的情况外，还能查看机群作业概览。如果客户拥有多种三一设备，便能通过分类查看每一种设备在每月或每年的总工作时间与总方量、平均工作时间与平均方量，并以此数据为客户的经营决策提供支持。

目前，在国家统计局的要求下，三一每月提供一次开工率及作业时间的监测数据。在这份数据分析报告中，设备的监测从三类提升到了 6 大类、13 种产品，每种产品还将与关联行业投资进行关联分析。设备作业时间也是一个先行性指标，可以直接反映经济是否还处在底部或者有所回升，从而为国家投资政策制定提供参考依据。

三一重工通过运用智能化系统及设备，在不增加设备投入的情况下，2014 年总装车间同比可节约制造成本 1 亿元，年增加产量超过 2000 台以上，每年同比产值新增 60 亿元以上。与此同时，通过智能化，车间在制品上减少成本 8%，物料齐套性提高 14%，单台套能耗平均降低 8%，人均产值提高

24%，现场质量信息匹配率 100%，原材料库存降低 30%。三一重工宁乡产业园、上海临港产业园在智能制造方面也取得较为显著的成绩。①

（五）小结

三一重工是全球装备制造业的领先企业之一，其主导产品为混凝土机械、筑路机械、挖掘机械、桩工机械、起重机械、风电设备、港口机械、石油装备、精密机床等全系列产品。三一重工近几年围绕"智能机器"，通过自主研发，研制出了应用于工程机械装备中的传感、控制、显示、驱动全系列的核心部件和适用于工程机械的传感器。通过将这种传感器深入执行部件的内部，从而实现了关键核心执行部件的在线调整和设备状态的在线感知。

从 2007 年开始，三一自主研发了 ECC 系统，建立行业内首个智能管理平台。该系统集成了大数据与物联网技术，目前累计接入设备超过 20 万台。这些设备遍布全球各地，它们通过安装在自己身上的各类传感器、控制器，适时向 ECC 回传数据。在汇聚了庞大的数据后，ECC 系统在此基础上进行了各种高级分析，主要包括以下方面。

1. 设备运行

该系统提供的信息十分详尽，包括设备本身的信息、最新位置、设备状态、工作时长等信息都能在屏幕上展现。庞大的数据资源不仅为客户设备管理和服务请求提供了方便，还通过对大量工况数量的分析挖掘，从研发、服务等产品生命周期的各环节为客户创造更大价值。如在新品研发的顶层设计中，通过分析 ECC 数据所反映的客户需求，可以让产品研发更有针对性；通过发现现有产品存在的缺陷，及时解决问题并加以修正等。

2. 设备保养

定期进行设备保养是延长使用寿命的重要操作，每台设备交付客户使用后，系统内都会自动产生保养订单。根据出厂日期，订单会设置保养周期，一旦到期，系统就会自动派单给服务工程师。这样一来，无须客户提醒，服务工程师就会主动上门服务。同时，通过设备回传过来的数据，系统将会对设备所需配件进行预测，配件服务部会提前储备配件，以供客户不时之需。这样能缩短交付期，减少停工等待时间，降低客户运营成本。

---

① 行业增速放缓 三一向"信息化"要发展 [EB/OL].[2018-06-08]. http://info.gongchang.com/f/kuangshan-21311 73.html.

3. 决策支持

三一设备回传的数据还能为客户及国家在决策上提供支持。从客户层面来讲，设备的实际利用情况和利用率是其关注的重要内容之一。系统通过监控设备的实际使用情况来对设备的利用率进行统计计算。客户可以清晰准确地了解设备使用情况并按日期进行统计，这样一来，设备单位之间的工作时长便能一目了然。除了能够查看单台设备的情况外，还能查看机群作业概览。如果客户拥有多种三一设备，便能通过分类查看每一种设备在每月或每年的总工作时间与总方量、平均工作时间与平均方量，并以此数据为客户的经营决策提供支持。

四、小米的大数据应用案例

小米公司成立于 2010 年 3 月，注册资金 100 万元；2010 年 7 月，小米完成 4100 万美元的 A 轮融资，估值 2.5 亿美元；2014 年 12 月 20 日，小米公司完成第五轮融资，涉及金额在 10 亿以上，创下了互联网领域单笔私募融资记录，同时小米的估值已达到 450 亿美元，成为全球估值最高的未上市公司，在中国互联网企业中仅次于 BAT[①] 三家。小米用 4 年时间估值实现了 160 倍的增长，可以说是手机行业的一匹大黑马。那么在大数据时代，这匹"黑马"又有怎样的大数据战略和部署呢？本节将从小米公司背景介绍、小米大数据、小米大数据应用场景等几个方面分析小米公司的大数据应用案例。

（一）小米公司背景介绍

1. 顺势而为

"台风来了，猪都能飞"，这是小米创始人雷军经常提及的风口猪理论，而小米公司的诞生，战略以及产品的发布正是这个理论的成功实践。小米从创业至今，发展迅猛，创造了一个又一个销售奇迹。现在小米手机也成为中国最畅销的 Android 手机。小米能够这么快速发展，跟下列两股"飓风"有很大关系。

---

① BAT，B 代表百度，A 代表阿里巴巴，T 代表腾讯，是中国互联网公司百度公司（Baidu）、阿里巴巴集团（Alibaba）、腾讯（Tencent）三大互联网公司首字母的缩写。

（1）手机系统

手机系统方面，2010 年正值 Android 开始突飞猛进发展，发布了 Android2.3 版本，在速度和稳定性等性能方面都有了很大提高；再加上 Android 免费和开源的政策，使得小米可以在此基础上进行优化，深度定制，快速生成一个性能更加出色，更符合中国用户习惯的手机系统——MIUI。同时，MIUI 采用用户参与设计、时时反馈的机制，快速迭代，每周更新，这样的模式也让 MIUI 系统不断演进，千锤百炼。

（2）中国市场

小米的成功有很多因素，但是对行业大趋势的正确判断无疑是最重要的因素之一。雷军也说，小米之所以能取得优秀成绩，"顺势而为"非常重要，而且他还主导成立了一家基金会，取名"顺为基金"。"顺为基金"参与了小米公司以及围绕小米公司构建生态系统环节的一系列投资。表 5-4-1 给出了小米公司市场估值增长情况。

表 5-4-1 小米市场估值增长情况

融资时间	市场估值（亿美元）	融资金额（万美元）	资金来源
2010年7月	2.5	4100	晨兴创投、IDG资本、启明创投、员工
2011年12月	10.0	9000	晨兴创投领投，IDG、启明创投、高通投资、顺为基金
2012年6月	40.0	21,600	DST集团、顺为基金
2013年8月	100.0	未公开	未公开
2014年12月	450.0	110,000	All-stars、DST、GIC、厚朴投资和云锋基金等

注：IDG，International Data Group 的缩写，即美国国际数据集团

根据表 5-4-1 的数据，小米估值基本以每年 4 倍的速度增长（2012—2013 年为 2.5 倍），4 年时间实现 160 倍增长。

小米于 2011 年 7 月发布第一款智能手机，标榜"为发烧而生"，至今一共发布了近十款手机，而且从小米的产品发布来看，小米已不再是一家单纯的手机厂商，而涉及手机、电视、路由器、电视盒子、移动电源、随身 Wi-Fi，小米手环等一系列产品（见图 5-4-1），这些发布的产品也可以大致勾勒出小米公司的未来蓝图，即所有设备通过 MIUI 连接，依靠米 ID 构建属于自己的互联网生态系统。

图 5-4-1　小米主要产品

2. 产品战略

（1）做爆品

小米的联合创始人黎万强在小米口碑营销内部手册《参与感》中提到小米的产品战略就是"做爆品"，即产品要做就要做到这个品类的市场第一。

小米真正意义上的第一个产品是 MIUI，MIUI 也是小米最成功的产品之一。MIUI 的开发环节非常具有开创性地让用户参与到产品研发过程中，MIUI 团队在论坛和用户互动，用户通过论坛可以对系统提出各种需求和建议，并且可以对别人的建议投票，开发人员优先处理投票率高的需求。在这样的模式下，MIUI 坚持每周更新，让用户每周都能体验新系统、新功能。MIUI 发布 4 年多，已收集用户上亿的反馈帖，真正地把用户参与做到极致。"用户参与"也已经演变成小米所有产品的研发守则和用户战略。

MIUI 于 2010 年 8 月 16 日发布第一个版本时，只有 100 个用户。四年半过去，MIUI 已经支持 31 种语言，在 31 个国家拥有粉丝站，产品覆盖了全球 112 个国家，而且 MIUI 用户已经破亿，这一款在中国市场被普遍认为是"最好用的安卓定制系统"，已然建立起了庞大、健康活跃的开发者和用户综合生态。

MIUI 是小米公司最具竞争力，打造小米生态的最重要的产品，它担负着小米公司从硬件反扑软件的重要使命，也是小米"做爆品"产品战略的核心体现。

（2）科学定位

小米发布的每一款产品都有着科学和精准的定位，小米非常成功地通过定位将自己的产品差异化表达，针对目标群体做定位，在消费者和潜在消费者心中形成独特的认知，并孕育出一大批忠实的米粉。

1）为发烧而生

小米成功地将"发烧"变成自己的品牌标签，"发烧"的定位可以让产品差异化，很好地标榜自己的产品很出色，用户很喜爱，同时"发烧友"也是对用户给予很多的尊重及心理上的满足。小米的"发烧"不仅仅停留在口号上，而是名副其实的。小米通过和全球顶级供应商合作，手机采用高通最新芯片，在处理器、运行内存甚至工艺设计上都做了很多尝试和努力，让"发烧"实至名归，图5-4-2是小米手机的性能评价情况。

图 5-4-2　小米手机领跑性能评分榜

（资料来源：http://photocdn.sohu.com/20140731/Img402959681.jpg）

2）其他定位

小米盒子模仿知名中药品牌"同仁堂"的古训"炮制虽繁必不敢省人工，品味虽贵必不敢减物力"，以突出"小米盒子"的出色品质和优良做工。

小米电视通过差异化定位确定年轻人市场，随着智能家居终端的兴起，视频行业的下一个浪潮可能将从移动端重新回到电视机，而小米就是希望在这个浪潮到来之前抢占这群还没拥有电视机的年轻人群。

小米的定位也会根据市场和在自身的发展做出改变，像手机设计，最开始小米1标榜"没有设计就是最好的设计"，到了小米4，随着自身财力和实力加强，小米有能力做手机工艺设计了，于是定位也随之变成"一块钢板的艺术之旅"。

3. 用户战略

小米的用户战略就是"做粉丝"，小米做粉丝不是走走过场，而是将粉丝营销作为企业战略来做，真正像打造明星一样包装自己的企业。

首先让员工成为产品品牌的粉丝，企业从上到下都进行粉丝文化的系统性培训，要求小米团队一定要"和米粉做朋友"，鼓励并要求员工每天上论坛和用户打交道，甚至连小米的很多员工都是从米粉里招募来的。

其次是让用户获益，小米大量微博都是转发有奖的，惊人的转发量也带来的巨大广告效益。另外，小米为粉丝建立粉丝互动平台，每一年举办的"米粉节"，也会给粉丝各种优惠。图 5-4-3 给出的是小米粉丝的特别赞助商海报。

图 5-4-3　100 个梦想的赞助商海报

（资料来源：http://static.xiaomi.cn/xiaomicms/uploadfile/2013/0620/

20130620073606104.jpg）

再多的线上活动总是虚拟的，小米将粉丝经济做到极致的特点就是从线上到线下，小米官方每年会组织几十场见面会，用户自发组织五百多场同城会，以及每年年底"爆米花年度盛典"。小米也会打造许多周边产品，小米吉祥物、文化衫、小米背包……利用这些周边产品更好地与粉丝形成互动。

4. 营销战略

小米的产品均在小米网直销，但是小米的电商直销模式并非每日都有销售，而是采取短时间内预定—集中抢购模式，然后在抢购后的数日内开始陆续发货，也就是"饥饿营销"，由此也产生了各种热销的现象。

任何一种产品敢于饥饿营销，要么有产品差异化优势和持续创新的前提保障，要么就是供应能力不足的无奈之举。

小米预订—集中抢购的饥饿营销模式自诞生以来就争议不断，外界对小米供应链能力、期货模式有着强烈质疑。但也有媒体认为小米这一模式是有意为之，通过这样的模式，一方面是为了通过制造短缺假象，吸引用户抢购；另一方面是通过预订—集中抢购然后延期发货，等待元器件成本下降。

5. 小结

小米从成立之初就坚持"软件、硬件和互联网"铁人三项模式，靠硬件搭平台，靠互联网增值服务获取利润，以及前文提到的其他经营战略，这里有模仿成分（主要是模仿美国苹果公司），也有自己独具创新之处，可以说是一个非常成功的模式，以至于让小米在刚成立后的短短 5 年内，创造了一个个高增长的奇迹，同时极具破坏力地改变了国内手机市场的游戏规则。

（二）小米大数据

2014 年，雷军当选福布斯亚洲 2014 年度商业人物。在小米的北京总部，雷军接受采访时，关于大数据，提到："估计到后年（2016 年）年底，小米用户数据光一年的存储费用就要 30 亿人民币，而这数据其实还在爆炸。所以如果小米不用大数据（big data）的技术转化出价值，那么大后年小米就破产了。"且不论小米会不会因此破产，从采访中足以窥探出小米目前惊人的数据量以及增长速度。首先来介绍小米都有哪些大数据及其特点。

1. 手机及智能硬件的大数据

小米和其他互联网企业不同的是，它不从软件入手，而是去把控互联网的根基——智能硬件。能够联网各种硬件，就是互联网的根基所在，这就意味着每销售出一个智能硬件，便获得一个用户量，有用户便会时刻产生用户数据。

小米的智能硬件有两层，一层是小米自己的产品，即三大件，手机（平板电脑）、电视（盒子）以及路由器，分别是移动互联网的入口、家庭娱乐的入口，以及智能家居的翘板。第二层就是小米投资合作的硬件公司，小米计划要在 3 年内投资 100 家智能硬件企业，目标是要涵盖日常生活中一切可能用到的产品。所有的智能硬件都能产生数据，而这些数据包含了用户生活的方方面面，也是最有价值的数据。

（1）手机数据

小米手机是小米手机用户数据的重要来源，是小米智能硬件的核心，是小米开拓市场增加用户群的主要方式。通过小米手机，可以获得的用户数据包括"你是谁、住哪里、收入多少、任职公司、习惯、爱好"等；小米手机也是控制其他智能设备的遥控，小米手机上，有一个名为"智能家庭"的应用程序，所有小米投资的智能硬件都可以通过这个入口进行统一管理。你回到家打开手机，向右一滑，就可以通过这个应用程序，统一管理手环、路由器、净化器、摄像机等，不需要下载单独应用程序。

（2）智能家居

智能家居是小米搭建硬件平台的基石，未来也会是大数据的一个重要来源，通过智能家居，小米可以获得用户对每个设备的使用情况、使用频率，甚至可以知道用户的生活习惯、生活需求。图 5-4-4 为小米智能家居的示意图。

图 5-4-4　小米智能家居图示

（资料来源：http://src.house.sina.com.cn/imp/imp/deal/0a/3f/c/

ee2a3a5f2d17e51f6e35527b028_p16_mk18.jpg）

小米智能家居战略包含设备智能化与控制中心智能化两个部分。设备智能化方面，他们期望通过嵌入式软硬件开发组件、基于 MIUI 的设备虚拟化服务、统一入口、实时设备接入服务及大数据分析平台，大大推进设备智能化落地速度，同时为家电厂商提供全面共赢的系统化解决方案。控制中心智能化即家庭路由向家庭服务器的演化，小米路由将无缝连接所有的小米智能设备，为用户提供更可靠、更安全的家庭智能设备服务中心。

目前已发布的智能产品包括小米手环、空气净化器、智能插座、智能摄像头、智能灯、运动相机，等等。

2. 小米电商大数据

小米网是小米产品及手机、智能硬件及周边设备的销售平台。虽然其他传统手机企业也纷纷效仿小米推出自己的销售平台，但影响力远不如小米网，现在小米电商实际已跻身国内第三大电商平台，发展速度惊人。小米有完备的电商体系和物流体系，70%的渠道权重由小米网承担。除了自己的产品，小米及小米旗下生态链的各个互联网企业的产品，都在小米网这个平台上销售，小米给这些企业提供小米的硬件渠道、营销和品牌优势，而这些企业负责完善小米的生态链。小米电商技术团队也尝试在交易、支付、供应链支持、配送、用户售后服务等领域建立自己独特而不可复制的竞争优势。

（1）用户反馈数据

小米论坛的用户反馈帖累计已有上亿条，帖子打印出来能绕地球一圈。这些数据都是用户意见和建议的真实表达，都是需求和问题的直接陈述，应该说是含金量极高的大数据。所有的 MIUI 用户都可以通过小米论坛进行用户反馈，并且可以跟着其他人的需求直接表达"我也需要这个功能"，这样最紧要的功能就会按热度排到最前面。小米通过这样简单的一个按钮，把大数据背后海量的用户需求予以清晰的排序，开发团队可以快速响应用户需求。

（2）MIUI——连接一切数据

MIUI 是将小米手机和其他所有智能设备连接起来的关键所在，是连接一切数据的核心，是小米实现"硬件导流，软件搭台，服务盈利"的商业模式的重要保障。

MIUI 添加了很多新的部署：移动广告、社交、浏览器、O2O、支付、音乐、电台、应用市场、安全、阅读、OTT、用户体系、基础应用，等等。通过这一系列的增值服务，增强用户黏性并且延长停留时间。所有智能设备产生的所有数据都接入了 MIUI 中。

3. 小结

在大数据时代，互联网公司要想"连接一切"，比拼的焦点之一就是大数据，而小米拥有移动互联网全生态的数据，涵盖用户生活的各个方面，包括 MIUI＋智能家居＋小米电商数据。基于小米大数据，可以深度挖掘用户行为，理解用户习惯和爱好，定位用户需求，提供精准化的用户产品和服务，可以说，小米大数据的应用前景非常广阔。

（三）小米大数据应用场景

小米的大数据是所有智能设备的数据，是基于米 ID 构建的涉及用户生活方方面面的数据，是真正意义上大而全的数据，也是最有价值的数据。这些大数据的想象空间巨大，根据有限资料调研，小米公司目前基于大数据的应用场景如下。

1. 互联网金融

互联网金融是小米大数据的主要应用之一，也是小米做生态闭环的重要环节。它将基于全部智能设备的数据和个人米 ID 对用户建立个人全维数据的用户画像，用户数据越全面，用户画像就越清晰。小米可以基于清晰的用户画像对用户提供消费类个人贷款、征信、投资理财服务，并且可为用户提供更为精细的个性化金融服务方案，想象空间巨大。

2. 广告

广告是大数据时代最成熟的应用场景，广告也是小米收入的重要组成部分。同样，小米的广告也是基于用户画像的精准投放。举例来说，小米知道用户最近周末常去驾校，应该在学车，于是手机浏览器就推送汽车广告；最近在跑步，打开电视看到的就是运动用品广告；睡眠心脏不好，小米手环就推送来一份保险。

3. 云服务

2014 年 8 月，小米提出"All in"云服务战略，即未来 3~5 年，投资 10 亿美元，建立小米云。

小米云服务是大数据仓库，是系统的大后方，它涵盖 MiCloud（小米云服务）、MiPush（小米推送）、账号系统、大数据存储和计算平台、搜索平台、富媒体存储、消息系统、开放平台、VoIP 等方向，帮助用户实现随时随地管理所有设备和数据。小米云目前用户数量约为 6800 万，小米云整体存储约为 47 PB（1 PB＝1024 TB）。

云服务不仅是小米大数据存储方面的后盾，更重要的是为小米打造智能家居生态圈提供足够存储支撑，所有家庭设备都会联网，这些数据并不是存在终端，而是在云端，这也是小米巨资布局云服务的根本原因。而之前提到的用户画像正是基于云端的所有数据进行构建，基于用户画像就能进行精准营销，而这里面的想象空间是巨大的，意味着收益也是巨大的。

4. 小结

小米大数据发展和应用有自身的很多优势。

首先是数据质量，淘宝平台的数据全是交易数据，百度平台数据全是搜索数据，这些数据也能转化成金钱，但毕竟想象力不大；而小米的数据是大家生活的全部数据，也是最有想象力的数据；与淘宝比，小米网作为销售智能硬件的电商平台，未来会有更多智能生态链上的企业加盟，发展十分迅猛；与百度比，小米基于用户画像的个性化广告，前景比百度要好。

另外，小米发展的根基稳定，小米从硬件切入互联网，用户连接牢靠；而且它的互联网增值服务，随着软件增加和服务提高，盈利越来越多，就能大幅度提升小米手机的价格竞争力，继续挑起价格战大旗，而竞争对手却因为无法在硬件之外获得足够多的收入而无法参与这场战斗。

总的来说，硬件只是小米抢占互联网入口的手段，小米希望通过 MIUI 连接一切，依靠着高质量的用户数据和互联网的硬件根基，打造小米大数据王国；随着 MIUI 的用户不断增加，软件和增值服务不断融入系统，在大数据时代，小米必将有所作为；而且小米积累的互联网开发模式的经验和用户参与生态的模式是互联网时代很成功的创新和尝试，如果小米能够站在风口继续飞翔，它必将改变当前互联网的格局，成为一家伟大的互联网公司。

参考文献
REFERENCES

阿里巴巴向政府开放电商经济大数据浙江各地卖啥最火？[N/OL].（2015-03-02）[2018-06-08]. biz.zjol.com.cn/system/2015/03/02/020531080.shtml.

白宗义."大天使"雷军之产业布局详解[J]. 互联网经济，2015，Z1:80-89.

百度百科. 大数据[Z/OL]. [2018-06-08]. http://baike.baidu.com/subview/6954399/13647476.htm.

百度百科. 石化行业[Z/OL]. [2018-06-08]http://baike.baidu.com/view/3617991.htm.

陈芳. 钢铁工业运行情况及面临挑战[Z]. 中国钢铁工业协会，2014，09.

陈宁文. 政策"添火"钢铁电商[J]. 中国经济和信息化，2014，16:56-58.

陈希.【大数据案例】每个人都能成为剥茧抽丝的判案高手! [Z/OL].（2014-12-16）[2018-06-08]. http://mp.weixin.qq.com/s?__biz=MjM5MTgxNjY1OA==&mid=212021534&idx=1&sn=820a8fabe8e91f2e88ada0055d948e8f&scene=0#rd.

程羚. 浅谈互联网浪潮下保险业的发展策略[J]. 现代经济信息，2015，（1）:399-401.

从阿里小贷看大数据金融模式在小微贷款领域的运用[Z/OL].（2015-02-12）[2018-06-08]. http://www.civillaw.com.cn/zt/t/?id=28949.

达摩盘：数据如何驱动实效[Z/OL].（2014-10-14）[2018-06-08]. http://i.wshang.com/Post/Default/Index/pid/35913.html.

大数据的奇妙应用：反洗钱? 反恐怖融资? [N/OL].（2014-12-28）[2018-06-08]. http://www.d1net.com/bigdata/news/325427.html.

大数据驱动制造业迈向智能化[EB/OL]. 中国经济网.（2014-11-04）[2018-06-10]. http://intl.ce.cn/specials/zxgjzh/201411/04/t20141104_3847351.shtml.

Olive Wang.大数据如何颠覆制造业[EB/OL]. [2014-12-03]. http://www.manageshare.com/post/161530.

大数据选股更靠谱，淘金100指数基金产品上市在即[EB/OL]. [2018-04-06].
　　http://mp.weixin.qq.com/s?__biz=MjM5MTgxNjY1OA==&mid=216953479&id
　　x=1&sn=280ae109ea590da8cbc4b857b83b0193&scene=1#rd.

董军. 小米生态系统在演进[N]. 中国经营报，2013-02-04.

钢铁电商盈利模式分析[Z/OL]. 中商情报网. (2016-07-18)[2018-09-28]. http://
　　www.askci.com/news/201403/27/2717164537276.shtml.

钢铁行业的大数据不能太任性[N/OL]. 现代物流报. (2015-03-29)[2018-09-28].
　　http://www.xd56b.com/zhuzhan/gtzx/20150309/24952.html.

葛宝骞. 云计算与大数据在钢铁企业的应用[J]. 计算机光盘软件与应用，
　　2014.03:140-142.

工信部原材料工业司. 2014年钢铁行业运行情况和2015年展望[R]. 中钢协信息
　　统计部，2014.

郝杰. 雷军做什么[J]. 中国经济信息，2015，（1）:62-63.

红领. 为何让张瑞敏、马云震惊？大数据驱动的服装制造业典范[Z/OL].
　　（2015-01-29）[2018-06-10]. http://chuansong.me/n/1569214452100.

"互联网+"将从三个层面重塑钢铁行业.欧浦钢网.(2015-04-27)[2018-09-28].
　　http://www.opsteel.cn/news/2015-04/14AB05702A2231ADE050080A7
　　EC96917.html.

黄甫山. 先面朝用户，再做大数据[J]. IT时代周刊，2014，（21）:52.

黄甫山. 小米式大数据更靠谱[J]. 中国电信业，2014，（12）:66.

黄育德. 大数据与钢铁企业生产力提升[J]. 经济研究参考，2014，10:49-51.

菅希顺，刘瑞霞. 数据挖掘技术及其在钢铁应用领域概述[J]. 天津冶金，
　　2006，01:39-42.

李德芳，索寒生. 加快智能工厂进程，促进生态文明建设[J]. 化工学报，2014，
　　65（2）:374-375.

李新创，施灿涛，赵峰."工业4.0"与中国钢铁工业[J]. 钢铁，2015，11:1-7.

廉薇. 基于大数据和网络的小微企业贷款模式创新研究——以"阿里小贷"为
　　例[J]. 经济视角，2013，（9）:46-48.

刘书艳. 疯狂的雷军[N]. 中华工商时报，2014-12-12.

芦永明，王丽娜，陈宏志. 中国钢铁企业信息化发展现状与展望[J]. 中国冶金，
　　2013，05:1-6.

吕笑微，谢春涛. 中国保险投资现状及其对策分析[J]. 现代物业，2014，
　　（9）:12-13.

马玉敏. 论信息情报在钢铁企业的基本发展[J]. 商，2014，20:118.

磐石之心. 解密小米：互联网思维下的商业奇迹北京[M]. 北京：清华大学出版社，2014.

钱崇东. 自动化在新一代钢铁流程中的作用与地位[J]. 自动化博览，2013，08:52-53.

孙冰. 大数据是堂必修课[J]. 中国经济周刊，2013，43:80-81.

透过互联网+，探路钢铁电商生态体系[Z/OL]. 钢为网. (2018-06-14)[2018-09-28]. http://news.prcsteel.com/news/20150402/suanxibanjuanjiage_98535.html.

万鲁愚. 新一代钢铁厂协同智能管控中心研究[J]. 冶金自动化，2014，04:1-7.

王妲. 基于保险营销过程视角论保险服务创新[J]. 上海保险，2012，（6）:24-26.

王洪福. 大庆油田数据化建设研究[D]. 大庆：东北石油大学，2013.

王萍. 论保险业服务的发展与创新[J]. 现代财经-天津财经学院学报，2005，（1）:29-32.

王双喜，赵邦六，董世泰. 油气工业地震勘探大数据面临的挑战及对策[J]. 中国石油勘探，2014，19（4）.

王小元. 雷军狮子、疯子还是骗子[J]. 时代人物，2015，（2）:36-42.

维基百科. 天河一号[Z/OL]. [2018-06-08]. http://zh.wikipedia.org/zh/%E5%A4%A9%E6%B2%B3%E4%B8%80%E5%8F%B7.

小米一加魅族，谁家的slogan最有逼格？[Z/OL].（2015-03-02）[2018-06-08]. http://www.zhuayoukong.com/1409388.html.

佚名. 小米联姻美的[J]. 现代商业，2015，1:10-17.

佚名. 制造业开始关注大数据 [Z/OL].（2013-01-31）[2018-11-15]. CIO时代网，2013. www.cio360.net/show-126-81977-1.html.

尹会岩. 保险行业应用大数据的路径分析[J]. 上海保险，2014，（12）:10-16.

熊鑫. 钢铁企业应用集成主数据管理平台设计与实现[J]. 信息技术与信息化，2014，（1）:21-24.

张晓鸣. 车险一年多少钱？看你怎么开车了[EB/OL].（2014-09-07）[2015-04-23]. http://whb.news365.com.cn/jjgc/201409/t20140907_1274379.html.

赵双冰. 浅析我国保险公司的管理[J]. 中国管理信息化，2015，（3）:134-135.

芝麻信用分开始公测了——这是中国有史以来首个第三方个人信用评分[EB/OL].（2015-01-29）[2018-04-06]. http://mp.weixin.qq.com/s?__biz=MjM5MTgxNjY1OA==&mid=214134493&idx=1&sn=dc8813f1b0fdca8deb574e795b5472e4&scene=0#rd.

中国产业链大数据白皮书（2014）[Z]. 九次方大数据，2014.

中国钢铁工业协会. 浅析钢铁行业信息化发展现状[J]. 冶金管理, 2012, 02:50-56.

中国铁矿石价格指数对比分析[N/OL]. 中商情报网. (2018-5-15)[2018-09-28]. http://www.askci.com/news/chanye/2015/12/31/175122xh8q.shtml. [18]

周晓舸, 姚文英. 基于大数据的钢铁数字安全监控管理平台设计[J]. 有色冶金设计与研究, 2015, (3):48-50.

13个大数据应用案例,告诉你最真实的大数据故事[Z/OL]. 中国大数据, 2014.(2014-07-01)[2018-06-10]. http://www.thebigdata.cn/YingYongAnLi/10905.html.

2014大数据应用案例TOP100排行榜[J].互联网周刊, 2015.

Hems A, Soofi A, Perez E. How innovation oil and gas companies are using big data to outmaneuver the competition[P]. A Microsoft White Paper, 2013.

Mark M T. Tapping the power of big data for the oil and gas industry[R]. IBM Software White Paper, 2013.

Farris A. How big data is changing the oil & gas industry[Z/OL]. (2016-2-20) [2018-06-08]. http://www.analytics-magazine.org/november-december-2011/695-how-big-data-is-changing-the-oil-a-gas-industry.

Manyika J, Chui M, Brown B, et al. Big data: The next frontierfor innovation, competition,and productivity[R/OL]. McKinsey Global Institute.(2011-05) [2018-06-10]. https:// www.mckinsey.com/business- functions/digital-mckinsey/our-insights/big-data-the-next-frontier-for-innovation.

IBM. AEGON Hungary improves insight into customer behaviour[EB/OL].(2012-01-25) [2015-04-23]. http://www-03.ibm.com/software/businesscasestudies/th/en/corp?synkey=N483187F79630N20.

IBM. IBM Smarter Analytics Solution for insurance[EB/OL].(2012-01-20) [2015-04-23]. www.ibm.com/common/ssi/cgi-bin/ssialias?subtype=SP&infotype=PM&appname=S.

索 引
INDEX